Biblioteca de Derecho Administrativo

Luigi Garofalo
(Director)

Carlos Antonio Agurto Gonzáles
Sonia Lidia Quequejana Mamani
Benigno Choque Cuenca
(Coordinadores Generales)

JORGE TRISTAN BOSCH
Doctor en Jurisprudencia
Profesor de Derecho Administrativo

EL PROCEDIMIENTO ADMINISTRATIVO EN LOS ESTADOS UNIDOS DE AMÉRICA

(LA FEDERAL ADMINISTRATIVE PROCEDURE ACT DE 1946)

Presentación por: Allan R. Brewer-Carías
Profesor emérito, Universidad Central de Venezuela

editorial jurídica venezolana international

Ediciones Olejnik

REVISTA DE LA FACULTAD DE DERECHO Y CIENCIAS SOCIALES
Montevideo. República del Uruguay

Título: El procedimiento administrativo en los Estados Unidos de América (La Federal Administrative Procedure Act de 1946)

Primera Edición en Ediciones Olejnik: 2026.

Ediciones Olejnik
Huérfanos 611, Santiago-Chile
E-mail: contacto@edicionesolejnik.com
Web site: http://www.edicionesolejnik.com

ISBN: 978-956-407-729-1

Diseño de carátula: Ena Zuñiga
Diagramación: Hayden Méndez. hayden.mendezq@gmail.com

La primera edición de Ediciones Olejnik fue impresa en Argentina, 2026.
La impresión en coedición entre Ediciones Olejnik y Editorial JurídicaVenezolana fue impresa por Lightning Source, an Ingram Company paraEditorial Jurídica Venezolana International Inc., 2026

Índice

TERCERA PARTE

FINAL

A MODO DE PRESENTACIÓN:

SOBRE LA *ADMINISTRATIVE PROCEDURE ACT* DE 1946 Y LA LEGISLACIÓN LATINOAMERCANA DE PROCEDIMIENTOS ADMINISTRATIVOS

Allan R. Brewer-Carías
Profesor emérito, Universidad Central de Venezuela

Esta obra del recordado profesor Jorge Tristán Bosch, destinada a estudiar la *Administrative Procedural Act* de 1946, que sigue siendo una de las Ley más importantes para el derecho administrativo norteamericano, fue inicialmente publicada en dos números de la *Revista de la Facultad de Derecho y Ciencias Sociales* de la Universidad de Montevideo de 1953 (Año IV, Nos. 1 pp. 9-13 y No. 2 pp. 357-441) que entonces dirigía el profesor Enrique Sayagués Laso; habiendo sido luego impreso como libro por la misma Facultad con el título: *El procedimiento administrativo en los Estados Unidos de America*, Montevideo 1953.

Ese libro fue el que adquirí hacia finales de los años sesenta del siglo pasado, con ocasión de varias visitas académicas que tuve el privilegio de realizar a Buenos Aires, oportunidades aquellas en las cuales tuve además el gusto de conocer personalmente al autor, quien formaba parte, junto con los profesores Miguel S. Marienhoff, Manuel María Diez y Pedro Aberastury, del grupo de destacados profesores de Derecho Administrativo de la Facultad de Derecho de la Universidad de Buenos Aires, época en la cual comenzaban además a enseñar también los entonces jóvenes profesores Agustín Gordillo y Juan Carlos Cassagne.

Desde entonces siempre me llamó la atención aquella obra, escrita por un latinoamericano dedicada a estudiar una Ley norteamericana, sobre un tema, *el procedimiento administrativo*, que incluso aún no se había regulado legalmente en nuestros países. Fue solo en 1972 cuando se dictó en Argentina la primera Ley de la materia, razón por la cual la obra del profesor Bosch no sólo podía considerarse pionera en nuestro Continente respecto del tema tratado, sino incluso en la literatura comparada respecto de la Ley de los Estados Unidos, donde para 1953 aún no se había escrito un libro completo sobre esa muy importante

Ley para el derecho administrativo norteamericano. Se trató, por tanto, de uno de los primeros libros destinados a estudiarla, pero escrito por un profesor argentino y editado en Uruguay.

Como en este este año 2026 se están cumpliendo 80 años de la sanción de la ley norteamericana, me pareció que esta debía ser una ocasión propicia, no solo para celebrar esos años de vigencia, sino para rescatar el libro del profesor Bosch; idea que acogió de inmediato el editor Francisco Olejnik, siendo ello el origen de esta edición.

Para su Presentación, he considerado propicio incorporar en estas notas introductorias, las reflexiones que vengo de escribir para el Seminario sobre "*The Administrative Procedure Act (APA) at 80: looking backward and forward,*" organizado por la *Universitá degli Studi della Campania Luigi Vanvitelli,* Law Department, el 13 de febrero de 2026, sobre "*La Administrative Procedure Act* de los Estados Unidos de 1946, y la regulación en las Leyes de Procedimiento Administrativo en América Latina, del régimen de la participación ciudadana en los asuntos públicos, la información administrativa y los procedimientos para la elaboración de normas reglamentarias."

I. CONTENIDO Y ÁMBITO DE APLICACIÓN DE LA *ADMINISTRATIVE PROCEDURE ACT*

La *Administrative Procedure Act* de los Estados Unidos de 1946[1] (en adelante APA), cuyo texto está codificado en el *5 U.S.C. §§ 551-559,*[2] donde se incluyeron los llamados procedimientos informales, es una Ley pionera en la regulación legal de la conducta de la Administración en sus relaciones con las personas, en la cual se sentaron las bases del derecho administrativo en los Estados Unidos.

En la misma, en síntesis, se regularon los siguientes ocho asuntos fundamentales:

1. *RÉGIMEN DE LA INFORMACIÓN PÚBLICA Y DEL ACCESO A LOS DOCUMENTOS ADMINISTRATIVOS*

En *primer lugar,* se establecieron normas sobre la obligación de las diversas autoridades administrativas o administraciones públicas (*Agencies*) de informar al público (*Public Information*), exigiendo:

---

1 Véase en el sitio web del *Departament of Justice,* disponible en: https://www.justice.gov/sites/default/files/jmd/legacy/2014/05/01/act-pl79-404.pdf

2 Véase el texto en sitio web de *Cornell Law School, Legal Information Institute,* disponible en https://www.law.cornell.edu/wex/administrative_procedure_act

Primero, que deben publicar en el *Federal Register*, para el conocimiento público, información detallada de su organización; las reglas y métodos de su funcionamiento y las normas adoptadas sobre políticas generales o interpretaciones adoptadas para guiar al público.

Segundo, que deben publicar o poner a disposición para consulta pública, todas las opiniones u órdenes dictadas en casos específicos; y

Tercero, que deben asegurar el acceso a los documentos públicos, a las personas que les conciernan (Secc. 3).

2. *RÉGIMEN SOBRE LA ELABORACIÓN DE NORMAS REGLAMENTARIAS Y DE LA PARTICIPACIÓN CIUDADANA*

En *segundo lugar*, se establecieron normas sobre el procedimiento de elaboración de normas generales o reglamentarias (*Rule Making*) (en la Codificación 5 U.S.C. §§ 553, 556, and 557, denominado *Formal Rulemaking*) por parte de las administraciones públicas (*Agencies*), regulando:

Primero, la obligación de publicar en el *Federal Register* un aviso previo sobre cualquier propuesta de elaboración de normas, con indicación sobre el tiempo, lugar y naturaleza del procedimiento; la autoridad que las propone, y los términos o contenido de las reglas propuestas o la descripción de los temas que comprende.

Segundo, asegurar a todas las personas interesadas la oportunidad de participar en el procedimiento de elaboración de normas mediante la presentación de escritos y argumentos.

Tercero, publicar las notificaciones y efectuar las citaciones respecto de cualesquiera normas sustantivas con un plazo no menor de 30 días.

Y *cuarto*: asegurar a toda persona interesada el derecho de petición para la emisión, reforma o revocación de normas (Secc. 4).

Este procedimiento formal regulado en la APA se constituyó en un gran obstáculo para la celeridad normativa, por lo que por su complejidad puede decirse que cayó en desuso, llevando a la *Administrative Conference of the United States* a recomendar su la abolición, estableciéndose como consecuencia en la Ley una llamado *Informal Rulemaking*, regulado en el *5 U.S.C. § 553*, que se aplica en general salvo que exista una disposición legal que exija la aplicación del procedimiento formal. Este procedimiento informal, se cumple en tres fases:

a) La convocatoria (*general notice of proposed rulemaking*) a través de la publicación en el *Federal Register*, o a través de notificaciones personales a determinadas instituciones o interesados, cuando así expresamente lo exige la Ley, con todas las indicaciones de lugar, momento y forma de la participación ciudadana, con garantía de información adecuada y eficiente;

b) La oportunidad para comentarios (*Opportunity for Comment*), asegurando que los interesados puedan presentar en forma escrita sus argumentos y consideraciones sobre la normativa propuesta; y

c) Exposición de motivos (*Statement of Basis and Purpose*), que debe contener las razones para tomar la decisión que la Agencia considere pertinente. [3]

3. *RÉGIMEN SOBRE LAS CONDICIONES PARA EMISIÓN DE ACTOS O DECISIONES ADMINISTRATIVAS*

En *tercer lugar*, se establecieron normas relativas a la adopción de actos o decisiones administrativas (*Adjudications*) requeridas por ley, cuando sea necesario una audiencia para ser emitidos, que comprenden:

Primero, la necesidad de notificación previa a las personas con derecho a participar en las audiencias sobre el tiempo, lugar y naturaleza de las mismas, con la indicación de la autoridad legal y competencia de la Agencia que realiza la audiencia; y las materias de hecho y de derecho a ser tratadas.

Segundo, la necesidad de asegurar a todas las partes interesadas la oportunidad de presentar escritos y consideraciones de hecho, argumentos, y propuestas de arreglos o de ajuste cuando lo permita el tiempo, la naturaleza del procedimiento y el interés público; y cuando las partes no lo puedan hacer, determinar cualquier controversia por consenso, audiencia o decisión de acuerdo con las normas sobre Audiencias.

Tercero, la necesidad de asegurar que los mismos funcionarios a cargo de la recepción de evidencias sean los que hagan la recomendación de la decisión o adopten la decisión inicial, salvo que dichos funcionarios no estén a la disposición de la Agencia respectiva.

Y *Cuarto*, la disposición de que la Agencia está autorizada a su sola discreción para emitir órdenes declarativas de terminar la controversia o de remover las incertidumbres (Secc. 5).

---

3 Véase sobre ello, Rafael Chavero Gazdik, "La participación social en la gestión pública," en Allan R. Brewer-Carías et al, *Ley Orgánica de la Administración Pública. Decreto Ley No. 6217 de 16-07-2008*, Editorial Jurídica Venezolana, Caracas 2009, pp. 133-134.

4. *Régimen de temas auxiliares del procedimiento administrativo: comparecencia, principio legalidad, citaciones y notificaciones*

En *cuarto lugar,* se establecieron normas relativas a cuestiones auxiliares (*Ancilliary Matters*), que comprenden:

Primero, normas sobre comparecencia de las personas obligadas a comparecer personalmente ante cualquier Agencia, a quienes debe garantizarse el derecho de estar acompañadas, representadas y asesoradas de abogado u otro representante calificado.

Segundo, normas que disponen que solo cuando estén autorizados por ley es que pueden realizarse, hacerse o imponerse procesos, requerimiento de informes, inspecciones o investigaciones.

Tercero, asegurar que solo las citaciones autorizadas por ley pueden hacerse a una parte, a solicitud y conforme a las reglas de procedimiento, con base en un requerimiento que indique la relevancia general y del ámbito razonable de la evidencia que se busca.

Y *Cuarto,* asegurar que se informe prontamente a cualquier parte interesada sobre la negativa en todo o en parte de cualquier solicitud, petición o requerimiento que se haga en relación con el procedimiento de cualquier Agencia (Secc. 6).

5. *Régimen de las audiencias y de la presentación de evidencias*

En *quinto lugar,* se establecieron normas sobre las audiencias (*Hearings*) requeridas en las secciones 4 y 5, que se refieren:

Primero, a los funcionarios que deben presidir las audiencias;

Segundo, a las competencias del funcionario que presida la audiencia, que comprenden el poder de tomar juramento, emitir citaciones, establecer reglas sobre ofertas de pruebas y recepción de evidencias relevantes, tomar declaraciones, regular el curso de la audiencia, sostener conferencias para arreglar o simplificar los asuntos con el consentimiento de las partes, decidir sobre solicitudes procesales, tomar o recomendar decisiones y tomar otras acciones autorizadas por la agencia.

Tercero, sobre evidencias, que comprenden, el establecimiento de la carga de la prueba a quien propone el caso; la posibilidad de rechazar pruebas irrelevantes, inmateriales o que repiten evidencias; el derecho de cada parte de presentar su caso y su defensa en forma oral o a través de evidencia documental, o para realizar interrogatorios para determinar verídicamente los hechos.

Y *Cuarto,* normas sobre las transcripciones de testimonios y documentos presentados que deben constituir el expediente exclusivo para la decisión (Secc. 7).

6. *Régimen del procedimiento para la adopción de actos o decisiones administrativas*

En sexto lugar, se establecieron normas sobre el procedimiento para la adopción de actos o decisiones administrativas (*Decisions*) en casos en los que ha habido audiencia, con normas que comprenden:

Primero, la indicaciones de que en casos en los cuales la Agencia no ha presidido la recepción de evidencias, el funcionario que ha presidido debe adoptar la decisión inicial, la cual salvo apelación o revisión administrativa, tal decisión sin más procedimiento debe convertirse en la decisión de la Agencia;

Segundo, la indicación de que en caso de apelación o revisión administrativa de la decisión inicial, la Agencia tiene, salvo limitación legal, todos los poderes que hubiera tenido para tomar la decisión inicial;

Tercero, que en todo caso en el cual el funcionario toma la decisión inicial sin haber presidido la recepción de evidencia, debe primero, recomendar una decisión excepto si se trata de elaboración de normas o de determinaciones iniciales para licencias;

Cuarto, que antes de que se emita una recomendación, o una decisión inicial o tentativa, o decisión luego de revisión administrativa por un superior, debe otorgarse a las partes una oportunidad razonable para someter a la consideración de los funcionarios que participan en la misma, las propuestas y conclusiones que estimen, así como excepciones o recomendaciones sobre la decisión, con argumentos de soporte; y

Quinto, la previsión de que todas las decisiones (incluyendo las iniciales, recomendaciones y tentativas) deben pasar a formar parte de los archivos, e incluir la motivación necesaria, es decir, una declaración sobre la investigación y conclusiones, y sobre las razones o bases de las mismas, en relación con todos los materiales de hecho, de derecho o discrecionales presentados, así como la apropiada regla, orden, sanción, alivio o negativa decidida (Secc. 8).

7. *Régimen de las sanciones y de las licencias*

En *séptimo lugar,* se establecieron normas regulatorias, *primero,* de las sanciones, con la indicación de que solo pueden ser impuestas mediante autoridad conferida por ley y conforme a la competencia asignada a la Agencia; y *segundo,* de las solicitudes de licencias, también solo en los casos requeridos por ley y conforme al procedimiento regulado en la ley (Secc. 9).

8. RÉGIMEN DEL CONTROL JUDICIAL DE LAS ACCIONES ADMINISTRATIVAS

Y por último, el *octavo lugar*, se establecieron normas relativas al proceso judicial de control de la acción administrativa (*Judicial Review*), con normas que comprenden:

Primero, el régimen del derecho y la legitimación para recurrir, otorgándole la acción a toda persona que haya sufrido un daño legal, y resulte afectada o agraviada por la acción de una Agencia.

Segundo: el objeto de las acciones judiciales de control, que se refiere a toda acción de cualquier Agencia, mediante solicitudes de acciones declarativas o de *injunctions* de prohibición o de mandato ante cualquier Corte competente;

Tercero, la indicación de que toda decisión administrativa o acto de cualquier agencia es revisable judicialmente cuando no exista otro remedio adecuado ante alguna otra Corte;

Cuarto, la previsión de que estando en curso el control judicial, toda agencia está autorizada, cuando encuentre que la justicia lo requiere, para posponer la fecha del comienzo de los efectos de toda decisión tomada e impugnada.

Quinto, igualmente, la previsión de la competencia de toda Corte que conozca del control judicial de acciones administrativas, para adoptar medidas cautelares para evitar daños irreparables, con autoridad para adoptar el procedimiento necesario y apropiado para posponer la fecha de inicios de los efectos de la acción de la Agencia o para preservar el estatus o derecho, mientras está pendiente el proceso de control judicial.

Sexto, la determinación del alcance del control, con indicación de que la Corte debe decidir todas las cuestiones relevantes, interpretaciones constitucionales y legales y determinar el significado o aplicabilidad de los términos de cualquier acción de una Agencia, debiendo: (i) obligar a la agencia a actuar cuando la acción ha sido retenida ilegalmente o retrasada irrazonable; y (ii) considerar ilegal y rechazar la acción, las evidencias y las conclusiones de la agencia cuando considere que sean: 1) arbitrarias, caprichosas o dictadas en abuso de derechos, o que no estén en acuerdo con la ley; 2) contrarias a derecho, poder, privilegio o inmunidad constitucionales; 3) dictadas en exceso de jurisdicción, autoridad o limitaciones estatutarias, o que carezcan de base legal; (4) dictadas sin la observancia del procedimiento exigido por la ley; (5) dictadas sin estar soportadas en evidencias en los casos en los cuales sea requerido en la Ley; y 6) cuando no estén justificadas por hechos en la medida en que estos estén sujetos a juicio por la corte de revisión (Secc 10).

9. *Declaraciones generales sobre los efectos de la Ley*

Por último, la APA concluyó con unas declaraciones generales, como (i) que nada de su contenido puede implicar la disminución de los derechos constitucionales de cualquier persona o la limitación o revocación de requisitos adicionales impuestos por o reconocidos por ley; (ii) que salvo cuando la ley lo establezca, todos los requerimientos y privilegios relativos a evidencia o procedimientos previstos en la APA deben aplicarse en forma igual tanto a las Agencias como a las personas; (iii) que si alguna previsión de la Ley es declarada invalida, el resto de sus previsiones no serán afectadas ni consideradas invalidas; y (iv) que ninguna otra legislación puede sobreponerse o modificar lo estableció en la Ley APA salvo que esa legislación así lo establezca expresamente (Secc. 12).

10. *Apreciación general sobre el ámbito de la Ley APA y sus posibles influencias o reflejos*

Como se puede apreciar, la APA fue una normativa bien completa sobre procedimiento administrativo para la adopción de decisiones por la Administración, en particular para asegurar la participación de las personas, en especial, en la elaboración de normas reglamentarias; y sobre el procedimiento judicial para el control judicial de la acción administrativa, que ha marcado el desarrollo del derecho administrativo en los Estados Unidos; siendo la misma, sin duda, pionera en los procedimientos administrativos de participación ciudadana, particularmente en materia de elaboración de normas reglamentarias.

Dicha APA, en su concepción estructural, a pesar de ser pionera en el campo en el mundo americano, sin embargo, puede decirse que no tuvo influencia directa en la elaboración de las Leyes o reglamentos de Procedimiento Administrativo en América Latina,[4] las cuales

[4] Debe incluso mencionarse que en Misiones de asistencia técnica de las Naciones Unidas desarrolladas a finales de los cincuenta del siglo pasado, como fue la encabezada por Herbert Emmerich (quien posteriormente fuera Presidente del Instituto Internacional de Ciencias Administrativas de Bruselas) en 1958, él mismo plantó al Gobierno provisional de Venezuela constituido después de la caída del General Marco Pérez Jiménes, la urgente necesidad de mejorar la administración pública como condición para la realización de muchos programas de desarrollo económico y social, identificando incluso las principales necesidades de la administración, sin que se hiciese referencia específica, por ejemplo, a los temas regulados en la APA.El Informe solo se refirió en general, a la necesidad de: "La

comenzaron a dictarse algo más de dos década después de la sanción de la APA, en 1967.

Para cuando se sancionó la APA en 1946, en efecto, ya en la mayoría de los países de América Latina se habían estructurado sistemas de justicia contencioso administrativa para asegurar el control judicial de las acciones de la Administración, y con base en el trabajo de los tribunales competentes en esa materia, ya se había desarrollado una rica jurisprudencia, inspirada fundamentalmente en los principios de la doctrina y jurisprudencia francesas, sobre los principios de los actos administrativos y del procedimiento administrativo para su elaboración y emisión.

Con base en todos esos principios, a partir de 1972, comenzó la sanción de las Leyes de Procedimiento Administrativo de América Latina, en cuya redacción, tuvo además influencia particular la legislación española que venía de conformarse unos años antes, con la *Ley de Régimen Jurídico de la Administración del Estado* de 1957 y la *Ley de Procedimiento Administrativo* de 1958 (las cuales fueron luego refundidas y reformadas en 1992 en la Ley 30/1992 de 26 de noviembre sobre el Régimen Jurídico de las Administraciones Públicas y el Procedimiento Administrativo Común).[5]

Ello implicó que el derecho administrativo latinoamericano referido al procedimiento administrativo para la emisión de actos administrativos, de haber estado influido en sus inicios sólo por los principios del derecho administrativo francés, a partir de la sanción de las leyes españolas pasó a estar también influido significativamente por el derecho administrativo español y su doctrina contemporánea.

Por tanto, en cuanto a la APA de 1946, lo que puede encontrarse de la misma en las leyes de procedimientos administrativos de América Latina, son solo algunos "reflejos," particularmente en tiempos más recientes, en tres temas relevantes, que son los referidos a las regulaciones para asegurar que la información administrativa de manera que esté al alcance de las personas y que las mismas tengan derecho a acceder a la misma, y para permitir la participación ciudadana en la elaboración

---

mejora de la organización gubernamental, definiéndose más claramente las funciones, la simplificación y el aceleramiento de los procedimientos y trámites; un sistema de controles fiscales de sistematización de datos económicos que dé mejor base a las decisiones y al control de materias políticas generales; y sobre todo, la mejora radical del sistema de servicio civil y del adiestramiento del personal público." La misión de las Naciones Unidas propuso incluso la creación de una Comisión Nacional de Administración Pública, que efectivamente se creó, y en la cual ningún vestigio se consigue de posible influencia de la APA en sus trabajos. Véase sobre todo el proceso de reforma administrativa en Venezuela, Allan R. Brewer-Carías (Director, editor), *Informe sobre la Reforma de la Administración Pública*, 2 volumenes, Comisión de Administración Pública, Caracas 1972.

5 Véase *Boletín Oficial* del Estado N° 285 de 27 de noviembre de 1992.

de normas reglamentarias, como por ejemplo se puede apreciar, en particular, en las más recientes Leyes de República Dominicana (2013) y de El Salvador (2017).

En estas páginas, por tanto, además de referirme al curso del proceso de codificación del derecho administrativo en América Latina materializado en la sanción de leyes reguladoras del procedimiento administrativo sancionadas a partir de 1972 hasta la última en 2024, quiero referirme al contenido de las mismas, específicamente sobre los antes mencionados temas relevantes regulados en la APA, en particular, el de la participación ciudadana en la gestión pública, el de la información administrativa y acceso ciudadano, y el de las consultas públicas en materia de elaboración de normas reglamentarias.

II. EL PROCESO DE CODIFICACIÓN DEL DERECHO ADMINISTRATIVO EN AMÉRICA LATINA CON LA SANCIÓN DE LAS LEYES DE PROCEDIMIENTO ADMINISTRATIVO

La regulación legal del procedimiento administrativo en América Latina,[6] aparte del antecedente reglamentario importante contenido en el *Reglamento de Normas Generales de Procedimiento Administrativo* dictado en el Perú, mediante Decreto Supremo N° 006-67-56 de 1967,[7]- puede decirse que inició en **Argentina** en 1972 con la sanción de la Ley de Procedimientos Administrativos, N° 19.549 de 1972, reformada por la Ley N° 21.682,[8] con la cual, como ha sucedido después en todos nuestros

---

6 Véase Allan R. Brewer-Carías, "Estudio Preliminar: El procedimiento administrativo en el derecho administrativo comparado Iberoamericano". Estudio de las leyes de Procedimiento Administrativo)," en el libro Jaime Rodríguez Arana y José A. Moreno Molino (Directores) *Código de Leyes de Procedimiento Administrativo*, 3ª edición, Editorial Jurídica venezolana International 2021, pp. 15 a 300. En dicha obra se incluye el texto de todas las Leyes Iberoamericanas.

7 Véase Reglamento de Normas Generales de Procedimiento Administrativo dictado mediante Decreto Supremo N° 006-67-56 de 11 de noviembre de 1967. Este fue el primer texto comprehensivo que reguló el procedimiento administrativo en América Latina con evidentes influencias de la Ley española de 1958, a cuyo texto debía ajustarse la actuación administrativa de los órganos del Poder Ejecutivo, de los establecimientos públicos y de los gobiernos locales, "siempre que no se opusieran a las leyes o sus reglamentos especiales" (art. 1). En esta forma, si bien se establecieron principios generales de la acción administrativa, ello se hizo con un texto de rango reglamentario y supletorio, lo que implicó, en la práctica, que dicho texto no hubiera tenido mayor influencia en el desarrollo del derecho administrativo peruano.

8 Véase *Boletín Oficial* N° 22411 del 27 de abril de 1972. Sobre la Ley argentina nuestros comentarios en Allan R. Brewer-Carías, "La Ley de Procedimientos Administrativos de Argentina de 1972 en el inicio del proceso de positivización de los principios del

países, cuando se estudia la evolución del derecho administrativo, es posible dividirlo en dos grandes etapas referidas al antes y al después de la sanción de dichas leyes.[9]

Con leyes como la de Argentina, en efecto, se comenzó a dar un nuevo enfoque al objeto central de nuestra disciplina, que es la Administración Pública y su actividad, al comenzarse a regular en el derecho positivo, y no sólo como consecuencia de principios generales, tanto los aspectos formales y sustantivos de la actividad administrativa, como los aspectos centrales de la relación de la Administración con los administrados, buscando establecer el balance de siempre que persigue nuestra disciplina, entre el conjunto de poderes, prerrogativas y obligaciones de la Administración, por una parte; y por la otra, los derechos y obligaciones de los particulares en sus relaciones con aquella.

En particular, puede decirse que la Ley argentina fue pionera al regular aspectos centrales del debido proceso administrativo, al establecer su alcance (art. 1.f), indicando que comprende: *primero*, el derecho a ser oído, con la posibilidad para el administrado de exponer las razones de sus pretensiones y defensas antes de que la Administración emita actos administrativos que se refieren a sus derechos subjetivos o intereses legítimos, así como de interponer recursos y hacerse patrocinar y representar profesionalmente; *segundo*, el derecho a ofrecer y producir pruebas, y que las mismas se produzca, si fuere pertinente, dentro del plazo que la administración fije en cada caso, atendiendo a la complejidad del asunto y a la índole de la que deba producirse, debiendo la administración requerir y producir los informes y dictámenes necesarios para el esclarecimiento de los hechos y de la verdad jurídica objetiva; todo ello "con el contralor de los interesados y sus profesionales, quienes podrán presentar alegatos y descargos una vez concluido el período probatorio;" y *tercero*, el derecho a una decisión fundada, en el sentido de que el acto administrativo decisorio haga expresa consideración de los principales argumentos y de las cuestiones propuestas.

---

procedimiento administrativo en América Latina," en Héctor M. Pozo Gowland, David A. Halperin, Oscar Aguilar Valdez, Fernando Juan Lima, Armando Canosa (Coord.), *Procedimiento Administrativo*. Tomo II. *Aspectos generales del procedimiento administrativo. El procedimiento Administrativo en el derecho Comparado,* Buenos Aires 2012, pp. 959-993.

[9] Véase Allan R. Brewer-Carías, *Principios del procedimiento administrativo,* Prólogo de Eduardo García de Enterría, Editorial Civitas, Madrid 1990; "Principios del Procedimiento Administrativo en España y América Latina," en *200 Años del Colegio de Abogados, Libro Homenaje*, T. I, Colegio de Abogados del Distrito Federal, Avila Arte/Impresores, Caracas 1990, pp. 255 -435; *Les principes de la procédure administrative non contentieuse. Études de Droit Comparé (France, Espagne, Amérique Latine)*, Prólogo de Franck Moderne, Editorial Económica, París 1992; también publicado en *Etudes de droit public comparé*, Académie International de Droit Comparé, Ed. Bruylant, Bruxelles 2001, pp. 161-274; y *Principios del Procedimiento en América Latina*, Universidad del Rosario, Editorial Legis, Bogotá 2003.

La Ley argentina, por tanto, tiene el rasgo común que luego se siguió en las otras leyes latinoamericanas, de abarcar todo el proceso de producción de las decisiones administrativas, lo que conduce a una muy importante regulación en relación con los actos administrativos.

Además, como todas las leyes, regula el desarrollo de la actividad de la Administración para obtener la adecuada satisfacción de los intereses públicos, y además, busca que los derechos de los administrados estén debidamente garantizados; de lo que deriva otro rasgo común de las mismas en el sentido de establecer las formas de la actuación de la Administración en sus relaciones con los particulares, de manera que se desarrollen con el menor formalismo posible, evitando la realización o exigencias de trámites, formulismos o recaudos innecesarios o arbitrarios que compliquen o dificulten la acción administrativa.

En esa tendencia, a la Ley argentina le siguió el Decreto reglamentario N° 640/973, sobre Procedimientos Administrativos, dictado en **Uruguay** en 1973, sustituido por el Decreto 500/991 de 1991, sobre Normas Generales de Actuación Administrativa y Regulación del Procedimiento en la Administración Central.[10] Dicho texto fue parcial e indirectamente modificado por la Ley No 20333 de 11 de septiembre de 2024, mediante la cual se sancionó un nuevo Código de lo Contencioso Administrativo.[11]

Un lustro más tarde se sancionó la Ley General de la Administración Pública de **Costa Rica** de 2 de mayo de 1978,[12] la cual no sólo reguló el procedimiento administrativo, sino materialmente todos los aspectos esenciales del derecho administrativo, por lo que siempre la he considerado como una especie de "manual" de esta rama del derecho, redactado en forma de artículos.[13] En ellos se encuentra explicado el derecho administrativo como si se tratase del desarrollo de un programa de un curso sobre esta disciplina, expuesto en un muy hermoso y rico texto, en cuya redacción contribuyó mi recordado amigo el profesor de derecho administrativo Eduardo Ortíz Ortíz, quien dejó en ella una huella importante.

---

10 Véase Alcance N° 90 *La Gaceta* N° 102 de 30 de mayo de 1978.

11 Texto disponible en: https://www.impo.com.uy/bases/codigo-contencioso-administrativo/20333-2024.

12 Véase *Diario Oficial* de 3 de octubre de 1991.

13 Véase Allan R. Brewer-Carías, "Comentarios sobre los principios generales de la Ley General de la Administración Pública de Costa Rica" en *Revista del Seminario Internacional de Derecho Administrativo*, Colegio de Abogados de Costa Rica, San José 1981, pp. 31-57; y en *Revista Internacional de Ciencias Administrativas*, Vol. XLVIII, Institut International des Sciences Administratives, Bruselas 1982, N° 1, pp. 47-58; reproducido en mi libro: *Los principios fundamentales del derecho público* (Con una Introducción General sobre los Principios del Derecho Administrativo en la Ley General de la Administración Pública de Costa Rica), Editorial Investigaciones Jurídicas/ Editorial Jurídica Venezolana, San José, Costa Rica 2012, 222 pp.

En ellos se encuentra explicado el derecho administrativo como si se tratase del desarrollo de un programa de un curso sobre esta disciplina, expuesto en un muy hermoso y rico texto. Es un ejemplo claro de la codificación, no sólo del procedimiento administrativo sino, como se dijo, de todo el derecho administrativo.

A la Ley costarricense, siguió cronológicamente la Ley Orgánica de Procedimientos Administrativos de 10 de julio de 1982, de **Venezuela**,[14] texto que se comenzó a elaborar desde 1965.[15] Esta Ley Orgánica, influenciada directamente por la Ley española, recogió todos los principios fundamentales relativos a la actividad administrativa desarrollada por los órganos de la Administración Pública Nacional y aplicable supletoriamente a las administraciones estadales[16] y municipales; y en particular, los principios relativos a los actos administrativos (elaboración, formas y formalidades, efectos, revisión), que la jurisprudencia había establecido, habiendo contribuido ampliamente, desde su entrada en vigencia, a afianzar el principio de la legalidad administrativa.[17] La Ley fue luego complementada con la Ley Orgánica de la Administración Pública de 17 de octubre de 2001, también reformada en 2008 y 2014.[18]

Unos años más tarde, en 1984, se produjo la reforma del Código Contencioso Administrativo de **Colombia**, al cual se le incorporó un nuevo "Libro" Primero sobre "Procedimientos Administrativos," también complementado con las disposiciones del Decreto N° 266 de

---

14 Véase *Gaceta Oficial* N° 2.818 Extraordinario de 1 de julio de 1981. *V.* sobre la Ley Orgánica en Allan R. Brewer-Carías et al., *Ley Orgánica de Procedimientos Administrativos,* Editorial Jurídica Venezolana, Caracas, 1982.

15 Véase *Informe sobre la Reforma de la Administración Pública Nacional,* Comisión de Administración Pública, Caracas, 1972, Vol. 2, p. 392.

16 El venezolanismo "estadal" y "estadales" es referido a lo que concierne a los Estados de la federación.

17 Sobre la ley venezolana, véase: Allan R. Brewer-Carías, "Comentarios a la Ley Orgánica de Procedimientos Administrativos" en *Revista de Derecho Público,* N° 7, Editorial Jurídica Venezolana, Caracas, julio-septiembre 1981, pp. 115-117; "Comentarios sobre el alcance y ámbito de la Ley Orgánica de Procedimientos Administrativos en Venezuela" en *Revista Internacional de Ciencias Administrativas,* Vol. XLIX, N° 3, Institut International des Sciences Administratives, Bruselas 1983, pp. 247-258; "Comentarios sobre el alcance y ámbito de la Ley Orgánica de Procedimientos Administrativos en Venezuela," en *Revista de Control Fiscal,* N° 104, Contraloría General de la República, Caracas 1982, pp. 113-133; "Introducción al régimen de la Ley Orgánica de Procedimientos Administrativos", en Allan R. Brewer-Carías (Coordinador-editor), Hildegard Rondón de Sansó y Gustavo Urdaneta, *Ley Orgánica de Procedimientos Administrativos,* Colección Textos Legislativos, N° 1, Editorial Jurídica Venezolana, Caracas 1981, pp. 7-51; y *El derecho administrativo y la Ley Orgánica de Procedimientos Administrativos. Principios del procedimiento administrativo,* Editorial Jurídica Venezolana, 6ª edición ampliada, Caracas 2002.

18 Véase *V.* sobre esta Ley, Allan R. Brewer Carías et al., *Ley Orgánica de la Administración Pública,* Editorial Jurídica Venezolana, Caracas, 2008.

2000 de Normas para la Simplificación Administrativa. Con este Código se dio un paso de avance en la codificación del derecho administrativo, al haberse regulado por primera vez, en un texto que sigue siendo único en América latina, todos los aspectos del procedimiento administrativo y del proceso contencioso administrativo. Y ello tiene su razón en el hecho de que Colombia fue el único país de América Latina que adoptó el modelo francés de la dualidad de jurisdicciones: una jurisdicción judicial que tiene en su cúspide a la Corte Suprema de Justicia, y una jurisdicción contencioso-administrativa que tiene en su cúspide al Consejo de Estado. Por ello, desde 1941 se había dictado un Código Contencioso-Administrativo (Ley 167/1941), en el cual se reguló exclusivamente el procedimiento judicial ante la jurisdicción contencioso-administrativa. Con base en la labor de la jurisprudencia, en 1980 se propuso la reforma y adaptación del Código, lo cual condujo a la sanción del Decreto N° 01 de 1984, mediante el cual se le agregó al Código un nuevo "Libro" relativo al "procedimiento administrativo," diferenciado del "procedimiento ante la jurisdicción en lo contencioso-administrativo."[19] Esta importante legislación nacional reguladora del procedimiento administrativo y del proceso contencioso administrativo, luego de la reforma constitucional de 1991, fue reformado en 2011, mediante la Ley 1437 contentiva del nuevo Código de Procedimiento Administrativo y de lo Contencioso Administrativo,[20] y por Ley 2080 de 25 de enero de 2021.

Luego de la reforma del Código Colombiano, tres años después se dictó la Ley de Procedimiento Administrativo de **Honduras** (Decreto N° 152-87, de 28 de septiembre de 1987), la cual fue posteriormente reformada parcialmente mediante la Ley para Optimizar la Administración Pública, Mejorar los Servicios a la Ciudadanía y Fortalecimiento de la Transparencia en el Gobierno.[21]

En el mismo año de 1987, se dictó en **Ecuador** el Estatuto del Régimen Jurídico Administrativo de la Función Ejecutiva (Decreto Ejecutivo 1634

---

19 El Decreto 01 se dictó con base en la Ley 58 de 1982. Posteriormente con base en la Ley 30 de 1987, mediante Decreto 2304, de 7 de octubre de 1989, se introdujeron reformas al Código Contencioso Administrativo.

20 Véase *Diario Oficial* N° 47.956 de 18 de enero de 2011. *V.* algunos comentarios sobre dicha reforma en Allan R. Brewer-Carías, "Los principios del procedimiento administrativo en el Código de Procedimiento Administrativo y de lo Contencioso Administrativo de Colombia (Ley 1437 de 2011)," en *Congreso Internacional de Derecho Administrativo, X Foro Iberoamericano de Derecho Administrativo*. El Salvador, 2011, pp. 879-918; "Los principios generales del procedimiento administrativo en la Ley 1437 de 2011 contentiva del Código de Procedimiento Administrativo y de lo Contencioso Administrativo de Colombia" en *Visión actual de los Procedimientos Administrativos, III Congreso de Derecho Administrativo Margarita 2011*, Centro de Adiestramiento Jurídico "CAJO" y Editorial Jurídica Venezolana, Caracas 2011, pp. 13-48

21 Véase *Diario Oficial la Gaceta* N° 33.336 de fecha 23 de enero de 2014

de 1994, reformado por Decreto Ejecutivo Nº 2428 de 2002), que sólo reguló aspectos del procedimiento administrativo, lo que se completó con las previsiones del Código Orgánico Administrativo, de 20 de junio de 2017.[22] Antes, en Ecuador, se había dictado la Ley Nº 50 de Modernización del Estado, Privatizaciones y Prestación de Servicios Públicos por parte de la Iniciativa Privada de 1993, que contuvo normas de racionalización administrativa.

Posteriormente, luego de un período de casi diez años, en 1994 se dictó en **México**, la Ley Federal de Procedimiento Administrativo,[23] cuya última reforma es de 2 de mayo de 2017. A dicha Ley la siguió la Lei Nº 9.784, de 29 de janeiro de 1999 de **Brasil**, que regula el proceso administrativo en el ámbito de la Administración Pública Federal.[24]

En 2000, se dictó en **Panamá** la Ley No. 38 de 31 de julio de 2000[25] mediante la cual se aprobó el Estatuto Orgánico de la Procuraduría de la Administración, y se reguló el Procedimiento Administrativo General.

El 10 de abril de 2001, se dictó en el **Perú** la Ley N° 27.444 del Procedimiento Administrativo General,[26] incorporándose el Perú definitivamente en la corriente contemporánea de la codificación formal del procedimiento administrativo, con un texto que recogió, enriquecidos, todos los principios del procedimiento administrativo que se habían venido conformando en las décadas anteriores en nuestros países por la doctrina, la jurisprudencia y la legislación.[27]

Luego en **Bolivia**, se dictó la Ley Nº 2341 de 23 de abril de 2002 sobre Ley de Procedimiento Administrativo; y en **Chile**, la Ley Nº 19.880 de 29 de mayo de 2003, de Ley de Procedimientos Administrativos.[28]

El 13 de enero de 2013 mediante Ley No. 290 se dictó en **Nicaragua** la Ley de Organización, Competencia y Procedimientos del Poder

---

22 Véase *Registro Oficial* de 7 de julio de 2017.

23 Véase Diario Oficial de la Federación de 4 de agosto de 1994

24 Véase *Diario Oficial* de la Uniao del 1 de fevereiro de 1999.

25 Véase *Gaceta Oficial* N° 24.109, de 2 de agosto de 2000

26 Véase *el* Texto único ordenado de la Ley 27.444, de 17 de marzo de 2017, de Procedimiento Administrativo General, publicado en el *Diario Oficial* de 20 de marzo de 2017

27 Sobre la Ley peruana ver nuestros comentarios en Allan R. Brewer-Carías, "La regulación del procedimiento administrativo en América Latina (con ocasión de la primera década de la Ley Nº 27.444 del Procedimiento Administrativo General del Perú 2001-2011)," en *Derecho PUCP, Revista de la Facultad de Derecho,* N° 67, *El procedimiento administrativo a los 10 años de entrada en vigencia de la LPAG,* Fondo Editorial, Pontificia Universidad Católica del Perú, Lima 2011, pp. 47-77.

28 Véase *Diario Oficial* de 29 de mayo de 2003.

Ejecutivo, reformada luego en 2016,[29] la cual, sin embargo, solo cuenta con muy escasas y precarias normas sobre procedimiento administrativo.

El mismo año 2013 se dictó en la **República Dominicana** la Ley N° 107-17 de 6 de agosto de 2013 sobre los derechos de las personas en sus relaciones con la Administración y procedimiento administrativo,[30] el cual se nutrió de la vasta experiencia en la materia desarrollada en nuestros países durante los últimos cincuenta años, desde que se había dictado, en 1972, La Ley Argentina.

Unos años más tarde, se sancionó en **El Salvador,** con fecha 15 de diciembre de 2017, la Ley de Procedimientos Administrativos (Decreto 856);[31] y en septiembre 2021, se sancionó en el **Paraguay**, la esperada Ley 6715 de Procedimientos Administrativos.

En 2024, se sancionó en **Cuba** la Ley de Procedimientos Administrativos, [32] que viene a ser la última de las leyes sancionadas en Iberoamérica, en la cual, entre otras cosas, se recogieron, siguiendo toda la ya larga experiencia legislativa de las leyes latinoamericanas anteriores, en una extensa y detallada regulación, todos los principios del procedimiento administrativo.

Todos estos textos, como se dijo al inicio, en una forma u otra tienen un rasgo común de haber recibido la influencia de la legislación española, lo que en el proceso estimo se puede notar particularmente en la redacción de la Ley del Perú de 2001 y de la Ley de la República Dominicana de 2013.

---

29 Véase publicada en *La Gaceta* de 22 de febrero de 2013, con reformas publicadas en *La Gaceta* de 25 de mayo de 2016.

30 Véase sobre esta Ley los comentarios en Allan R. Brewer-Carías, "*Principios del procedimiento administrativo en la Ley N° 107-13 de la República Dominicana sobre procedimientos administrativos de 6 de agosto de 2013," en Revista de Derecho Público, N° 135 (julio-septiembre 2013), Editorial Jurídica Venezolana, Caracas 2013, pp. 59-72.* Trabajo reproducido en mi libro: *Principios del procedimiento administrativo Estudio de derecho comparado,* (Presentación de Olivo Rodríguez Huertas, Prólogos de Eduardo García de Enterría y Frank Moderne), Asociación Dominicana de Derecho Administrativo, Colección Estudios de Derecho Administrativo, Volumen II, Editorial Jurídica Venezolana International, Santo Domingo, 2016, 332 pp.

31 Véase sobre esta Ley los comentarios en Allan R. Brewer-Carías, "Comentarios sobre algunos principios generales del régimen de la Ley de procedimientos administrativos de El Salvador," *Revista de Derecho Público,* N° 155-156, julio-diciembre 2018, Editorial Jurídica Venezolana, Caracas, pp. 249-296; y en: "Comentarios sobre la Ley de Procedimientos Administrativos de 15 de diciembre de 2017 de El Salvador, en perspectiva histórica y comparada," en el libro *Comentarios a la Ley de procedimientos Administrativos. Homenaje al Profesor José Meilán Gil,* (Jaime Rodríguez Arana-Muñoz u Henry Alexander Mejía, Directores), Cuadernos legislación Comentada y Relacionada N° 2, Editorial Cuscatleca, El Salvador 2019, pp. 63-80.

32 Véase el texto en *Gaceta Oficial* de la República de Cuba, No. 121, Año CXXII.

III. ALGUNAS REGULACIONES LATINOAMERICANAS SOBRE LA PARTICIPACIÓN CIUDADANA EN ASUNTOS ADMINISTRATIVOS

En relación con los temas relevantes regulados en la APA, uno de ellos se refiere al tema de la participación de las personas en los asuntos públicos, que también se ha regulado en las leyes de procedimiento administrativos de América Latina, pudiendo mencionarse, por ejemplo, las previsiones de la Ley de Brasil, donde se regulan las audiencias públicas en los procedimientos en los cuales esté envuelto un "asunto de interés general", y no sólo en los que tengan por objeto la elaboración de normas de efectos generales; estableciendo el artículo 31, en esos casos que:

"1° A abertura da consulta pública será objeto de divulgação pelos meios oficiais, a fim de que pessoas físicas ou jurídicas possam examinar os autos, fixando-se prazo para oferecimento de alegações escritas.

2° O comparecimento à consulta pública não confere, por si, a condição de interessado do processo, mas confere o direito de obter da Administração resposta fundamentada, que poderá ser comum a todas as alegações substancialmente iguais."

La Ley agrega, además, con carácter general, que antes de tomar una decisión, a juicio de la autoridad administrativa según la relevancia de la cuestión, se puede realizar una audiencia pública para los debates de la materia objeto del procedimiento (art. 32). La Administración, además, en materias relevantes, puede establecer otros medios de participación de los administrados, directamente o por medio de organizaciones o asociaciones legalmente reconocidas (art. 33).

En Venezuela, si bien la Ley Orgánica de Procedimientos Administrativos no regula mecanismos de participación en la toma de decisiones en asuntos de interés general, conforme al artículo 139 de la Ley Orgánica de la Administración Pública de 2001, luego reformada en 2008, (en adelante LOAP), se previó la obligación de los órganos y entes de la Administración Pública de promover la participación ciudadana en la gestión pública.

A tales fines, las personas podrán, directamente o a través de las comunidades organizadas, presentar propuestas y formular opiniones sobre la gestión de los órganos y entes de la Administración Pública, así como participar en la elaboración de los instrumentos de contenido normativo.

A los efectos de su participación los órganos y entes públicos deben llevar un registro de las comunidades organizadas cuyo objeto se refiera al sector correspondiente (art. 139)

Por otra parte, el principio de participación ciudadana ya se había antes recogido en leyes especiales, como por ejemplo, en la Ley Orgánica de Ordenación del Territorio de 1983[33] y en la Ley Orgánica de Ordenación Urbanística de 1987,[34] en las cuales se estableció la consulta pública obligatoria de todos los proyectos de planes de ocupación del suelo o de desarrollo urbanístico a nivel de urbanizaciones.

En efecto, en la Ley Orgánica para la Ordenación del Territorio se consagró un sistema de participación ciudadana en la elaboración de los planes de ordenación del territorio. El artículo 27 de la Ley dispone que durante la elaboración de los planes respectivos se incorporarán a las discusiones, conforme lo determine el Reglamento, a representantes de organismos públicos y privados nacionales, regionales, estadales y municipales, según los casos, que integren los diferentes sectores interesados. Para ello, señala la mencionada norma, las Secretarías Técnicas durante la elaboración del proyecto, adelantarán un amplio proceso de consulta, de conformidad con lo establecido en el Reglamento.

Igualmente, en el artículo 22, ordinal 4°, de la Ley Orgánica para la Ordenación del Territorio, dentro de las atribuciones de la Comisión Nacional de Ordenación del Territorio, se estableció la de someter el respectivo plan "a un proceso de consulta a través del mecanismo que al efecto determine el reglamento", debiéndose cuidar de "que estén incluidos representantes de organismos públicos y privados, nacionales y regionales que integren los diferentes sectores del país". Además, la misma Ley previó un mecanismo de consulta pública en relación con los Proyectos de Planes (artículo 28) a los efectos de someterlos "al conocimiento público con el objeto de oír la opinión de los interesados y recibir los aportes de la comunidad debidamente organizada".

Estos procesos de consultas públicas se consagraron, también, respecto de los planes de ordenamiento de las áreas bajo régimen de administración especial (artículo 32) y respecto de los planes de ordenación urbanística (artículo 30).

En el mismo sentido, en la Ley Orgánica de Ordenación Urbanística se establecieron una serie de mecanismos participativos que consagran la participación ciudadana en los planes de desarrollo urbano local. De esta forma, una vez elaborado el Proyecto de Plan de Desarrollo Urbano Local (PDUL) por el organismo municipal respectivo, éste será sometido

---

33 Véase Allan R. Brewer-Carías, *Ley Orgánica para la Ordenación del Territorio*, Editorial Jurídica Venezolana, Caracas 1984.

34 Véase Allan R. Brewer-Carías (Coordinador), *Ley Orgánica de Ordenación Urbanística*, Editorial Jurídica Venezolana, Caracas 1988.

a la Cámara Municipal para que ésta autorice su publicación, a los efectos de la información y consultas públicas necesarias (artículo 38).

Esta etapa de información y consultas públicas se llevará a cabo durante un lapso de sesenta días continuos siguientes a la publicación, en el cual los interesados podrán hacer las observaciones que estimen oportunas o convenientes. Finalizado este lapso, se abre otro de treinta días continuos para recibir en audiencia a los representantes de los organismos públicos o privados con injerencia en el plan, a fin de conocer su opinión con respecto al mismo (artículo 38). Los plazos para estos procesos de información se darán a conocer en un periódico de circulación local, en anuncios que precisarán el o los sitios de exposición del plan, las horas de audiencia y demás formalidades (artículo 39).

Para la aprobación de estos planes se previó que el Concejo Municipal, antes de proceder a la aprobación definitiva, debe publicar el Plan en la *Gaceta Municipal* con la finalidad de garantizar a la ciudadanía en general la información correspondiente (artículo 42). Esta participación es igualmente necesaria en los casos de modificaciones o reformas de los planes de desarrollo urbano (artículo 45).

Por último, la Ley Orgánica de Ordenación Urbanística previó la participación ciudadana en los casos de cambios de zonificación (artículo 46). Así, una vez que el Proyecto de Ordenanza sobre cambios de zonificación ha sido aprobado en primera discusión, el Concejo Municipal determinará el día y la hora cuando la Cámara oirá públicamente a los interesados, previa información al público del nuevo uso propuesto para la zona afectada.

Por supuesto, en todos estos casos, las consultas no son vinculantes y simplemente lo que buscan es que la Administración pueda tener el mayor ámbito de conocimiento de los intereses generales, particulares, colectivos o difusos para la elaboración de estas ordenanzas o planes nacionales de ocupación del suelo (art. 28, LOOT; art. 27, LOOU).

Por otra parte, en la Ley de Procedimientos Administrativos del Perú, se incorporaron regulaciones más precisas sobre esta participación ciudadana en los mismos, mediante audiencias públicas. En efecto, el artículo 182, precisa que las normas administrativas prevén la convocatoria a una audiencia pública, como formalidad esencial para la participación efectiva de terceros, cuando el acto al que conduzca el procedimiento administrativo sea susceptible de afectar derechos o intereses cuya titularidad corresponda a personas indeterminadas, tales como en materia medio ambiental, ahorro público, valores culturales, históricos, derechos del consumidor, planeamiento urbano y zonificación; o cuando el pronunciamiento sobre autorizaciones, licencias o permisos que el acto habilite incida directamente sobre servicios públicos.

En estas audiencias públicas cualquier tercero, sin necesidad de acreditar legitimación especial, está habilitado para presentar información verificada, para requerir el análisis de nuevas pruebas, así como para expresar su opinión sobre las cuestiones que constituyan el objeto del procedimiento o sobre la evidencia actuada; no pudiendo, sin embargo, formular interpelaciones a la autoridad en la audiencia.

La importancia de la regulación radica, además, en la previsión del artículo 182.3, que establece que la omisión de realización de la audiencia pública "acarrea la nulidad del acto administrativo final que se dicte".

En todos estos supuestos, la convocatoria de las audiencias públicas, de acuerdo con el artículo 183 de la ley, debe hacerse en el *Diario Oficial* y en uno de los medios de comunicación de mayor difusión local, según la naturaleza del asunto, con una anticipación no menor de tres (3) días a su realización, el día, lugar y hora de realización, los plazos para inscripción de participantes, el domicilio y teléfono de la entidad convocante, dónde se puede realizar la inscripción, se puede acceder a mayor información del asunto, o presentar alegatos, impug-naciones y opiniones.

IV. LAS REGULACIONES LEGALES SOBRE LA INFORMACIÓN ADMINISTRATIVA Y EL DERECHO CIUDADANO A TENER ACCESO A LA MISMA

Las Leyes de Procedimiento Administrativo en América latina, también han regulado el derecho de las personas interesadas a ser informados sobre la Administración, en particular, sobre la organización administrativa, el procedimiento, el estado del mismo y las personas que intervienen en su instrucción.

Para ello, incluso se han incorporado normas de rango constitucional para asegurar el derecho a la información administrativa, como el artículo 143 de la Constitución de Venezuela de 1999, que dispone:

> "Artículo 143. Los ciudadanos y ciudadanas tienen derecho a ser informados e informadas oportuna y verazmente por la Administración Pública sobre el estado de las actuaciones en que estén directamente interesados e interesadas, y a conocer las resoluciones definitivas que se adopten sobre el particular. Asimismo, tienen acceso a los archivos y registros administrativos, sin perjuicio de los límites aceptables dentro de una sociedad democrática en materias relativas a seguridad interior y exterior, a investigación criminal y a la intimidad de la vida privada, de conformidad con la ley que regule la materia de clasificación de

documentos de contenido confidencial o secreto. No se permitirá censura alguna a los funcionarios públicos o funcionarias públicas que informen sobre asuntos bajo su responsabilidad."

Estos principios los ha desarrollado la Ley Orgánica de la Administración Pública, antes mencionada (LOAP) estableciendo que la Administración Pública debe establecer sistemas que suministren a la población la más amplia, oportuna y veraz información sobre sus actividades, con el fin de ejercer el control social sobre la gestión pública. Cualquier particular puede solicitar de los órganos y entes de la Administración Pública la información que considere necesaria para el ejercicio del control social sobre la actividad de éstos de conformidad y con las excepciones establecidas en la legislación vigente (art. 142).

Todos los órganos y entes de la Administración Pública deben mantener permanentemente actualizadas y a disposición de las personas, en las unidades de información correspondientes, el esquema de su organización y la de los órganos dependientes o entes adscritos, así como guías informativas sobre los procedimientos administrativos, servicios y prestaciones aplicables en el ámbito de su competencia y de sus órganos adscritos (art. 143).

Además, la misma Ley Orgánica dispone en Venezuela (art. 11) que los órganos y entes de la Administración Pública deberán utilizar las nuevas tecnologías que desarrolle la ciencia, tales como los medios electrónicos, informáticos y telemáticos, para su organización, funcionamiento y relación con las personas.

En tal sentido, por disposición expresa de la Ley Orgánica, cada órgano y ente de la Administración Pública debe establecer y mantener una página en la internet, que debe contener, entre otra información que se considere relevante, los datos correspondientes a su misión, organización, procedimientos, normativa que lo regula, servicios que presta, documentos de interés para las personas, así como un mecanismo de comunicación electrónica con dichos órganos y entes disponible para todas las personas vía internet (art. 11).

Adicionalmente, la misma Ley Orgánica estableció que la Administración Pública debe establecer sistemas que suministren a la población la más amplia, oportuna y veraz información sobre sus actividades, con el fin de ejercer el control social sobre la gestión pública. Cualquier particular puede solicitar de los órganos y entes de la Administración Pública la información que desee sobre la actividad de éstos de conformidad con la ley (art. 142).

Todos los órganos y entes de la Administración Pública deben mantener permanentemente actualizadas y a disposición de las personas, en las unidades de información correspondientes, el esquema de su organización y la de los órganos adscritos, así como guías informativas sobre los procedimientos administrativos, servicios y prestaciones aplicables en el ámbito de su competencia (art. 143).

Vinculado al principio de la información, y para garantizar el derecho de la participación, está el principio de la publicidad administrativa, es decir, que, en general, los asuntos que se tramitan ante la Administración deben ser públicos y de acceso del público. Así lo declara la Ley de Bolivia (art. 4.m), y es en tal sentido, que el artículo 16 de la Ley 19.880 de Chile establece el "principio de transparencia y de publicidad," en la siguiente forma:

> "Artículo 16. Principio de Transparencia y de Publicidad. El procedimiento administrativo se realizará con transparencia, de manera que permita y promueva el conocimiento, contenidos y fundamentos de las decisiones que se adopten en él.
>
> En consecuencia, salvo las excepciones establecidas en la Ley de Transparencia de la Función Pública y de Acceso a la Información de la Administración del Estado y en otras disposiciones legales aprobadas con quórum calificado, son públicos los actos y resoluciones de los órganos de la Administración del Estado, así como sus fundamentos y documentos en que éstos se contengan, y los procedimientos que utilicen en su elaboración o dictación."

Este principio se manifiesta, por supuesto en concreto, respecto de las decisiones de la Administración, como lo regula el Código de Colombia: "en virtud del principio de publicidad, las autoridades darán a conocer sus decisiones mediante las comunicaciones, notificaciones o publicaciones que ordenan este Código y la ley" (art. 3°).

En particular, en cuanto a los reglamentos, resoluciones y actos administrativos de carácter general dictados por la Administración Pública, la Ley Orgánica de la Administración Pública de Venezuela establece que deberán ser publicados, sin excepción, en la Gaceta Oficial de la República, según el caso, en el medio de publicación oficial del Estado, o Municipio correspondiente (art. 12).

En Colombia, entre los nuevos principios del procedimiento administrativo que se agregó en la reforma del Código, como complemento del principio de la publicidad que estaba en el texto de 1984, ha sido el "principio de transparencia," conforme al cual se declara que "la actividad administrativa es del dominio público," y por consiguiente, "toda persona puede conocer las actuaciones de la administración, salvo reserva legal" (art. 3.8), todo lo cual es una consecuencia del derecho constitucional de acceso a la información administrativa.

Este principio, sin duda, complementa el principio de la publicidad que ya estaba en el Código de 1984, conforme al cual las autoridades deben dar "a conocer al público y a los interesados, en forma sistemática y permanente, sin que medie petición alguna, sus actos, contratos y resoluciones, mediante las comunicaciones, notificaciones y publicaciones que ordene la ley, incluyendo el empleo de tecnologías que permitan difundir de manera masiva tal información de conformidad con lo dispuesto en el Código (art. 3.9).

El principio de transparencia también se regula en el Código de Ecuador, al preverse que "las personas accederán a la información pública y de interés general, a los registros, expedientes y archivos administrativos, en la forma prevista en este Código y la ley" (art. 12); lo que se complementa con la regulación en la Ley de la República Dominicana del "principio de facilitación," para asegurar que las personas encuentren siempre en la Administración "las mayores facilidades para la tramitación de los asuntos que les afecten, especialmente en lo referente a identificar al funcionario responsable, a obtener copia sellada de las solicitudes, a conocer el estado de tramitación, a enviar, si fuera el caso, el procedimiento al órgano competente, a ser oído y a formular alegaciones o a la referencia a los recursos susceptibles de interposición" (art. 3.18).

En Venezuela, el artículo 143 de la Constitución regula el derecho de acceder a los archivos y registros administrativos, sin perjuicio de los límites aceptables dentro de una sociedad democrática en materias relativas a seguridad interior y exterior, a investigación criminal y a la intimidad de la vida privada, de conformidad con la ley que regule la materia de clasificación de documentos de contenido confidencial o secreto.

Este derecho lo regula igualmente el artículo 159 de la Ley Orgánica de la Administración Pública, al disponer que toda persona tiene el derecho de acceder a los archivos y registros administrativos, cualquiera sea la forma de expresión, gráfica, sonora o en imagen o el tipo de soporte material en que figuren, salvo las excepciones establecidas en la Constitución y en la ley que regule la materia de clasificación de contenido confidencial o secreto.

Este derecho de acceso a los archivos y registros de la Administración Pública debe ser ejercido por los particulares de forma que no se vea afectada la eficacia del funcionamiento de los servicios públicos, debiéndose, a tal fin, formular petición individualizada de los documentos que se desee consultar, sin que quepa, salvo para su consideración con carácter potestativo, formular solicitud genérica sobre una materia o conjunto de materias (art. 160).

No obstante, cuando los solicitantes sean investigadores que acrediten un interés histórico, científico o cultural relevante, se podrá autorizar el acceso directo de aquellos a la consulta de los expedientes (art. 160).

En materia específica del procedimiento administrativo, en todo caso, el principio expreso de la publicidad del procedimiento, específicamente para las partes o interesados, se ha venido regulando en las leyes de procedimiento administrativo. Así, la Ley Orgánica de Procedimientos Administrativos de Venezuela establece el principio general de que los interesados y sus representantes tienen el derecho de examinar en cualquier estado o grado del procedimiento el expediente correspondiente, y de leer y copiar cualquier documento contenido en el mismo, así como de pedir certificación de cualquier documento (art. 59). En igual sentido se regula la Ley General de Costa Rica (art. 272).

La consecuencia fundamental de los principios sobre la información pública, es la regulación del derecho de acceso a la misma, que según se ha regulado en el artículo 96 del Código de Ecuador, implica que las personas que hayan agregado un documento a un archivo público tienen derecho, a través de los sistemas tecnológicos que se empleen, a: 1. Acceder al archivo y al ejemplar digital de los documentos que haya agregado con su respectiva identificación. 2. Solicitar la exclusión de uno o varios documentos del archivo y la restitución del original o copia de la que se trate. 3. Conocer la identidad de los servidores públicos o personas naturales que hayan accedido a cada documento que la persona haya agregado al archivo y el uso que se le ha dado a través de la identificación del procedimiento administrativo o del que se trate."

Este derecho de acceso conlleva también al de tener acceso a los elementos del expediente por parte de las partes participantes, lo que, en el derecho brasileño, se ha denominado "direito de vista", el cual debe tratarse de una vista completa, sin censuras (art. 3, II de la Ley). Este derecho de vista implica que la parte está facultada para el examen de toda la documentación constante en autos o, según se expresa en el resto de las legislaciones latinoamericanas, de todos los "antecedentes" de la cuestión a ser resuelta.

En todo caso, este derecho que tienen los interesados de tener acceso al expediente al expediente administrativo en cualquier estado o grado del procedimiento, se consagra expresamente en la Ley venezolana, en la Ley uruguaya, en el Código colombiano, en la Ley de mexicana, en la Ley de Panamá (art. 70) y en la Ley brasileña (arts. 3°, II y art. 46); lo que implica además el derecho de leer y copiar cualquier documento contenido en el expediente. Por supuesto, como se ha dicho, se exceptuarán los documentos calificados como confidenciales por el superior jerárquico, según lo establece la Ley venezolana, los cuales deben ser archivados en cuaderno separado (art. 59).

Sobre el mismo tema de acceso, respecto del procedimiento administrativo, la Ley de Honduras, dispone:

"Artículo 118. En cualquier momento los interesados podrán solicitar se les informe sobre el estado de la tramitación. Asimismo, podrán solicitar que se les extienda certificación de aquellos actos que ya hubiesen sido notificados y la Administración debe extenderlas sin dilación, excepto de aquellos actos a los cuales la Ley atribuya carácter reservado o secreto."

Por último, la Ley de Brasil, también dispuso que los administrados tienen derecho a:

"ter ciência da tramitação dos processos administrativos em que tenha a condição de interessado, ter vista dos autos, obter cópias de documentos neles contidos e conheder as decisões proferidas" (art. 3, II).

El principio del acceso a la información del expediente y su excepción también se regulan en el artículo 160 de la Ley del Perú, con detalle, en la siguiente forma:

"160.1. Los administrados, sus representantes o su abogado tienen derecho de acceso al expediente en cualquier momento de su trámite, así como a sus documentos, antecedentes, estudios, informes y dictámenes, obtener certificaciones de su estado y recabar copias de las piezas que contiene, previo pago del costo de las mismas. Sólo se exceptúan aquellas actuaciones, diligencias, informes o dictámenes que contienen información cuyo conocí-miento pueda afectar su derecho a la intimidad personal o familiar y las que expresamente se excluyan por ley o por razones de seguridad nacional de acuerdo a lo establecido en el inciso 5) del Artículo 20° de la Constitución Política. Adicionalmente se exceptúan las materias protegidas por el secreto bancario, tributario, comercial e industrial, así como todos aquellos documentos que impliquen un pronunciamiento previo por parte de la autoridad competente.

160.2. El pedido de acceso podrá hacerse verbalmente y se concede de inmediato, sin necesidad de resolución expresa, en la oficina en que se encuentre el expediente, aunque no sea la unidad de recepción documental."

En la Ley Orgánica de la Administración Pública, por otra parte, se precisa que el derecho de acceso a los archivos y registros conlleva el de obtener copias simples o certificadas de los mismos, previo pago o cumplimiento de las formalidades que se hallen legalmente establecidas (art. 160).

Por otra parte, todo aquel que presentare petición o solicitud ante la Administración Pública tiene derecho a que se le expida, de conformidad con la Constitución y la ley respectiva, copia certificada del expediente o de sus documentos (art. 171).

IV. LAS REGULACIONES LEGALES PARA LA PARTICIPACIÓN CIUDADANA EN LOS PROCEDIMIENTOS PARA LA ELABORACIÓN DE NORMAS REGLAMENTARIAS

1. APRECIACIÓN GENERAL

El tema de la regulación de procedimientos para regular la participación ciudadana en materia de elaboración de normas reglamentarias, en las leyes de procedimiento administrativo de América latina, si bien es cierto que no se reflejó en las primeras leyes de procedimiento administrativo, ha encontrado cabida en las más recientes con motivo del auge que ha tenido el tema de la participación ciudadana en los procesos democráticos, lo que ha llevado incluso, a la regulación expresa del derecho a la participación ciudadana en los asuntos públicos en las Constituciones, como es el caso de la Constitución de Venezuela de 1999 (art. 62).

Ello comenzó a encontrar cabida y regulación expresa en leyes de procedimiento administrativo de América Latina, respecto de la elaboración de normas reglamentarias, por ejemplo, en la Ley de Costa Rica que exige que se conceda "a las entidades representativas de intereses de carácter general o corporativo afectados por la disposición, la oportunidad de exponer su parecer..." (art. 361), y en el Decreto 266 de 2000 de Colombia que establece la obligación de publicar los proyectos de actos administrativos normativos en los diarios oficiales e, incluso, a nivel local, de notificar mediante bandos a la población, dando un plazo no menor de una semana para la recepción de observaciones, sugerencias o propuestas (arts. 31 y ss.). Sólo después de vencido el lapso es que se puede expedir el acto, debiendo motivarse la aceptación o rechazo de los planteamientos formulados.

La Ley peruana también regula los casos de información pública para la adopción de normas administrativas, estableciendo el artículo 185.2 que el período de información pública corresponde ser convocado particularmente de que se aprueben normas administrativas que afecten derechos e intereses ciudadanos.

La Ley mexicana, por otra parte, también regula este derecho de participación y obligación de la Administración de someter al conocimiento de los interesados los actos administrativos de carácter general. Incluso, la necesidad de la publicación de los proyectos es la forma más efectiva de garantizar este derecho. Esto se ha consagrado desde hace años en España, de manera que es lo normal que no sólo los proyectos de reglamentos y de actos de efectos generales se publiquen en el *Boletín Oficial* del Estado, sino también los proyectos de leyes.

En particular, como se dijo, la Ley Federal mexicana establece, en su artículo 4, lo siguiente:

> "Cuando así lo establezcan las leyes, los proyectos de reglamentos, decretos, acuerdos y demás actos administrativos de carácter general, cuando afecten el interés público deberán ser publicados previamente en el *Diario Oficial de la Federación,* para dar oportunidad *a los interesados de formular observaciones sobre las medidas propuestas, dentro del plazo que las leyes* señalen para tales efectos y, en su defecto, dentro del plazo de sesenta días siguientes a la publicación.

Los instructivos, manuales y formatos que expidan las dependencias de la Administración Pública Federal deberán publicarse previamente a su aplicación, en el *Diario Oficial de la Federación."*

Sin duda, la publicidad es la mejor garantía de la participación y de la ordenación de la actividad administrativa lo que se lograr si por ejemplo, los particulares pueden tener a su disposición un proyecto de reglamento antes de su adopción, para poder formular observaciones; sin embargo, en la realidad sucede lo contrario, los proyectos de la Administración son por lo general secretos, y muchas veces se mantienen guardados por los funcionarios sin mostrarlos a los interesados por lo que, desgraciadamente, sólo cuando salen publicados, constituyen una sorpresa para todos.

En cuanto al derecho a la participación ciudadana en el proceso de elaboración de los Reglamentos y demás actos administrativos de efectos generales lo ha regulado detalladamente la Ley Orgánica de la Administración Pública de Venezuela, de 2001.

Adicionalmente, se destaca que regulaciones detalladísimas sobre el procedimiento de elaboración de normas generales se encuentran en las leyes más recientes, como la Ley de la Republica Dominicana de 2013, (art. 30), en la Ley de El Salvador de 2017, donde se insiste en el "principio de buena regulación" (arts. 159 a 162), observándose en estos dos últimos casos, una influencia del sentido de la regulación de la materia en la APA.

A continuación, destacamos estos tres últimos casos.

2. La consulta pública obligatoria para la elaboración de normas reglamentarias en Venezuela

En Venezuela, el tema de la participación ciudadana para la elaboración de normas reglamentarias, no se reguló en la Ley de Procedimientos Administrativos de 1982, sino en la Ley Orgánica de la Administración Pública de 2001, en cuyo artículo 136 se dispuso que cuando los órganos o entes públicos, en su rol de regulación, propongan la adopción de normas legales, reglamentarias o de otra jerarquía, deben remitir el anteproyecto para su consulta a las comunidades organizadas y las organizaciones públicas no estatales inscritas en el registro señalado anteriormente (art. 135).

Esta obligación de consulta, por tanto, se aplica en los casos de emisión de decretos leyes en virtud de una ley habilitante (aun cuando una interpretación inconstitucional del Tribunal Supremo lo haya excluido expresamente), o de reglamentos de cualquier tipo.

En el oficio de remisión del anteproyecto correspondiente se debe indicar el lapso durante el cual se recibirán por escrito las observaciones, y el cual no comenzará a correr antes de los diez días hábiles siguientes a la entrega del anteproyecto correspondiente.

Paralelamente al procedimiento anterior, el mismo artículo 135 de la LOAP dispone que el órgano o ente público correspondiente debe publicar en la prensa nacional la apertura del proceso de consulta indicando su duración. De igual manera lo debe informar a través de su página en la internet, en la cual se debe exponer él o los documentos sobre los cuales verse la consulta.

Durante el proceso de consulta, cualquier persona puede presentar por escrito sus observaciones y comentarios sobre el correspondiente anteproyecto, sin necesidad de estar inscrito en el registro a que se refiere el artículo anterior.

El resultado del proceso de consulta no tiene carácter vinculante. En todo caso, una vez concluido el lapso de recepción de las observaciones, el órgano o ente público debe fijar una fecha para que sus funcionarios o funcionarias, especialistas en la materia que sean convocados y las comunidades organizadas y las organizaciones públicas no estatales intercambien opiniones, hagan preguntas, realicen observaciones y propongan adoptar, desechar o modificar el ante-proyecto propuesto o considerar un anteproyecto nuevo (art. 135).

El artículo 137 de la LOAP establece que el órgano o ente público no puede aprobar normas para cuya resolución sea competente, ni remitir a otra instancia proyectos normativos que no sean consultados, de conformidad con lo antes indicado.

Las normas que sean aprobadas por los órganos o entes públicos o propuestas por éstos a otras instancias *serán nulas de nulidad absoluta* si no han sido consultadas según el procedimiento antes indicado (art. 137).

Sin embargo, en casos de emergencia manifiesta y por fuerza de la obligación del Estado en la seguridad y protección de la sociedad, el Presidente de la República, el gobernador, el alcalde, según corresponda, pueden autorizar la aprobación de normas sin la consulta previa.

En este caso, las normas aprobadas deben ser consultadas seguidamente bajo el mismo procedimiento a las comunidades organizadas y las organizaciones públicas no estatales. El resultado de la consulta deberá ser considerado por la instancia que aprobó la norma y ésta puede ratificarla, modificarla o eliminarla (art. 137).

3. Las normas del "procedimiento para el ejercicio de la potestad normativa," en la Ley de El Salvador de 2017

En la Ley de El Salvador, en una forma que sigue la orientación del procedimiento de la APA, se incorporó un título especial sobre **"Procedimiento para el ejercicio de la potestad normativa," con el objeto, como lo indica el artículo 159 de establecer las reglas básicas para el** ejercicio de la potestad normativa por parte de la Administración Pública, la cual comprende la adopción de reglamentos normas técnicas, planes, programas y cualquier otra disposición de carácter general, con independencia de la denominación que adopte.

La finalidad de estas normas reside en que la Administración Pública obtenga la información necesaria para su aprobación, canalizando el diálogo con otros órganos y entes públicos, con los interesados y el público en general, con ponderación de las políticas sectoriales y derechos implicados y promoviendo la mejora regulatoria y el derecho fundamental a la participación ciudadana como sustento de la buena gobernanza democrática (art. 160).

Conforme a lo que se define como "**Principio de buena regulación,**" el **artículo 160 de la ley dispuso que en** el ejercicio de la potestad normativa, la Administración Pública debe actuar de acuerdo "con los principios de necesidad, eficacia, proporcionalidad, seguridad jurídica, participación ciudadana y transparencia," debiendo siempre quedar justificada la adecuación a dichos principios, en el preámbulo o exposición de motivos de las normas administrativas.

La Ley regula además, con detalle el **procedimiento para aprobación de normas, que como lo regula el artículo 162 debe sujetarse a las siguientes reglas:**

1. Iniciativa. El órgano responsable debe elaborar el correspondiente anteproyecto o borrador, pudiendo la iniciativa provenir de los particulares, si la legislación sectorial así lo ha establecido, debiendo entonces presentar ante el órgano responsable, el anteproyecto o borrador de la norma.
2. Recopilación de información. El órgano responsable los estudios, evaluaciones e informes de naturaleza legal, económica, medioambiental, técnica o científica que sean pertinentes deberá recabar la información necesaria para la elaboración de las normas,

debiendo tener en cuenta, igualmente, las alegaciones realizadas por los ciudadanos, para encontrar la mejor solución posible.

3. Audiencia a los ciudadanos directamente afectados en sus derechos e intereses. La Administración debe efectuar una audiencia de los ciudadanos, directamente o a través de las asociaciones que les representen, siempre antes de la aprobación definitiva del texto normativo que les pueda afectar en sus derechos e intereses legítimos. Para ello, la Administración debe otorgar un plazo razonable y suficiente, en razón de la materia y de las circunstancias concurrentes, para que esa audiencia resulte real y efectiva, pero que no podrá ser inferior a quince días. La Administración debe igualmente contar con un plazo razonable y suficiente para procesar y analizar las alegaciones realizadas.

   La Ley dispone, sin embargo, que se puede prescindir del trámite de consulta pública antes mencionado, cuando concurran razones graves de interés público o urgencia que los justifiquen, la propuesta normativa no tenga un impacto significativo en la actividad que pretende regular o no suponga la creación de obligaciones relevantes a los destinatarios. La omisión de este trámite deberá ser debidamente motivada por la autoridad competente.

4. Participación del público. La Ley regula la participación del público en general, con independencia que se vea o no afectado directamente por el proyecto de la normativa propuesta, la cual debeá garantizarse antes de la aprobación definitiva de dicho proyecto, salvo que exista texto legal que lo prohíba. Ello podrá realizarse por los medios que la institución tenga disponibles o a través del portal web, durante un plazo razonable que no podrá ser inferior a quince días.

5. Colaboración entre órganos y entes públicos. La administración competente para la aprobación de la norma debe facilitar y recabar, mediante consulta o informes, la colaboración de los demás órganos y entes públicos, que fueren directamente afectados por la norma propuesta, o cuando le fuere requerido por un órgano que tuviere interés en ello en razón de los efectos que pueda producir la norma.

   Para tales efectos se debe otorgar un plazo razonable y suficiente, en razón de la materia y de las circunstancias concurrentes, a fin de que esa colaboración resulte real y efectiva, dicho plazo no podrá ser inferior a quince días

6. Ponderación y motivación. El órgano regulador competente debe elaborar la propuesta definitiva, previa realización de una Evaluación de Impacto Regulatorio (EIR), que aplicando herramientas técnicas determine las alternativas posibles y la solución que asegure mejores beneficios para la sociedad; tomando

en consideración los estudios, informes y evaluaciones que, en su caso, se hayan utilizado en el procedimiento. Además, debe ponderar igualmente las alegaciones y los intereses invocados por los interesados, instituciones consultadas y el público en general. Antes de la aprobación definitiva, la Administración debe motivar suficientemente las razones de las opciones que resulten elegidas, a la vista de las distintas alternativas, dejando constancia pública por cualquier medio de las ponderaciones realizadas.

7. Publicación. La entrada en vigor de este tipo de normas requiere su previa e íntegra publicación en el Diario Oficial. Además, teniendo en cuenta la naturaleza de la norma, el órgano administrativo competente podrá, razonadamente, utilizar otro medio de publicidad.

4. Las "Normas comunes de procedimiento administrativo para la elaboración de normas administrativas y planes" en la Ley de la República Dominicana de 2013.

Por su parte en la Ley que regula el Procedimiento Administrativo en la República Dominicana, también se agregó un título sobre "Normas comunes de procedimiento administrativo para la elaboración de normas administrativas y planes," con el objeto, como se indica en el artículo 30, de establecer los estándares mínimos y obligatorios de los procedimientos administrativos que procuran la adopción de reglamentos, planes y programas, que poseen un alcance general.

La finalidad de estas normas reside en que la Administración Pública obtenga la información necesaria para su aprobación, canalizando el diálogo con otros órganos y entes públicos, con los interesados y el público en general, con ponderación de las políticas sectoriales y derechos implicados y promoviendo el derecho fundamental a la participación ciudadana como sustento de la buena gobernanza democrática.

Todos estos principios y criterios, de acuerdo con el Párrafo I del artículo 30 de la Ley, deberán aplicarse "con tanta mayor intensidad y exigencia, cuanto menor sean la programación o condicionamientos legislativos previos del contenido del plan, programa o reglamento y, en consecuencia, mayor sea el margen de apreciación o la discrecionalidad que de la ley resulte."

La Ley de República Dominicana detalla, igualmente en su artículo 31, los "principios del procedimiento aplicable a la elaboración de reglamentos, planes o programas," disponiendo en sentido similar a la Ley de El Salvador, que la elaboración de reglamentos administrativos, planes y programas de alcance general, se debe sujetar a los siguientes principios y criterios, cualquiera que sea la Administración competente en cada caso:

1. Iniciativa. El órgano responsable debe elaborar el correspondiente anteproyecto o borrador, pudiendo la iniciativa privada, si la legislación sectorial así lo ha establecido, presentar el correspondiente anteproyecto de reglamento, de plan o programa.
2. Decisión bien informada. El procedimiento de elaboración del proyecto debe servir para obtener y procesar toda la información necesaria a fin de garantizar el acierto del texto reglamentario, plan o programa. A tal fin deben recabarse los estudios, evaluaciones e informes de naturaleza legal, económica, medioambiental, técnica o científica que sean pertinentes, pudiendo las alegaciones realizadas por los ciudadanos tenerse igualmente en cuenta para hallar la mejor solución posible en el reglamento, plan o programa.
3. Audiencia de los ciudadanos directamente afectados en sus derechos e intereses. La audiencia de los ciudadanos, directamente o a través de las asociaciones que les representen, se debe producir en todo caso antes de la aprobación definitiva del texto reglamentario, plan o programa cuando puedan verse afectados en sus derechos e intereses legítimos. A tal efecto, debe otorgarse un plazo razonable y suficiente, en razón de la materia y de las circunstancias concurrentes, para que esa audiencia resulte real y efectiva. La Administración también debe contar igualmente con un plazo razonable y suficiente para procesar y analizar las alegaciones realizadas.
4. Participación del público. La participación del público en general, con independencia de que se vea o no afectado directamente por el proyecto de texto reglamentario, plan o programa, debe garantizarse antes de la aprobación definitiva salvo texto legal en contrario.
5. Colaboración entre órganos y entes públicos administraciones. La Administración competente para la aprobación del reglamento, plan o programa debe facilitar y recabar la colaboración de los demás órganos y entes públicos, cuando resulte necesario o conveniente en razón de los efectos significativos que pueda producir, mediante las consultas o informes oportunos.
6. Ciclo temporal de la audiencia, de la participación, y de la colaboración interadministrativa. Tanto la audiencia de los interesados, como la participación del público en general y la colaboración interadministrativa que se produzcan en el seno del procedimiento de elaboración pueden extenderse también a los momentos iniciales o de elaboración de las prioridades y esquemas del borrador, así como a la fase de seguimiento y supervisión, una vez aprobado el texto reglamentario, plan o programa.

7. Ponderación y motivación. El órgano promotor debe elaborar la propuesta definitiva tomando en consideración los estudios, informes y evaluaciones que, en su caso, se hayan utilizado en el procedimiento. La Administración responsable debe ponderar igualmente las alegaciones y los intereses hechos valer por los interesados y el público en general. Además, antes de la aprobación definitiva, la Administración debe motivar adecuadamente las razones de las opciones que resulten elegidas, a la vista de las distintas alternativas.
8. Publicación. La entrada en vigor del reglamento o del plan territorial o urbanístico requiere su previa e íntegra publicación en la *Gaceta Oficial* o en un diario de circulación nacional o local, según sea el caso.

Concluyo celebrando de nuevo que el Editor Francisco Olejnik haya acogido la idea de publicar esta importante obra del profesor Bosch, agradeciéndole además la importante labor que ha venido haciendo en nuestro continente, al rescatar tantas obras jurídicas clásicas importantes.

Nueva York, 9 de febrero de 2026

PRIMERA PARTE:

PRELIMINAR

EL PROCEDIMIENTO ADMINISTRATIVO EN LOS ESTADOS UNIDOS DE AMÉRICA*

JORGE TRISTÁN BOSCH

CAPÍTULO I

LOS ESTADOS UNIDOS EN LA ERA DEL CRECIMIENTO DEL PODER ADMINISTRADOR

1. DEL ESTADO FEDERAL AL ESTADO COLECTIVISTA. EL CRECIMIENTO DE LA BUROCRACIA. LA RESTRICCIÓN DE LAS LIBERTADES INDIVIDUALES. El tránsito del Estado Liberal al Estado colectivista coincide con un enorme crecimiento de la burocracia. Este fenómeno es perfectamente explicable, puesto que la burocracia constituye, justamente, el medio del cual no puede prescindir aquel último tipo de Estado, para llevar a cabo la formidable misión que a sí mismo se ha impuesto.

Aun cuando todavía no se ha llegado al más extremo desarrollo de la señalada línea evolutiva, la experiencia colectivista presenta ya un grado tal de madurez, que exige urgentemente la formulación de un balance objetivo de sus resultados. Intentar esta tarea importa abordar, sin lugar a dudas, una de las cuestiones de mayor interés actual.

No es nuestro propósito, sin embargo, hacerlo en esta oportunidad. Por otra parte, tal pretensión se hallaría, probablemente, más allá de donde llegan nuestras escasas fuerzas. Pero no cabe pasar por alto, en ese

---

* Este texto de la obra del profesor Bosch ha sido tomado de lo publicado en la la *Revista de la Facultad de Derecho y Ciencias Sociales* de la Universidad de Montevideo de 1953, Año IV, Nos. 1, pp. 9-13 y No. 2, pp. 357-441.

orden de ideas, el hecho innegable que la contrapartida de la erección de un Estado providencial, supuesto básico de la tendencia colectivista, se encuentra en una pronunciada restricción de las libertades individuales.

Destacado así el movimiento universal hacia la socialización, su corolario, el crecimiento del Poder Administrador, y las limitaciones a la libertad que son su resultado, pensamos que no habrá dificultad en situar dentro del panorama compuesto por tales elementos —que es el panorama de nuestro tiempo— la materia objeto de la presente investigación.

Al examinar lo que se ha hecho en uno de los países que marchan a la cabeza de la civilización para encauzar jurídicamente la actividad de los órganos administrativos, no haremos, en verdad, otra cosa que afrontar, con relación a una determinada sociedad, el análisis de uno de los muchos aspectos —y no el menos interesante— del imponente problema cuyos datos esenciales nos hemos limitado a señalar y cuyo enfoque integral queda reservado a los filósofos de la política.

2. Formas que asumen dichos fenómenos en los Estados Unidos. El Poder Administrador y las comisiones reguladoras. — Un autor argentino ha sabido concretar, en breves páginas, cuáles son las líneas generales que asumen en los Estados Unidos de América los hechos a los que acabamos de referirnos. Nada mejor que seguirlo para cumplir idéntica finalidad[1].

El nacimiento de la gran industria y sus primeras luchas con los representantes de la riqueza agropecuaria, marca en el citado país el comienzo del denominado intervencionismo estatal. Es, a partir de entonces, en efecto, que las empresas ferroviarias, cuya vinculación con el poder público se había limitado hasta ese instante al cobro de los subsidios que tenían asignados, quedan sometidas al contralor de sus sistemas tarifarios, medio por el cual el Estado trata de asegurar que aquéllas proporcionen un trato uniforme a los agricultores y a los industriales, y de combatir los privilegios acordados a estos últimos, en razón de su vinculación económica con los transportadores o a causa de sus mayores posibilidades financieras.

De la fiscalización de los ferrocarriles se pasa a la de los transportes en general, y de allí al contralor de todos los servicios públicos y de todas las actividades privadas que pueden afectar, de un modo u otro, más o menos directamente, el interés público. Queda así definitivamente inaugurada en los Estados Unidos la era del Estado - regulador.

---

1 Bledel, R., *Introducción al estudio del derecho público anglo-sajón*, ed. Depalma, Buenos Aires, 1947, p. 115 s.

En forma correlativa, las facultades primitivamente reducidas de los órganos administrativos encargados de ejecutar esa nueva política, son reemplazadas por poderes cada vez más amplios; y a las funciones puramente administrativas que les competen, de acuerdo a la distribución de funciones establecida por la Constitución entre los diferentes departamentos del gobierno, se añaden otras de índole indisimulablemente legislativa y judicial. Dentro de la organización federal del Estado, la Nación también sustituye en la tarea indicada, y en grado creciente, a los poderes locales.

Todo esto ha podido ocurrir porque paralelamente se experimenta una profunda modificación en el terreno de los conceptos legales. La jurisprudencia abandona la antigua noción del poder de policía, e incorpora a los fines tradicionales de éste —seguridad, salubridad y moralidad públicas— el de promover el bienestar general; simultáneamente acrece el poder de policía federal a expensas del local, sobre la base de una interpretación extensiva de la "cláusula comercial" de la Constitución. La balanza entre poder de policía y debido proceso, se inclina notablemente hacia el lado en que se halla ubicado el primero. Principios clásicos, como el de la separación de los poderes, el que exige que haya "un gobierno de leyes y no de hombres" y el que establece que "la potestad delegada no puede delegarse", se tornan cada vez más elásticos, dando cabida dentro del sistema de la Constitución al ejercicio de funciones judiciales y legislativas por el Poder Ejecutivo.

El famoso caso sobre la constitucionalidad de una ley estadual que fijó las tarifas que debían regir en los elevadores de granos de Chicago —Munn v. Illinois, 94 U. S. 113, 1877— señala el momento en que se opera la mencionada alteración de valores en el ámbito legal. Desde entonces la Suprema Corte Federal va abriendo paulatinamente el grifo que permite al Congreso ejercer con mayor amplitud sus poderes de policía, y justificando, también en igual sentido, el crecimiento del Poder Administrador y la acumulación de mayores atribuciones en sus manos. Uno y otro fenómeno son interdependientes.

Tanto en el orden local como en el nacional, el crecimiento de la burocracia se presenta generalmente bajo la forma de establecimiento de comisiones reguladoras, cada una de las cuales determina por sí las normas legales a que deberá ajustarse cierto tipo de actividades y adquiere los medios —sin preocupación alguna acerca de cual sea su naturaleza— para hacer efectiva la política contenida en esas normas.

Ya manifestamos en otra oportunidad que "el crecimiento del número de esas comisiones puede decirse sin exageración que ha sido prodigioso"[2]. Volveremos también a repetir aquí una cita anterior, que

---

[2] V. nuestro trabajo *¿Tribunales judiciales o tribunales administrativos Para juzgar la Administración pública? Origen y trayectoria del sistema argentino de contralor jurisdiccional de la Administración.*

nos sirvió para fundar la primera observación. Proviene de un artículo escrito por el Decano de la Facultad de Derecho de la Universidad de Nueva York, donde se expresa lo siguiente: "El Informe Final de la Comisión designada por el Procurador General para estudiar el procedimiento administrativo, rastrea el origen de tres comisiones en el primer Congreso, encuentra que ocho más aparecen antes de la Guerra Civil, otras seis, incluyendo la Comisión de Comercio Interestadual, en el período siguiente y hasta la terminación del siglo, y nueve más desde 1900 hasta el final de la primera Guerra Mundial, e igual número desde 1918 hasta el comienzo de la Gran Depresión, y otras 17 desde 1930 a 1940 —51 comisiones en total, de las cuales 22 se encuentran fuera de los ministerios del Poder Ejecutivo y 29 dentro. La segunda Guerra Mundial utilizó o provocó la creación de multitud de comisiones,... De estas comisiones, 9 son anteriores a 1940, 15 fueron creadas en 1940, 44 en 1941, 48 en 1942, 28 en 1943, 19 en 1944, 19 en 1945 y aún 20 en 1946 —en total 202 comisiones de emergencia que se suman a los 51 tribunales de época de paz"[3].

3. LA REACCIÓN. NECESIDAD DE LIMITAR LA ACCIÓN ADMINISTRATIVA. PLAN DEL PRESENTE TRABAJO. — De este modo fue como sobrevino en los Estados Unidos una hipertrofia del Poder Administrador. Tanto cuantitativa como cualitativa, porque al número cada vez más elevado de órganos administrativos, se añadió la acumulación de tal suma de poder en sus manos, como se juzgó necesaria para poner en práctica la legislación intervencionista sancionada por el Congreso.

No es extraño que pronto se hiciera sentir la reacción contra ese peligroso estado de cosas. La necesidad de señalar al menos, con la mayor precisión posible, los límites de la actividad administrativa, se volvió cada vez más evidente.

La finalidad de este trabajo es ocuparse del estudio de los medios propuestos para lograr ese objetivo. Veremos que fueron diversos y que la preocupación por hallar los más adecuados aumentó conjuntamente con la aceleración del proceso de extensión de las funciones administrativas.

Entre esos medios, prestaremos particular atención al representado por la Ley Federal de Procedimiento Administrativo, sancionada en 1946.

Principalmente con dicho instrumento, siguiendo la orientación que señala esta frase del Juez BRANDEIS: "En el desarrollo de nuestra

---

Derecho comparado, ed. Víctor P. de Zavalía, Buenos Aires, 1951, p. 223.

3 VANDERBILT, A. T., *Legislativo Background of the Federal Administrative Procedure Act,* en "The Federal Administrative Procedure Act and the Administrative Agencies", ed. G. Warren, New York, 1947, p. 4.

libertad, la insistencia en la regularidad procesal ha sido un importante factor"[4], los norteamericanos han tratado de contener los excesos de una Administración cada día más poderosa y de salvaguardar los beneficios de la libertad, cuyo goce constituye una de las finalidades de su organización nacional.

Pareciera que han escuchado la advertencia que uno de los más ilustres filósofos ingleses contemporáneos ha expresado en los siguientes términos: "...Puede ser que las tendencias hacia la centralización sean demasiado fuertes para ser combatidas antes de que hayan llevado al desastre y que, como sucedió en el siglo V, el sistema deba derrumbarse totalmente, con todos los resultados inevitables de anarquía y pobreza, antes de que los seres humanos puedan adquirir de nuevo ese grado de libertad personal sin el cual la vida pierde su encanto. Espero que no sea este el caso, pero no cabe duda que así será, si no se comprende el peligro y se toman enérgicas medidas para combatirlo"[5].

---

4 Citado en "The Federal Administrative Procedure Act... *cit.*, p. IV.

5 Russell, B., *Autoridad e individuo,* ed. Fondo de Cultura Económica, México- Buenos Aires, 1949, p. 42.

Capítulo II

SOLUCIONES PROPUESTAS PARA CONTENER LOS EXCESOS DE LA ADMINISTRACIÓN

4. El contralor del ejercicio de las funciones judiciales y legislativas delegadas al Poder Administrador. — Desde un comienzo debe dejarse debidamente establecido que todas las tentativas realizadas para poner límites a la acción de la Administración, se han concretado casi exclusivamente en proyectos tendientes a someter a contralor el ejercicio de las funciones judiciales y legislativas delegadas a la misma; sin duda en razón de que ha sido mediante el empleo de esta clase de atribuciones que el Poder Administrador pudo realmente alcanzar el grado de poderío que provocó la consiguiente reacción.

Sólo secundariamente se ha prestado atención a las facultades que pertenecen *iure propio* a aquél poder, pues no ha sido dable advertir, hasta muy recientemente, que bajo muchos aspectos las posibilidades que brindan las funciones puramente administrativas, como medios de injerencia en las actividades privadas, son tan grandes como las que resultan de la utilización de las otras funciones estatales[6].

Aún la Ley de 1946, como se verá oportunamente, no ha superado el primitivo enfoque dado a esta cuestión[7].

Corresponde que tratemos, en primer término, de los esfuerzos dirigidos a controlar el ejercicio de funciones judiciales por parte de la Administración, por cuanto son éstas las que han constituido motivo de particular preocupación para todos aquellos que, con una u otra finalidad, han abordado el problema al que nos venimos refiriendo. El tema de la legislación delegada parece haber despertado, en efecto, mucho menor interés, como lo prueba el relativamente escaso material bibliográfico dedicado al mismo, en claro contraste con los innumerables libros y artículos en los que se estudia la actividad jurisdiccional del Poder Administrador.

---

[6] Ver *post, n°* 85.

[7] Ver *post,* capítulo IV, y lugar citado en la nota precedente.

Pero aún antes de entrar de lleno al análisis propuesto, conviene advertir, a fin de evitar equívocos, que en toda la extensión de este trabajo se emplearán las expresiones "adjudicación" y "reglamentación", respectivamente, para referirse a las funciones judiciales y legislativas de los órganos administrativos, siguiendo, en forma un tanto literal, la terminología norteamericana.

No obstante reconocer que no es ese el sentido que los citados vocablos poseen en nuestro medio, hemos juzgado conveniente acordárselo en un estudio relativo al derecho de los Estados Unidos, porque de este modo es posible, empleando en cada oportunidad una sola palabra y en forma precisa, señalar los dos aspectos fundamentales de un fenómeno que, si no es exclusivo del país nombrado, ha adquirido allí extraordinario relieve.

5. Las tres orientaciones seguidas frente a la delegación de funciones judiciales. — La doctrina, la jurisprudencia y la legislación, según el caso, han seguido principalmente tres caminos distintos cuando se han propuesto contener los excesos cometidos por la Administración en el ejercicio de las funciones judiciales que le fueron delegadas[8].

El primero, que implica la aceptación de la delegación como un hecho consumado, consiste en asegurar que las decisiones de índole jurisdiccional emanadas de los órganos administrativos, se hallen siempre sujetas a revisión por las cortes ordinarias de justicia, y en determinar, con la mayor exactitud posible, el alcance de dicha revisión. Generalmente se vincula este sistema con el de la regulación legal del procedimiento a seguir ante las instancias administrativas.

Por el segundo, en igual postura que el caso anterior, se busca obtener un mejor contralor mediante la separación de las funciones de administrar y de juzgar en el seno mismo del Poder Administrador. El establecimiento de dicha separación se combina con un correlativo aflojamiento de la revisión judicial.

En tercero y último término, se propone la creación de cortes judiciales especiales, con competencia exclusiva en materia contencioso-administrativa, destinadas a reabsorber progresivamente las jurisdicciones delegadas al Poder Administrador, o a permitir, en el peor de los casos, un aumento considerable de los poderes de revisión que se reserva el Poder Judicial.

---

8 Redmond, R. L., *Defects and Remedies in Administrative Adjudication,* en "Annals of the American Academy of Political and Social Sciences", mayo de 1942, t. 221, p. 141 - 143.

6. Determinación de la amplitud de la revisión judicial de las decisiones administrativas. — El de la amplitud con que debe ser mantenida la facultad de revisión judicial de los actos de naturaleza jurisdiccional emanados del Poder Administrador, constituye el tema de derecho administrativo más tratado por los autores norteamericanos en los últimos veinticinco años.

Sabemos que la delegación, tanto de funciones jurisdiccionales como legislativas, se fundó en razones de idoneidad, que se supuso satisfacer traspasando esas funciones a órganos de la Administración. Oportunamente se sostuvo que la constitucionalidad de este sistema, en cuanto al primer tipo de funciones, quedaba salvada en la medida en que el Poder Judicial conservara la facultad de pronunciar la última palabra en todos los casos o controversias. Con esto se entendió mantener la garantía de independencia en el ejercicio de la función judicial, representada por las cortes ordinarias de justicia, sin descuidar las exigencias de la mentada idoneidad, que la constante extensión de la actividad estatal obligaba a contemplar cada vez con mayor atención.

Lo difícil fue hallar el punto de equilibrio entre ambos principios y distribuir acertadamente, sin desmedro de ninguno de ellos, la función judicial, compartida por dos de los tres poderes del Estado[9].

Desde un comienzo se enfrentaron los partidarios de una revisión judicial amplia con los partidarios de una revisión judicial restringida, como resultado de una apreciación desigual de las ventajas de la independencia y de la idoneidad en materia jurisdiccional. Tanto unos como otros de los contendientes ensayaron clasificar, siguiendo innumerables criterios, las decisiones administrativas, a fin de determinar las que se declararían revisibles o finales. La distinción fundamental, entre todas las propuestas, fue la de "cuestiones de derecho" y "cuestiones de hecho", fuente, en definitiva, de todas las restantes y piedra de toque de todas las controversias relativas a la revisión judicial[10].

Quizás en ninguna otra parte estén mejor representados los dos puntos de vista opuestos a que hemos aludido precedentemente, que en las obras de Landis y de Dickinson, muy especialmente en el famoso libro del primero, donde con menosprecio de la garantía que representa la independencia judicial, se exaltan al extremo las ventajas de la idoneidad[11], y en un artículo poco conocido del segundo, donde se pone

---

9 La obra clásica sobre la materia es sin duda la de Dickinson, J., *Administrative Justice and the Supremacy of Law in the United States*, Harvard University Press, Mass., 1927.

10 Sobre esto véase nuestro trabajo *Tribunales judiciales o tribunales administrativos...?, cit.*, p. 85 s., y 221 s.

11 Landis, J. M, *The Administrative Process*, Yale University Press, New York, 1939, especialmente p. 123 s.

en evidencia cuál es en realidad el verdadero carácter de un gran sector de las actividades que se desarrollan en el seno de la Administración, y se señala la conveniencia de mantener el contralor de las mismas en manos de las cortes[12].

El establecimiento de un procedimiento administrativo más o menos rígido, para encuadrar la acción de los órganos del Poder Administrador a los que se atribuye el papel de jueces, se propició por algunos como el medio más adecuado para justificar una mayor restricción de la revisión judicial; las garantías procesales neutralizarían las deficiencias derivadas de la situación dependiente de los jueces administrativos.

Un ejemplo típico del modo de pensar de los autores que se encuentran dentro de la tendencia a la que dedicamos este párrafo, está dado en las palabras de SCHWARTZ que se transcriben a continuación: "Una de las principales razones para la creación de tales órganos administrativos (aquéllos dotados de funciones jurisdiccionales), es la de asegurar el beneficio del conocimiento especializado, adquirido a través de continua experiencia, en un campo difícil y complicado. Si la revisión judicial de los actos administrativos es muy amplia, y las cortes de revisión deciden

---

12 DICKINSON, J., *Judicial Characteristics of Administrative Regulation*, en "New York University Law Quarterly Review", abril de 1948, t. 23, p. 239 - 261. Este artículo constituye, hasta donde llega nuestra información, la critica directa más interesante, publicada hasta la fecha, sobre la difundida obra de LANDIS. DICKINSON comienza expresando que es su propósito reconciliar a los que se dedican a la ciencia política y a los abogados. Dice que los primeros, entre los que se encuentra el autor de *El proceso administrativo*, piensan en la Administración como en una vasta empresa, y de allí que consideren la revisión judicial de sus actos como una verdadera usurpación de funciones. Pero esa clase de actividad no es la que preocupa al abogado. "Los órganos administrativos que éste encuentra en su tarea diaria son rara vez aquellos que guían y dirigen un negocio del gobierno, o deciden lo que debe hacerse. Más bien, trata con funcionarios y órganos administrativos cuya única y principal tarea es decir a los particulares que es lo que no pueden hacer. Estos son los así llamados órganos administrativos reguladores, que en los años recientes han sido establecidos en todos los niveles del gobierno, pues se supone que ejecutarán más eficazmente algunos aspectos del poder de policía" (*Ibidem*, p. 240). "Así, en el gobierno federal, no corresponde a la Comisión Federal de Comercio o a la Junta Nacional de Relaciones del Trabajo operar o administrar negocio alguno. Todo lo que estos órganos están autorizados a hacer es obligar a las personas que están vinculadas al comercio interestadual a respetar normas *(standards)* de comportamiento que el Congreso ha considerado conveniente establecer por medio de la legislación. Se trata, pues, de funciones administrativas reguladoras *(regulatory)* y no operativas o directivas (*operational or managerial)*. Si la regulación administrativa no es una actividad propia de un empresario *(managerial)*, sino dirigida más bien a imponer normas legislativas de conducta, entonces la principal objeción a tenerla sujeta a revisión judicial desaparece, desde que la función primaria de las cortes —y en realidad el propósito de su existencia— es precisamente aplicar normas legislativas o consuetudinarias a la conducta humana. Esta función, que requiere notificación y audiencia, con oportunidad para presentar pruebas, poder de repreguntar a los testigos y formular argumentos, aún cuando sea cumplida por un órgano administrativo, es claramente judicial o cuasi-judicial, y en tal sentido, no es incongruente hacer que se cumpla sujeta en alguna medida a revisión por las cortes para la corrección de los posibles errores cometidos en el curso de la adjudicación" (*Ibidem*, p. 243).

el caso de *novo* sobre su propio e independiente juicio, los tribunales administrativos (así se llama en los Estados Unidos a los mencionados órganos de la Administración) se volverían un poco más que un medio para la transmisión de la prueba a las cortes. Ello destruiría los valores de la adjudicación sobre los hechos, realizada por expertos o especialistas en la materia de que se trate. Dividiría la responsabilidad por las adjudicaciones administrativas... El papel de las cortes en esto terreno es servir de freno a la rama administrativa del gobierno —de freno contra el exceso de poder y el ejercicio abusivo del poder en derogación del derecho privado—. La función judicial es así una función de contralor; debemos esperar que la revisión judicial frene —no que sustituya— la acción administrativa. Hablando en términos generales, puede decirse que está asegurado un contralor judicial conveniente cuando la revisión puede obtenerse sobre los siguientes fundamentos: (1) *ultra vires* —para asegurar que las decisiones administrativas se pronuncien dentro de la autoridad delegada al órgano administrativo; (2) *justicia natural* —que al menos una mínima garantía de justicia en el proceso de adjudicación administrativa— lo que la Suprema Corte ha llamado "los principios fundamentales de un leal proceder" (*the fundamentals of fair play*) — sea observada; (3) *prueba sustancial* — que la decisión administrativa tenga una base en pruebas de fuerza probatoria racional"[13].

7. SEPARACIÓN DE LAS FUNCIONES JUDICIALES Y ADMINISTRATIVAS DENTRO DEL PODER ADMINISTRADOR. — Del mismo modo que la institución de un apropiado procedimiento administrativo puede servir al propósito de conservar a los órganos administrativos el ejercicio de funciones judiciales y justificar una limitada revisión de las decisiones emanadas de los mismos, la propuesta de separar dentro de la Administración las funciones administrativas de las judiciales, acordando cierta independencia a quienes retengan estas últimas, responde a igual finalidad.

Los autores que propician esta separación de funciones, lo han hecho con dos conceptos diferentes. O bien han exigido el establecimiento de una separación completa, o se han conformado con lo que denominan una "separación interna", vale decir, una separación de funciones en el nivel más bajo del órgano administrativo, sin cuidarse de que, en definitiva, esas autoridades separadas, a quienes se confían, respectivamente, las

---

[13] SCHWARTZ, B, *The Substancial Evidence Rule and the Administrative Procedure Act*, en "Washington Law Review and State Bar Journal", mayo de 1950, t. 25, p. 135 y 136.

funciones jurisdiccionales y administrativas, dependan o no de otras autoridades, comunes a ambas, ubicadas en el nivel más alto[14].

El primero de los dos tipos de separación, fué el propiciado por la llamada Comisión del Presidente, cuyo informo se publicó en 1937. Según las conclusiones a que llegó dicha Comisión, los órganos administrativos con funciones judiciales, debían ser divididos en una sección administrativa y otra judicial. La primera destinada a "formular reglamentos, iniciar acciones, investigar demandas o querellas... para hacer toda la tarea puramente administrativa o sublegislativa que realizan ahora las comisiones. En resumen, toda la tarea que no es esencialmente de naturaleza judicial". La segunda "para actuar como un cuerpo imparcial e independiente y dictar las decisiones que afectan los intereses públicos y los derechos privados"[15].

Esta misma idea fue retomada por la minoría de la Comisión del Procurador General. En su informe de 1941 figura estampada la siguiente frase: "Pensamos que la separación completa, con juzgamiento por órganos administrativos completamente separados, debe ser normalmente preferida"[16].

Por lo menos en dos casos ha sido puesto en práctica este sistema de la separación completa[17] y, como veremos de inmediato, con suerte desigual.

En primer término, con motivo de la creación de la Junta de Apelaciones en materia de Impuestos, ahora Corte Fiscal. Como su nombre lo indica, esta Junta resuelve los recursos de los contribuyentes contra las decisiones de los órganos que ejercen la administración fiscal, frente a los que posee una total independencia, pese a su carácter de repartición administrativa. El éxito logrado con su institución ha sido ampliamente satisfactorio. El prestigio y la autoridad de la Corte Fiscal han sido reconocidos en más de una ocasión, en términos encomiásticos, por la Suprema Corte Federal[18].

Igual sistema aplicado a la Junta Nacional de Relaciones del Trabajo, órgano al que se quiso atribuir una estructura similar al anterior, no dio, en cambio, los mismos resultados. Esta segunda Junta fue creada

---

14 V. NATHANSON, N. L., *Separation of Functions within Federal Administrative Agencies,* en "Illinois Law Review", abril de 1941, t. 35, p. 901 - 937.

15 SCIIWARTZ, B., *Administrative Procedure and tlie Administrative Procedure Act,* en "New York Law Quarterly Review", julio de 1949, t. 24, p. 527.

16 DAVIS, K. C., *Separation of Functions in Administrative Agencies,* en "Harvard Law Review", febrero de 1948, t. 61, p. 399.

17 SCHWARTZ, B., *La procedure administrative aux Etats-Unis,* en "Revue Internationale de Droit Comparé", abril-junio de 1951, t. 3, p. 259.

18 Véase los párrafos del fallo dictado por la Suprema Corte en el caso Dobson, que se cita *post,* n° 77.

por la Ley de Relaciones de la Administración del Trabajo de 1935 (Ley WAGNER) y modificada por la le LEY TAFT-HARTLEY de 1947. A partir de esta última fecha, el número de sus miembros fue aumentado a cinco y se estableció a su vera un Consejo General, nombrado por el Presidente de la Nación, por un período de cuatro años. Ambos cuerpos fueron organizados en forma independiente, atribuyéndose al Consejo el papel de acusador de las prácticas desleales de trabajo y a la Junta el de juez, a cuyo cargo estaba considerar esas acusaciones y pronunciar las decisiones pertinentes[19].

A pesar de que este régimen se prestaba particularmente para ser adoptado en materia de relaciones del trabajo, por la importancia de las funciones acusatorias que en ella se ejercen[20], tal como lo adelantamos, no se obtuvieron con su establecimiento las ventajas anheladas. La diversidad de puntos de vista entre el Consejo y la Junta llegó a producir graves conflictos, que muchas veces adquirieron estado público y hasta llegaron a reflejarse en los titulares de los grandes diarios.

Ha sido sobre todo el ejemplo de la Junta Nacional de Relaciones del Trabajo, el que, según muchos, ha vindicado más que ninguna exposición doctrinaria la opinión de la mayoría de la Comisión del Procurador General, que sostuvo que este Upo de separación sería más fuente de confusión o incertidumbre, que garantía de imparcialidad[21].

La idea de una separación más restringida, la llamada "separación interna", especialmente en la forma en que fue expuesta por la citada mayoría de la Comisión del Procurador General, ha sido, en efecto, la que ha logrado concitar en su favor el mayor número de adherentes. El caso de la Corte Fiscal ha venido así a quedar como un hecho aislado.

Es verdad que el sistema de la separación interna ha suscitado también severas críticas, pues aun cuando se ejecute perfectamente, envuelve siempre alguna confusión de funciones. Los investigadores, acusadores y jueces, tienen todos superiores comunes. Pero en favor del mismo se

---

19 Para tener una idea de la importancia que se atribuyó en el momento de la sanción de la Ley TAFT-HARTLEY a esta separación, conviene recordar que durante el proceso legislativo de la misma, se propuso transferir al Ministerio de Justicia todas las funciones de investigación y acusación hasta entonces poseídas por la Junta, nombrando a tal efecto un nuevo asistente del Procurador General. Un testigo, que depuso ante la Comisión respectiva del Congreso, dijo que esto tampoco era suficiente y que todos los casos de prácticas desleales de trabajo debían ser juzgados ante las cortes de circuito, sin intervención alguna de la Junta. Esto significaba volver lisa y llanamente al sistema de la Constitución. DAVIS, *Separation of Functions..., Rev. cit.*, p. 405.

20 No tendría sentido, en cambio, imponerlo en aquellos órganos cuya finalidad no es formular acusaciones sino otorgar beneficios asistenciales, como la Junta de Seguridad Social, la Junta de Retiros Ferroviarios, la Administración de Veteranos, etc., a lo que, genéricamente, se denomina *claim boards*. DAVIS, *Separation of Functions..., Rev. cit.*, p. 405.

21 NATHANSON, N. L., *Central Untes of American Administrative Law*, en "American Political Science Review", junio de 1951, t. 45, p. 351-352.

ha dicho que el inconveniente apuntado no es de mayor gravedad. En primer lugar, porque no todos los órganos administrativos que ejercen funciones judiciales, tienen al mismo tiempo funciones acusatorias (ya nos referimos en nota a los *claims boards).* Luego, porque las autoridades superiores del órgano administrativo, la mayor parte de las veces, no llegan a desempeñar nunca directamente funciones de investigación y acusación; se limitan a supervisar los abogados que las ejercen. Igual ocurre con las de carácter judicial a cargo de instructores que, como los abogados, se hallan separados por muchos grados de la escala jerárquica de los miembros de la junta que dirige el órgano administrativo[22].

8. ESTABLECIMIENTO DE CORTES JUDICIALES ESPECIALES. — El medio de hacer lugar, dentro del sistema de la Constitución, a la especial idoneidad que demanda el juzgamiento de las cuestiones administrativas, consiste en crear cortes judiciales especiales, como ya las hay para juzgar cuestiones civiles, comerciales, criminales, etc. Depende del grado en que se espera que tales cortes satisfagan aquella necesidad, que se propicie la absorción por las mismas (progresiva o instantánea) de las funciones jurisdiccionales anteriormente delegadas a la Administración, o de que se piense —con mayor prudencia— que constituyen una base eficaz para ampliar las facultades de revisión judicial, sin desmedro del factor idoneidad.

La primera propuesta de creación de una corte administrativa especial se encuentra en el proyecto del diputado Gcorge W. Nomus, que data de 1929 (NORRIS BILL). La sigue el proyecto de establecimiento de una Corte Administrativa de los Estados Unidos *(United States Administrative Court),* que contenía el LOGAN BILL (1926), preparando sobre la base del segundo informe (1934) de la Comisión Especial de Derecho Administrativo, designada por la Asociación del Foro Americano. El fracaso de este último proyecto, debido a razones circunstanciales, no impidió que dicha Comisión Especial mantuviera en un nuevo informe de 1936 su propuesta de creación de una Corte Administrativa Federal, destinada a tomar a su cargo, paulatinamente, muchas de las funciones judiciales delegadas en órganos administrativos.

Casi quince años después, ya sancionada la Ley Federal de Procedimiento Administrativo, ha vuelto a debatirse nuevamente esta antigua idea.

El senador Patrick MCCARRAN, uno de los gestores de aquella ley y personalidad muy vinculada a este problema del contralor jurisdiccional de la Administración, presentó al Congreso, el 27 de enero de 1949, un proyecto "para mejorar la administración de la justicia por medio de la

---

22 DAVIS, *Separation of Functions..., Rev. cit,* p. 410.

creación de una Corte Administrativa de los Estados Unidos" (S. 684). El 5 de abril siguiente, el mismo senador dio a conocer una enmienda de su propio proyecto[23].

La Corte en cuestión estaría compuesta de cinco jueces y organizada como una "corte legislativa"[24], con jurisdicción:

1° En cualquier caso que comprenda la revisión judicial de los actos de los órganos administrativos de otro modo conocibles o pendientes en alguna corte de los Estados Unidos que no sea la Suprema Corte; 2° En cualquier caso que comprenda la ejecución civil de reglamentos, órdenes o pedidos de investigación de un órgano administrativo. En ambos supuestos la jurisdicción sería conferida a la nueva corte sólo a pedido del particular afectado; nunca a solicitud del órgano administrativo interviniente. Si la ley aplicable en un caso determinado no exigiera que el mismo fuese juzgado por más de un juez, sólo uno de los miembros de la Corte lo juzgaría y su decisión sería revisada por tres o más de ellos, que formarían una División de Apelación. Se prevé la revisión de las decisiones de la Corte Administrativa por medio del *writ* de *certiorari*, por vía de apelación y de certificación, pero sólo en cuestiones de derecho, y aún así con ciertas limitaciones.

Este proyecto ha vuelto a poner sobre el tapete la cuestión de las cortes especiales, ya debatido en anteriores oportunidades (especialmente con motivo del LOGAN BILL). Dos autores, en números sucesivos de la Revista de la Asociación del Foro Americano, han expuesto opiniones contradictorias acerca de la proposición de MCCARRAN, que juzgamos interesante destacar.

Según SCHWEPPE, el primero de los autores citados, tal Corte Administrativa es tanto innecesaria como inconveniente; entre otras, por las siguientes razones:

1° La creación de lo que es esencialmente sólo una corte opcional, para revisar los casos en que intervienen órganos administrativos, es, en sí misma, una admisión de que las cortes federales comunes, que permanecen abiertas para tales casos, son capaces de entender en los mismos adecuadamente;

---

23 MCCARRAN, P., *A Needed Reform: A Special Administrative Court*, en "American Bar Association Journal", mayo de 1949, t. 35, p. 379 s.

24 Cortes legislativas son aquellas que ha instituido el Congreso, no en ejercicio de su facultad de establecer cortes federales inferiores a la Suprema Corte (cortes de circuito y de distrito), sino de legislar sobre diversas materias (gastos públicos - Corte de Reclamaciones; aduanas - Corte de Aduanas; etc.). Independientemente de sus poderes judiciales, se admite que las cortes legislativas ejerzan ciertas facultades legislativas y administrativas. Sobre este punto véase KATZ, G., *Federal Legislative Couts*, en "Harvard Law Kcview", 1929 - 30, t. 43, p. 894 - 924, y fallo de la Suprema Corte en el caso Ex-parte Bakelite Corp., 279 U. S. 438, 1929.

2° La función judicial es la misma, se aplique a casos administrativos o no administrativos, a saber, revisar el derecho y los hechos, en la extensión en que estos últimos son revisibles; en otras palabras, a resolver casos y controversias administrativas de acuerdo con la Constitución y la Ley de la Tierra, lo mismo que en los casos no administrativos; no es necesaria una mayor penda en los casos administrativos que en los casos no administrativas;

3° Es deseable que las decisiones do los órganos administrativos sean revisadas por las cortes comunes, sobre la base de los amplios fundamentos del sistema constitucional y legal *y* sus aplicaciones, más bien que por una corte administrativa especializada, en tal sentido no debe vacilarse, p. e, en dejar a las cortes federales de apelación la revisión de las decisiones de la Corte Fiscal, la más importante y en algunos sentidos la más técnica do las cortes especiales ya existentes;

4° La mejora del procedimiento administrativo en la etapa administrativa a través de la Ley Federal de Procedimiento Administrativo y de los reglamentos dictados de acuerdo a la misma, hace que el juzgamiento de los casos administrativos en la etapa judicial sea todavía más simple que en el pasado;

5° El costo de la creación y mantenimiento de tal corte opcional, excedería grandemente al aumento apropiado del personal existente en las cortes federales comunes, sin ninguna correspondiente ventaja en la calidad de la administración de justicia;

6° El ideal de un sistema de cortes, un foro y un derecho, debe ser mantenido en el máximo grado posible, y abandonado sólo por razones más convincentes; si el proceso de fragmentación del sistema judicial es llevado al extremo, para proveer especialización para cada clase de casos, ningún tribunal judicial, excepto la Suprema Corte, permanecería teniendo una amplia perspectiva del derecho relativo a todos los negocios y actividades sociales y gubernamentales, y ninguno sería capaz, por ello, de desarrollar y aplicar principios judiciales consistentes, con respecto a todos los casos y controversias de cualquier variedad[25].

En suma, para SCHWEPPE, "una corte especializada para los casos de los órganos administrativos, particularmente si es integrada por personal fuertemente imbuido de fe en el proceso administrativo, sea por razón de su particular experiencia administrativa o por otra causa, tenderá eventualmente a aceptar la doctrina tan a menudo urgida por

---

[25] SCHWEPPE, Alfred J., *The Administrative Court Bill: An Analysis*, en "American Bar Association Journal", julio de 1949, t. 35, p. 534-535.

los protagonistas del proceso administrativo, según la cual es derecho lo que el administrador hace"[26].

Con mayor sentido de la realidad, y desprovisto del exagerado prejuicio contra los agentes del Poder Administrador que ostenta el anterior, el segundo de los autores mencionados ha podido rebatir los argumentos que dejamos transcriptos y demostrar la conveniencia, si no de adoptar textualmente el proyecto McCarran, por lo menos de aceptar la idea fundamental que el mismo contiene; vale decir, la de la unificación del sistema de contralor jurisdiccional de la Administración, ahora disperso y confuso, mediante la creación de una corte con jurisdicción exclusiva en materia contencioso-administrativa, establecida por cláusula general.

Según Caldwell, en efecto, el problema no es el de si se debe crear o no una corte administrativa. "Tenemos ya —dice— por todas partes, de cincuenta a cien de ellas, sólo en el gobierno federal (incluyendo varias con jurisdicción de apelación). Tenemos más de ellas que ningún otro país del mundo, más que cualquier otro país en la historia. Sus competencias son frecuentemente sobrepuestas y antagónicas, exhiben una caleidoscópica variedad en prácticas y procedimientos, desarrollan principios de derecho ampliamente diferentes en cuestiones que reclaman la aplicación de principios uniformes, ocasionan una vasta e innecesaria duplicación de gastos, y están gravadas con una multiplicidad desconcertante de métodos para obtener la revisión judicial de sus decisiones. Estos métodos pueden variar desde la ausencia absoluta de revisión, revisión por otros órganos administrativos, revisión por cortes legislativas, revisión por cortes federales de distrito, revisión por cortes de tres jueces establecidas por ley, revisión por las varias cortes de apelaciones, revisión por la Corte de Distrito de los Estados Unidos para el Distrito de Columbia y, en unos pocos casos, revisión directa por la Suprema Corte de los Estados Unidos"[27]. El problema, para este autor, "es el de encontrar los medios para imponer orden y simplicidad en el laberinto formado por la multiplicación de cortes administrativas y de métodos de revisión de sus decisiones; reintegrar estas muchas cortes administrativas en nuestro sistema judicial y, en la medida que podamos, restaurar el diseño original o al menos tratar de lograr- algo en cierto modo tan bueno"[28].

Sin desconocer la necesidad de instituir en el momento actual una jurisdicción especializada en materia administrativa, insistiendo sobre la idea final del párrafo anterior, Caldwell sostiene que debe

---

[26] Schweppe, *Rev. cit.*, p. 612.

[27] Caldwell, L. G *The proposed Federal Administrative Court: The Arguments for its Adoption*, en "American Bar Association Journal", enero de 1950, t. 36, p. 14.

[28] Caldwell, *Rev. cit.*, p. 14.

tratarse al mismo tiempo de volver n la estructura piramidal del Poder Judicial, tal como lo previó la Constitución. Ahora esta pirámide tiene representada su base por los 207 jueces de las cortes federales de distrito, el nivel medio por once cortes de apelaciones con un total de 65 jueces, y la Suprema Corte se encuentra en el ápice, con sus 9 jueces, Esta pirámide está constituida con un sentido geográfico; tiene a todo el país por dominio. La constante delegación de funciones jurisdiccionales en la Administración y constitución de innumerables tribunales administrativos con jurisdicciones separadas por materias, ha alterado el fundamento sobre el que está construida aquella pirámide e introducido una indescriptible confusión en el sistema jurisdiccional. Trasladando todos estos fragmentos del poder jurisdiccional a una de las cortes legislativas existentes o creando una nueva corte de igual tipo, se podrá, según el autor que seguimos, si no volver enteramente al modelo original, por lo menos restaurarlo parcialmente[29].

El ejemplo de lo que se ha hecho en materia tributaria con la recordada Junta de Apelaciones de Impuestos, ahora Corte Fiscal, debe inspirar toda futura reforma[30].

Esta nueva migración de la función jurisdiccional del Poder Administrador al Poder Judicial, traerá consigo otra ventaja, según el mismo autor. Librará a los órganos administrativos de la tediosa tarea de realizar audiencias y decidir cosos individuales, proveyendo de esta manera que no descuiden el trabajo para el que están mejor equipados y en el cual pueden hacer 'la más significativa contribución al bienestar del país, es decir, emplear su conocimiento y pericia, su destreza y su tiempo, en formular directivas, reglas y reglamentos en campos técnicos especializados[31].

9. LAS GARANTÍAS DEL EJERCICIO DE LA FUNCIÓN LEGISLATIVA POR EL PODER ADMINISTRADOR. FIJACIÓN DE UN PROCEDIMIENTO ADECUADO. — También han tenido una triple orientación los propósitos dirigidos a impedir los excesos de la Administración en el ejercicio de los poderes legislativos que le han sido confiados. Quizás podríamos decir, con mayor precisión,

---

29 "La Corte propuesta —dice CALDWELL— está colocada nítidamente en nuestra pirámide judicial, en la medida en que lo permite la multitud de las otras cortes legislativas. A diferencia de algunos de los sistemas de cortes administrativas de Europa, p. e., del francés, es inferior y está sujeta a rev sión por la Suprema Corte". CALDWELL, *Rev. cit.*, p. 83 (3a. col.).

30 CALDWELL, *Rev. cit*, p. 14 y 15. En la época en que escribió el artículo citado, se encontraba a consideración del Congreso un proyecto de traslado de la Corte Fiscal al Poder Judicial, que pasaría a integrar como corte legislativa, etapa culminante del proceso progresivo de independización de este tribunal administrativo frente a la Administración activa. V. SCHWAUTZ, B., *Administrativa Terminology and the Administrative Procedure Act*, en "Michigan Law Review", noviembre de 1949, t. 48, p. 62-63.

31 CALDWELL, *Rev. cit.*, p. 15.

que por un lado se ha querido establecer una garantía de orden interno en esta materia, determinando el procedimiento a seguir en la formulación administrativa de normas y reglamentos; y que, por otro, se ha buscado de completar la anterior, señalando los medios por los cuales podrá hacerse efectivo el contralor parlamentario y judicial de la actividad legislativa del Poder Administrador[32].

En cuanto a la garantía de orden procesal, se ha entendido, en términos generales, que su logro imponía la participación de las personas afectadas por la legislación delegada en el trámite de su sanción.

La primera técnica para hacer efectiva esta idea, seguida frente a las industrias organizadas, ha sido la de celebrar *consultas* y *conferencias* con los representantes de la misma, antes de dictar un reglamento con fuerza de ley. Generalmente se hacen llegar a todas las partes interesadas los proyectos de reglamentación y luego se recibe la correspondencia por la que aquéllas hacen conocer su opinión sobre la propuesta; más tarde tienen lugar reuniones y conferencias en las que participan administradores y administrados. Este es el procedimiento característico, p. e., de la Junta de Aeronáutica Civil; pero es probable que las conferencias más importantes sean las que se realizan en la Comisión Federal de Comercio con los representantes de la industria.

Dentro de esta misma orientación, se ha puesto de manifiesto la tendencia a regularizar el sistema de consultas y conferencias, creando comisiones *asesoras*. Se han establecido así comisiones *ad hoc* o temporarias, o bien, en otros casos, algunas más o menos permanentes. Estas comisiones han actuado muy eficazmente, colaborando con el Ministerio del Interior en dictar las reglamentaciones sobre caza y pesca, e igualmente, por aplicación de la Ley sobre Prácticas Leales de Trabajo de 1938, en la fijación de salarios mínimos y jornadas.

Cuando se trata de obtener la participación en la reglamentación de intereses no organizados, se sigue el mismo procedimiento sugerido por la Ley inglesa de Publicación de Reglamentaciones de 1893, vale decir, se recurre a la *publicación* del proyecto de reglamento, antes de su sanción. Lo más común es que luego se celebre una *audiencia oral* con todos aquellos que quieren participar en el procedimiento de reglamentación.

Este sistema de audiencias orales se extiende a numerosos campos. En el informe final de la Comisión del Procurador General se dice que "las audiencias tienen lugar en conexión con la fijación de precios y salarios, la prescripción de reglas para la construcción de buques y otros elementos

---

32 Schwartz, B, *Delegated Legislation in America, Procedure and Safeguards*, en "Modern Law Review", octubre de 1948, t. 11, p. 449 s. Sobre el mismo tema, véase Jaffe, L., *An Essay on Delegation of Legislative Power*, en "Columbia Law Review", abril y mayo de 1947, t. 47, p. 359 s. y 561 s.

de transporte, la reglamentación de los ingredientes y propiedades físicas de los alimentos, la determinación de normas sobre productos de primera necesidad y el establecimiento de las prácticas de competencia. Le regulación de todas esas cuestiones afecta la empresa económica y toca directamente los aspectos financieros de gran número de negocios, tanto por imponer costos directos como por limitar las oportunidades de ganancia. Asegurar la apreciación de estos efectos, tanto por los hombres de negocios como por los funcionarios del gobierno, parece ser el principal propósito del uso creciente de audiencias en materia de reglamentación administrativa" *(Report,* p. 105).

El tipo de audiencia comúnmente empleado es el do naturaleza no formal; vale decir, aquél que no guarda relación con el que se utiliza en el procedimiento judicial. El propósito de estas audiencias, en efecto, no es juzgar un caso, sino ilustrar a los órganos administrativos y proteger los intereses privados contra una acción no informada o imprudente de parte de aquéllos.

Sin embargo, a veces, estos procedimientos de reglamentación asumen un carácter judicial. Los reglamentos propuestos pueden afectar grupos definidos de personas con intereses contrapuestos. Puede así darse el caso de que en el curso del proceso de emanación de la norma legal aparezcan los productores a bajo precio frente a los productores a alto precio, tratándose de la fijación de precios máximos y de salarios mínimos; los obreros contra los empleadores, con respecto a salarios y condiciones de trabajo; los compradores contra los vendedores, respecto a la regulación del mercado agrícola; los fabricantes de maquinarias que serían eliminados por reglamentos de seguridad, contra otros cuyos productos serían legalizados, etc. En tales situaciones, la audiencia para tratar los reglamentos propuestos puede tomar el aspecto de un caso entre adversarios y aparecer, más que como un procedimiento legislativo, como un procedimiento judicial. El empleo de audiencias de esta especie, ha cristalizado por primera vez en el procedimiento seguido ante la Comisión de Comercio Interestadual. Allí las audiencias tienen carácter formal. La información se presenta como prueba, y es sometida a refutación, a menudo se formulan repreguntas a los testigos, y todo el procedimiento tiende a situarse en la atmósfera legal de una corte de justicia.

En opinión de SCHWAKTZ, "este tipo de procedimiento contencioso parece mal adaptado al proceso administrativo de reglamentación..." "En la práctica es pesado y caro, tiende a debilitar el órgano administrativo en la libre utilización de lo que podría ser de otro modo considerado como técnicas útiles de investigación y captación de hechos"[33]. Pero es, sin embargo, como el mismo SCHWARTZ lo reconoce, el que parece

---

[33] SCHWARTZ, *Delegated Legislation…, Rev. cit.,* p. 456 y 458-459.

imponerse en algunas recientes leyes federales. Así, la Ley Federal sobre Alimentos, Drogas y Cosméticos de 1938, bajo la cual pueden emitirse reglamentaciones fijando normas de identificación de alimentos, sobre identidad y calidad de productos en general, respecto de la información que deben llevar las etiquetas de los productos dietéticos, las cantidades de residuos venenosos que son permitidos en los alimentos, las calidades capaces de formar hábitos en los derivados de los productos narcóticos, etc., requiere que el órgano administrativo que interviene en su ejecución, "celebre una audiencia cuando se presente una proposición para dictar, enmendar o derogar alguna reglamentación". En dicha audiencia "cualquier persona interesada debe ser oída". Las reglamentaciones deben basarse "sólo en prueba sustancial, incorporada al expediente durante la audiencia", y la orden promulgándolas debe incluir "en forma detallada las conclusiones de hecho sobre las cuales se basa la orden". Además se autorizan procedimientos de revisión legal, moldeados sobre aquellos que normalmente se prevén para revisar órdenes administrativas de naturaleza judicial. Cualquier persona adversamente afectada por un reglamento puede obtener su revisión por apelación ante la Corte de Apelaciones de Circuito respectiva. En tal revisión, las conclusiones administrativas sobre los hechos "si están basadas en prueba sustancial, serán conclusivas" y la amplitud de la revisión es similar a la que existe en los casos de adjudicación administrativa. Los detalles de las audiencias que tienen lugar bajo dichas disposiciones legales, están también gobernados por los mismos métodos y prácticas aplicables en los casos en que la Administración ejerce funciones jurisdiccionales[34].

10. CONTRALOR PARLAMENTARIO Y JUDICIAL. — La garantía de orden interno contra los posibles excesos de la legislación de origen administrativo, consistente, como hemos visto en el párrafo que antecede, en el establecimiento de un procedimiento apropiado para su formulación, depende en definitiva, en cuanto a su eficacia, del órgano administrativo mismo que ejerce ese tipo de funciones y del modo en que éste conduzca las audiencias y respete las normas de orden formal que le han sido impuestas. De allí que se haya buscado, en las garantías llamadas externas, un complemento para la anterior.

El contralor *parlamentario* —a diferencia de lo ocurrido en Inglaterra— se ha desarrollado poco en los Estados Unidos. No se ha establecido, en realidad, medio alguno que permita al Congreso anular la legislación delegada que considere inconveniente. El caso de la Ley de Reorganización de 1939, es aislado y excepcional. Esta Ley acordó poderes al Presidente para reorganizar la rama ejecutiva del gobierno

---

34 SCHWARTZ, *Rev. cit.*, p. 457-458.

por "órdenes ejecutivas", disponiendo simultáneamente que tales "órdenes" no serían operativas hasta transcurrido un plazo dado a partir de su emanación, plazo durante el cual podían ser anuladas por el Congreso. Pero una disposición de esta índole es, repetimos, muy rara en la legislación norteamericana.

Sólo si es admisible llamar "contralor parlamentario indirecto", como lo hace SCHWARTZ, a la determinación por vía legislativa de los requisitos a que debe acomodarse la acción administrativa reglamentaria, es posible hablar de la existencia de un contralor parlamentario sobre la legislación delegada en el país que nos ocupa[35]. Pero en definitiva se trata en este caso de los medios de contralor interno a los que nos hemos referido previamente.

El contralor judicial se hace efectivo comúnmente mediante la aplicación de la doctrina *ultra vires.* Con esto se quiere significar que la corte ante la cual se cuestiona la validez de un reglamento (o de alguna de sus cláusulas), verifica si el mismo se halla o no dentro del poder conferido al órgano del cual emana; no examina, en cambio, el procedimiento administrativo seguido para su emanación, excepto cuando requisitos específicos de procedimiento, tales como el asesoramiento por comisiones consultivas o la celebración de audiencias públicas, son impuestos obligatoriamente por la ley. En otras palabras, existe en principio sólo un contralor de la competencia y no de las formas o de los procedimientos legales El leading case en la materia está constituido por el fallo dictado por la Suprema Corte en Morril v. Jones (106 U.S. 466. 1883)

Pero es necesario tener presente que no sólo la reglamentación debe ser *intra vires* respecto de la ley autorizante, sino que ambas, la ley y la reglamentación, deben ser *intra vires* con relación a lo Constitución. Corresponde, pues, a las cortes, en los casos aludidos, determinar primero lo constitucionalidad de la ley autorizante, y recién después, examinar si la reglamentación está dentro de los términos de la ley.

Además es preciso observar que se ha llegado u sostener que las cortes pueden no sólo invalidar los reglamentos administrativos porque son *ultra vires,* en sentido estricto, sino también porque no son *razonables.* Así, pueden decir sí hay o no una relación razonable entre la legislación delegada y la ley formal que gobierna la anterior, dado que la primera debe estar calculada para llevar a la práctica el propósito legislativo.

Esto ha permitido a las cortes un contralor mucho más ajustado, conduciéndolas a examinar los fundamentos de hecho de la reglamentación, tanto como las cuestiones de derecho envueltas en

---

35 · SCHWARTZ, *Rev. cit,* p. 459 s.

ella. Por este medio, del contralor de la competencia, se ha pasado al contralor sobre el fondo o el contenido del acto[36].

Pero si la corte revisora debe estudiar en esos casos los hechos, para establecer la razonabilidad del reglamento discutido, esto no significa que deba determinar *de novo* la cuestión, de acuerdo a su propio juicio. El criterio de razonabilidad se ha transformado, en realidad, al ser aplicado, en un criterio de *arbitrariedad.* La reglamentación cuestionada sólo se desecha cuando es claramente arbitraria, asunto ajeno al de la conveniencia de tal reglamentación, lo que sólo compete apreciar al órgano administrativo[37].

11. LA RESTAURACIÓN DEL SISTEMA CONSTITUCIONAL DE DISTRIBUCIÓN DE FUNCIONES. — Queda en pie, frente a todos los medios propuestos para fiscalizar la actividad legislativa del Poder Administrador, el reconocimiento de la ventaja de mantener, por lo menos en el momento actual, el sistema de la legislación delegada.

Ocurre, pues, en esta materia, otro tanto que con relación a la delegación de funciones judiciales. Mientras subsista un tipo de Estado colectivista, no será posible volver a las formas simples y claramente dibujadas de la Constitución de 1783, concebida para una situación política y económica muy diversa.

Este punto de vista goza de amplio apoyo entre la mayoría de los autores, siendo muy pocos los que se atreven a predicar en términos absolutos una inmediata vuelta al pasado. Pero si esta afirmación es exacta, no por ello cabe desconocer la existencia de un fuerte propósito de reconstruir las formas pretéritas, progresivamente y a medida que las circunstancias lo permitan. Ya hemos hecho alusión a esta tendencia

---

36 Veamos dos ejemplos que trae SCHWARTZ. Para establecer si es razonable un reglamento que obliga a las empresas ferroviarias a colocar en todas las locomotoras un dispositivo que les permita dar marcha atrás, frente a una ley que exige seguridad en las operaciones ferroviarias, una corte se ha visto obligada a investigar si un dispositivo de este orden sirve también para detener,- en caso necesario, un tren en marcha cuyos frenos han fallado. Para poder afirmar que es razonable una exigencia reglamentaria respecto a un determinado contenido de una etiqueta de un producto alimenticio, otra corte tuvo que averiguar previamente qué entendían los consumidores cuando en la etiqueta de ese alimento faltaba la mencionada especificación y el peligro de equivocación que podía resultar. SCHWARTZ, *Rev. cit.,* p. 464.

37 Ver en este sentido la precisa aclaración del juez BRANDEIS, formulada en el caso Pacific States Box and Basket Co. v. White (296 U. S. 176, 1937). El Estado de Oregón había reglamentado el envase de frambuesas y frutillas. La Suprema Corte, cuando se cuestionó la validez del reglamento respectivo, dijo, por boca de BRANDÉIS, que nada tenía que hacer con la conveniencia o inconveniencia del mismo. "Nosotros sólo debemos investigar —agregó— si es arbitrario o caprichoso. Que lo que se requiere (en el reglamento) no lo es, resulta claro. Que el tipo de envase propuesto por Oregón constituye un medio apropiado para lograr fines apropiados, está fuera de toda duda". SCHWARTZ, *Rev. cit,* p. 464-465.

respecto a la delegación de funciones jurisdiccionales (especialmente al tratar de los proyectos de creación de cortes judiciales especiales). También se ha puesto de manifiesto en materia legislativa[38]. La Ley de Reorganización del Congreso de 1946 responde en buena medida al señalado propósito[39].

Veamos, a título informativo, algunas de las opiniones emitidas en este orden de ideas.

El senador McCARRAN dijo en 1946, que "ha habido una aceptación demasiado fácil de la idea de que el trabajo real del Gobierno debe ser dejado a los expertos... Por abdicación, legislaturas y cortes han evitado, más bien que solucionado, muchos problemas"[40]. Según él, este procedimiento engendra dos puntos de vista peligrosos. "El primero —expresó— podría quizás designarse como "culto" de la discreción. El otro está constituido por la suposición de que lo que es oficial, o es oficialmente hecho, es necesariamente y por eso mismo legal". A su juicio, "aunque la discreción tiene un papel que desempeñar y el gobierno debe actuar, no se requiere argumentación para demostrar que el constante énfasis sobre estos dos temas inevitablemente destruirá el gobierno de derecho y sustituirá un simple *fiat* en lugar de la justicia"[41].

No mucho después, en julio de 1947, el autor anónimo de un artículo aparecido en una importante revista jurídica, aludiendo al mismo asunto, llamó la atención sobre las fallas de la posición de la que participa McCARRAN. Lo hizo en los siguientes términos: "Se ha escrito mucho acerca de los peligros de los órganos administrativos del gobierno, descuidando el hecho de que esta nueva, cuarta rama de gobierno, que ha sido establecida en los Estados Unidos, resuelve más casos cada año que nuestras cortes federales. Ellos instigan procedimientos que de otro modo serían olvidados a causa de la ignorancia, desorganización o incapacidad financiera de aquellos que son perjudicados. La abolición de los órganos administrativos invitaría a esos abusos de poder que son posibles en una era de contralor centralizado del trabajo, de la producción y de las finanzas; abusos que son tan peligrosos para el sistema americano de gobierno como la burocracia. El remedio no es

---

38 V. especialmente el libro de BURNES, J., *Congress on Trial: The Legislative Process and the Administrative State,* ed. Harper, New York, 1948.

39 Sobre esta ley pueden leerse en castellano los comentarios escritos por LINARES QUINTANA, S. V., *La Ley de Reorganización Legislativa de Estados Unidos de* 1946 *y la ciencia política,* en "Anales de la Facultad de Ciencias Jurídicas y Sociales de la Universidad de La Plata", 1948, t. 14, vol. II, p. 806 s., y por FRAGA IRIBARNE, M., *La reforma del Congreso de los Estados Unidos (La L. R. A. de* 1946), ed. Cultura Hispánica, Madrid, 1951.

40 McCARRAN, P., *Improving "Administrative Justice": Hearings and Evidence; Scope of Judicial Review,* en "American Bar Association Journal", diciembre de 1946, t. 32, p. 894.

41 McCARRAN, *Rev. cit,* p. 828.

la abolición, sino un cuidadoso estudio de los órganos administrativos y su perfeccionamiento"[42].

Una opinión intermedia con respecto a las dos anteriores, ha sido expresada por Gwynne en enero de 1948. Probablemente sea la que más se aproxima a la verdad. Según este autor, "ha llegado el momento de una revisión de esta tendencia (favorable al acrecentamiento de las atribuciones del Poder Administrador). Los cuerpos legislativo y judicial creados por la Constitución deben ser restaurados en su justa medida. El intento de regular los órganos administrativos, no debe desviarnos del deber de eliminar aquellos que no son necesarios y reintegrar sus funciones a la fuente de donde salieron alguna vez... Sin embargo, debe ser reconocido que muchos de estos órganos administrativos no pueden ser eliminados. Vinieron a la existencia para cumplir servicios que los cuerpos puramente legislativos y judiciales no pueden cumplir. La creciente importancia de los transportes condujo a la creación de la Comisión de Comercio Interestadual. De la concentración del poder económico resultó la Comisión Federal de Comercio. Las dificultades entre los patrones y obreros hicieron surgir la Junta Nacional de Relaciones del Trabajo. La marea creciente de la conciencia social creó la Junta de Seguridad Social"[43].

---

42 *Power to Subpoena Witnesses,* en "New York Law Quarterly Review", julio de 1947, t. 22, p. 465.

43 Gwynne, J. W. *Administrative Procedure Act: A Warning Against Its Impairment by Legislation,* en "American Bar Association Journal", enero de 1948, t. 34, p. 8-9.

CAPITULO III

ANTECEDENTES DE LA LEY FEDERAL DE PROCEDIMIENTO ADMINISTRATIVO

12. INFORMES Y PROYECTOS PREPARADOS A PARTIR DE 1933. MCFARLAND, AUTOR DEL TEXTO DEFINITIVO. — Ya dijimos que el resultado mas concreto producido por todo este movimiento tendiente a solucionar las dificultades creadas por la delegación de funciones judiciales y legislativas en el Poder administrador -movimiento cuyas primeras vislumbres aparecen a principios de siglo, que se pone rotundamente en evidencia después de la primera guerra mundial y que se agudiza y acelera a partir del año 1933, cuando Franklin D. ROOSEVELT ocupa la presidencia de los Estados Unidos— está constituido por la Ley Federal de Procedimiento Administrativo, promulgada el 11 de junio de 1946 por el Presidente TRUMAN.

La historia legislativa —comprendidos los antecedentes de carácter no oficial— de esta Ley, ya la hemos analizado con algún detenimiento en otra oportunidad[44].

Lo que dijimos entonces sobre los diversos informes emitidos a partir de 1933 por la Comisión Especial de Derecho Administrativo dependiente de la Asociación del Foro Americano, el informe de la Comisión designada por el Presidente ROOSEVELT, que se ocupó de estudiar con sentido crítico la organización administrativa de la rama ejecutiva del gobierno (1937), y los que produjo, por la mayoría y la minoría, la Comisión del Procurador General para el Procedimiento Administrativo (1941), así como lo que se expresó en igual ocasión respecto de los proyectos legislativos que se individualizan como LOGAN BILL (1936), WALTER - LOGAN BILL (1939) y MCCARRAN - SUMNERS BILL (1945), debe tenerse presente en este momento y añadirse al análisis efectuado en el capítulo precedente sobre las distintas tendencias puestas de manifiesto frente a la acumulación de atribuciones judiciales y legislativas por la Administración, para tener una idea aproximada

---

[44] Véase nuestro trabajo *Tribunales judiciales o tribunales administrativos..., cit.*, p. 220 s.

del ambiente ideológico en que nació la Ley de Procedimiento Administrativo[45].

Esta ley es, en verdad, el resultado de más de diez años de estudios e investigaciones sobre la intrincada materia del procedimiento administrativo. Son, pues, muchos los individuos que directa o indirectamente, con un propósito preconcebido o sin él, han colaborado en su construcción. No obstante ello, los redactores de la edición de 1945 del "Examen Anual del Derecho Americano" *(Annual Survey of American Law)*, pudieron dedicarla con justicia a Carl MCFARLAND, como "el arquitecto de la Ley de Procedimiento Administrativo". A esta prominente personalidad, en efecto, que actuó como Presidente de la Comisión Especial de la Asociación del Foro Americano antes recordada (de 1941 a 1946) y como miembro de la Comisión del Procurador General para el Procedimiento Administrativo (en su calidad de Asistente del Procurador General), es a quien corresponde el mérito de haber logrado dar forma definitiva al mencionado texto legal. Comenzaremos su análisis de inmediato.

[45] Para mayores detalles al respecto véase VANDERBILT, *Legislativa Background...*, *cit.*, p. 1-15.

SEGUNDA PARTE

EXAMEN DE LA LEY Y SU APLICACIÓN ADMINISTRATIVA Y JUDICIAL

CAPÍTULO IV
ADVERTENCIAS PREVIAS

13. LÍMITES DENTRO DE LOS CUALES SE ESTUDIARÁ EL "PROCEDIMIENTO ADMINISTRATIVO" NORTEAMERICANO. — La expresión "procedimiento administrativo", empleada en el título de este trabajo, lo ha sido en el sentido que se le atribuye a la misma en la doctrina norteamericana. Vale decir, con referencia únicamente al procedimiento que se sigue ante los órganos del Poder Administrador cuando éstos ejercen funciones judiciales y legislativas, comprendiendo el procedimiento para la revisión Judicial de esa misma actividad, en cuanto se concreta en la emanación de **órdenes** y reglamentos[46].

---

[46] Resulta evidente cuanto difiere este significado del que le atribuye el derecho europeo y el nuestro a términos equivalentes. Sabido es que según estos últimos se denomina "procedimiento administrativo" el que deben cumplir los órganos de la Administración pública, sea para la emanación de actos de naturaleza administrativa (especiales y generales), o bien para efectuar por si mismos el contralor sobre dichos actos (recursos administrativos); reservándose la expresión "procedimiento contencioso-administrativo", para referirse a la regulación legal de la actividad por medio de la cual se hace efectiva la revisión jurisdiccional de las decisiones dictadas por el Poder Administrador, sea ante órganos judiciales (sistema judicialista) o tribunales administrativos (sistema francés). Pensamos que también cabe denominar "procedimiento contencioso-administrativo" al que, finalizando mediante la emanación de un acto jurisdiccional, se sigue en parte ante órganos administrativos (que actúan por vía de delegación) y en parte ante órganos jurisdiccionales (en segunda instancia). Esta es, en consecuencia, la designación que convendría al presente artículo, si hubiéramos resuelto adoptar la terminología de los manuales europeos de derecho administrativo; con la salvedad de que aquí se comprende también el estudio del procedimiento a seguir para dictar reglamentos delegados, que es, en realidad, en buena medida, procedimiento legislativo. SCHWARTZ, haciendo un estudio comparativo del "procedimiento administrativo" norteamericano con el francés, confirma nuestra anterior opinión, pues al referirse al procedimiento de adjudicación fijado por la ley de 1946, dice que "los procedimientos exigidos a la administración norteamericana (bajo el título de "procedimientos administrativos"), pueden ser aproximadamente comparados

Ateniéndonos a esa definición del procedimiento administrativo, no analizaremos, sin embargo, todos los temas que son susceptibles de quedar comprendidos en la misma, sino tan sólo aquéllos de que se ocupa "la Ley Federal de Procedimiento Administrativo de 1946". A esta primera limitación del contenido de la presente investigación, que se hace ya aparente en el subtitulo de la misma, se añaden otras, sobre las que no sería posible dejar de advertir, con carácter previo, para eliminar todo equívoco sobre los alcances del examen a realizar.

En primer lugar, cabe expresar que para interpretar exactamente el sentido de las disposiciones legales que nos ocuparán, sería menester estudiar con respecto a cada una de ellas el derecho aplicado con anterioridad a su sanción, derecho casi totalmente de creación jurisprudencial. Es, en efecto, a través del estudio de ese derecho —mantenido o derogado por el texto de 1946— donde se halla la mejor explicación de este último. Pero si intentáramos cumplir esa tarea quedarían excedidos en mucho los limites impuestos a este comentario; por ello hemos preferido no afrontarla, salvo en los casos en que la dilucidación consiguiente resulte indispensable para la explicación de la Ley, y sólo en la medida verdaderamente indispensable[47].

---

a aquellos impuestos en Francia por el Consejo de Estado para las decisiones de las otras jurisdicciones administrativas". Más adelante, en igual sentido, agrega que es natural que el jurista francés "vea en un cuerpo administrativo norteamericano del género de la Comisión de Comercio Interestadual, que utiliza procedimientos formales... antes de tomar decisiones, una jurisdicción más que un órgano de la administración activa". Explica a continuación que ello no es así, sin embargo, y que la Comisión citada y otras de igual tipo, "están lejos de ser verdaderas jurisdicciones en el sentido francés de este término..., (pero) es verdad que poseen ciertas características jurisdiccionales... Son, luego, órganos de la administración activa a los cuales son atribuidos ciertos poderes jurisdiccionales". SCHWARTZ, *La procedure administrative...*, *Rev. cit.*, p. 253-257. Si todo lo que se ha expresado precedentemente es exacto, no lo es menos, desde otro punto de vista, que el rótulo "procedimiento administrativo", dado a la materia contenida en este trabajo, tiene mucho de acertado, aun en el sentido que el derecho europeo - continental atribuye a aquellos términos. Es así porque a consecuencia de la amplia delegación de funciones jurisdiccionales en el Poder Administrador ocurrida en los países anglosajones, una elevada proporción de actos que entre nosotros son substancialmente administrativos, han adquirido en los Estados Unidos los caracteres propios de los de naturaleza jurisdiccional; otro tanto puede decirse de la legislación delegada, medio por el cual se regula en el citado país gran parte de los asuntos que son objeto aquí de reglamentos administrativos.

47 Nada mejor que remitir aquí al lector a los notables trabajos de Gellhorn,W., *Administrative Law, Cases and Comments*, **2ª. ed., ed.** The Foundation Press, Brooklyn, 1947; STASON, E. B., *The Law of Administrative Tribunals, A Collection of Judicial Decisions, Statutes, Administrative Rules and Orders and Other Materials for Use in Courses on Administrative Law*, 2a. ed., ed. Callaghan & Co., Chicago, 1947; VOM BAUR, F. T., *Federal Administrative Law*, ed. Callaghan & Co, 2 vols., Chicago, 1942 (con Suplemento acumulativo 1947). Originales estudios sobre determinados temas en particular, se encontrarán en innumerables artículos publicados en las revistas jurídicas, especialmente a partir de la segunda década de este siglo. Sólo citaremos algunos de ellos, esporádicamente, en el curso de este trabajo. Pero llamamos la atención sobre los mismos, porque constituyen (aun aquellos que prohíjan soluciones diferentes a las

Tampoco estudiaremos todos los problemas que sugiere el texto de la Ley de Procedimiento Administrativo, sino únicamente los principales[48], sin tratar, por lo demás, de agotarlos, ni de desarrollarlos en toda su extensión Más bien hemos optado por referimos tan sólo a su planteamiento y a anotar las principales soluciones que de los mismos han sido formuladas.

Por último, hacemos notar que hemos hecho un estudio del procedimiento establecido por la Ley, en su aplicación general al conjunto de la Administración, sin entrar en los detalles de la repercusión de sus normas en los ámbitos más reducidos de cada ministerio, de cada comisión o de cada órgano administrativo en particular, excepto en casos excepcionales, y sin ir nunca más allá de lo que hemos considerado estrictamente necesario[49].

Con esta cuádruple limitación, que convendrá tener siempre bien presente, entraremos ahora de lleno al examen, primero de la estructura y luego del contenido de la Ley de Procedimiento Administrativo.

---

adoptadas finalmente por la ley de 1946) un venero inagotable de informaciones sobre el procedimiento administrativo. En no poca medida han contribuido a esclarecer la materia que luego fué objeto de prolija investigación por las comisiones privadas y gubernamentales reunidas a partir de 1933, citadas anteriormente en el texto.

48 Aún entre los principales problemas que plantea el procedimiento administrativo se notará la falta de varios. Entre ellos el de la cosa juzgada. Sobre este, que ya ha ocupado más de una vez a los autores de nuestro país, hay una abundante bibliografía norteamericana. No faltará ocasión, más adelante, para tratar del mismo con la extensión que se merece.

49 El amplio elenco bibliográfico que figura en el segundo apéndice, suplirá el vacío del texto para el lector que se interese en algún aspecto particular de los efectos que ha tenido la ley sobre los procedimientos para la deportación de extranjeros, sobre las actividades de los Ministerios de Correos o de Agricultura, o con respecto a la Junta de Aeronáutica Civil o a la Comisión Federal de la Energía, etc.

Capítulo V

ESTRUCTURA GENERAL DE LA LEY

14. Las dos distinciones fundamentales: reglamentación y adjudicación; procedimiento formal y no formal. El sistema de excepciones establecido por la Ley. — Según el ya nombrado John W. Gwynne, diputado por Iowa en el Congreso de los Estados Unidos y uno de los representantes que tuvo más directa intervención en la gestión del proyecto de la Ley que nos ocupa, para lograr una idea clara de la misma, es preciso tener en cuenta "dos distinciones fundamentales. La primera es la distinción entre funciones "legislativas" y funciones "judiciales" de los órganos administrativos. La segunda es la distinción entre los llamados procedimientos "no formal" y "formal" (o con audiencia establecida por ley). Estas diferencias cortan de través toda la Ley de Procedimiento Administrativo"[50]. Las examinaremos sucesivamente en las dos primeras secciones de este capítulo.

También es necesario, a nuestro juicio, para concluir de poner de relieve la estructura general de la Ley de 1946, explicar cuál es el sistema de excepciones a la aplicación de sus propias disposiciones establecido en ella. Este punto será tratado en la sección tercera.

I. — REGLAMENTACIÓN Y ADJUDICACIÓN

15. Definición de "reglamento" y de "reglamentación". La "adjudicación" y su resultado, la "orden", como actividad residual. — De las dos expresiones del epígrafe, tratándose del examen de la Ley de Procedimiento Administrativo, la que exige un estudio más detenido es la primera, dado que de acuerdo a dicha Ley todo lo que no es reglamentación queda incluido en el concepto de adjudicación. La sección 2 (d) de la misma, en efecto, define la palabra "orden" diciendo que debe entenderse por tal "la disposición final (...afirmativa, negativa...) emitida por un órgano administrativo sobre cualquier

---

50 Gwynne, J. W., *The Architecture of the New Administrative Procedure Act*, en "American Bar Association Journal", setiembre de 1946, t. 32, p. 550-552 y 590. Ver cuadro sinóptico de la ley en la p. 552.

asunto, siempre que no se trate de reglamentación...". Allí mismo se agrega que adjudicación es "el procedimiento seguido por un órgano administrativo para formular una orden". De la perfecta comprensión de las definiciones de reglamento y de reglamentación (esta **última consiste en el procedimiento a seguir para la emanación de un reglamento) depende,** pues, la interpretación correcta de una de las dos distinciones fundamentales que constituyen loa pilares en que se apoya la Ley en cuestión.

Cuando sus redactores abordaron este punto, se encontraron en presencia de dos conceptos distintos de ley en sentido material, que tales son los reglamentos a los que nos estamos refiriendo Uno de ellos había sido expuesto magistralmente por el célebre juez HOLMES en uno de sus fallos, tomando como elemento básico el factor tiempo; el otro fue sostenido por John DICKINSON, y prestaba atención primordial al carácter general o particular de la norma a calificar.

Según el primero, "un reglamento prescribe para lo *futuro* y una decisión determina responsabilidades sobre la base de hechos *presentes* o *pasados*. Por una actuación judicial se investiga, declara y se hacen efectivas responsabilidades fundándose en hechos presentes o pasados y de acuerdo a leyes que se supone que ya existen. Este es su propósito y su fin. La legislación, en cambio, mira al futuro y modifica las situaciones existentes dando nuevas reglas para ser aplicadas de aquí en adelante a todos o algunos de aquellos sujetos a su poder" (Prentis v. Atlantic Coast Line Co. 211 U. S. 210, 1908). De acuerdo a DICKINSON, "lo que distingue la legislación de la adjudicación es que la primera afecta los derechos de los individuos *in abstracto* y debe ser aplicada en un procedimiento ulterior ante la posición legal de cualquier individuo en particular que esté definidamente comprendido en sus términos; mientras que la adjudicación opera *concretamente* sobre individuos en su capacidad individual" (*Administrative Justice and the Supremacy of Law..., cit.*, pág. 21).

Los autores de la Ley de 1946, procedieron con ésta, como con el resto de las definiciones efectuadas en ella, y en general con la ordenación de todo el material que forma su contenido, con un criterio eminentemente práctico[51]. Trataron, pues, en el presente caso, más que de hallar una definición teóricamente perfecta de reglamento, de establecerla

[51] Ha podido así decir con razón NATHANSON, al tratar de las definiciones de la sección 2 de la ley, que "no se necesita estudiar mucho estas definiciones para llegar pronto a la conclusión que encuentran su justificación en consideraciones pragmáticas, no filosóficas. Así es como debe ser; pues son medios, herramientas de trabajo, y no fines en si mismas". NATHANSON, L., *Some Comments on the Administrative Procedure Act,* en "Illinois Law Review", setiembre-octubre de 1946, t. 41, p. 368, citado por REICH, D., *Rule Making under the Administrative Procedure Act,* en "The Federal Administrative Procedure Act...", *cit.*, p. 494, nota 4.

atendiendo a la repercusión que dicha definición tendría en el terreno procesal.

Siendo fundamentalmente distinto el procedimiento de reglamentación, del que se sigue para dictar una orden (o sea, el de adjudicación), el sentido práctico indicaba que no era conveniente adoptar ningún criterio doctrinario que tuviera por consecuencia alterar de manera esencial los conceptos generalmente aceptados de orden y reglamento. Someter, por imposición legal, actos considerados hasta ese momento por la jurisprudencia administrativa y judicial como reglamentos, a un procedimiento de tipo judicial, hubiese sido tan perjudicial como atribuir un procedimiento de tipo legislativo a actos tenidos hasta ese entonces como órdenes, por prácticas establecidas sobre muy sólidos fundamentos.

De acuerdo a la tesis de Holmes, el otorgamiento de una licencia o la emisión de una orden mandatoria o declarativa, serían reglamentación, con grave inconveniente en cuanto a los requisitos a que habría que someter por tal motivo a la Administración para la emisión de esos actos. Según el criterio de Dickinson, el establecimiento de las tarifas a que debería ajustarse o de los salarios que debería abonar una determinada empresa ferroviaria, o la aprobación de una reorganización de compañías *Holding* registradas de acuerdo a la Ley sobre Compañías *Holding* de Servicios Públicos, serían casos de adjudicación, mientras que el acuerdo de la doctrina y de la jurisprudencia norteamericanas era unánime, en la época de la sanción de la Ley de Procedimiento Administrativo, en cuanto a que los citados son casos típicos de reglamentación.

La Ley ha tratado de salvar estos escollos estableciendo en la sección 2 (c) que reglamento es "cualquier disposición emanada de un órgano administrativo, de aplicación general o particular y de efecto futuro ...". La alusión al "efecto futuro" constituye una clara remisión a la doctrina de Holmes; al referirse a la condición de generalidad se rinde sumisión al criterio tradicional enunciado por Dickinson. Lo sorprendente es la admisión de reglamentos destinados especialmente a una sola persona. Pero éste ha sido el hallazgo de los autores de la Ley para no alterar el derecho preexistente, manteniendo sujetos a un procedimiento legislativo aquéllos actos que siempre estuvieron sometidos a tal tipo de procedimientos; entre ellos "la aprobación o fijación de tarifas, salarios, estructuras o reorganizaciones sociales o financieras", etc., como ejemplifica la misma Ley, para no dejar lugar a dudas[52].

---

[52] En la historia legislativa de la ley está la prueba de lo que acabamos de afirmar. V. Davis, K. C., *Administrative Rules - Interpretative, Legislative and Retroactive*, en "Yale Law Journal", abril de 1948, t. 57, p. 919 s, especialmente p. 924-928.

Pero como no querían sobrepasar los límites del enunciado propósito, a fin de evitar una extensión desmesurada del concepto de reglamento, a expensas de lo que también tradicionalmente se consideraron órdenes, vale decir, actos sometidos en su emanación a un procedimiento análogo al judicial, se dispuso expresamente que las disposiciones mandatorias y declarativas, así como el otorgamiento, renovación, revocación, etc., de una licencia (lo que hemos traducido por "licenciamiento", según veremos más adelante) debían continuar siendo considerados como órdenes y estar sujetos al procedimiento de la adjudicación (sección 2 (d)).

No debe, sin embargo, suponerse que con estos arbitrios la Ley haya podido resolver todas las dificultades imaginables. Los autores citan actos de alcance concreto y de efecto futuro no subsumibles en los rubros "licenciamiento" o "disposiciones mandatorias o declarativas", que en la práctica se han considerado siempre órdenes y que la Ley reciente remite a la categoría de reglamentos. Es el caso, p. e., de una decisión tomada por la Junta Nacional de Relaciones del Trabajo, ordenando a un patrón reincorporar un obrero despedido y pagarle los salarios por el período en que estuvo separado del cargo; o bien, la situación, tan común, en que un agente de la Administración ordena a un particular que abone cierta suma a otro particular o declara que alguien se halla autorizado a ser pagado con fondos públicos por el crédito que reclama.

Literalmente se trataría de dos casos de reglamentación; pero esto no puede ser admitido en la práctica. ¿Cómo no asegurar al perjudicado por alguna de aquellas decisiones el derecho a ser oído previamente?[53].

La doctrina está conteste en el sentido de que también estos casos deben ser resueltos buscando una interpretación flexible de la Ley, la

---

[53] Según SCHWARTZ, "el derecho a ser oído *(audi alteram parte)* es el principio fundamental en que está basada la administración de .justicia en el mundo del *common law*". Este principio es aplicable, no sólo cuando actúan las cortes ordinarias, sino también en cualquier caso en que un tribunal o grupo de personas obra investida de autoridad para resolver asuntos que envuelven consecuencias civiles para los ciudadanos. Sin embargo —agrega el mismo autor— debido proceso no debe entenderse como equivalente a proceso judicial. Requerir conformidad con el procedimiento propio de las cortes, significaría coartar la libertad de la Administración. Pero, en principio, tratándose de una actividad similar a la que se desarrolla en las cortes, se ha entendido que los órganos administrativos deben procurar igual garantía de ser oído. Cuando la actividad ya no tiene esa similitud, se ha aceptado, en cambio, que aquel requisito es innecesario. Para SCHWARTZ, la línea divisoria se ha trazado sobre la distinción entre actividad reglamentaria y actividad adjudicatoria. SCHWARTZ, B., *Procedural Due Process in Federal Administrative Law,* en "New York Law Quarterly Review", julio de 1950, t. 25, p. 552 s. DAVIS ha criticado la mencionada distinción, pues según él no es posible establecerla de un modo tajante. DAVIS, K. C., *The Requirement of Opportunity to be Heard in Administrative Process,* en "Yale Law Journal", 19-12, t. 51, p. 1093 s. A esta crítica contesta SCHWARTZ, en el lugar arriba citado, sosteniendo que tiene el defecto de no suministrar ninguna filosofía relativa al efecto del concepto del debido proceso en su aplicación al procedimiento administrativo. La distinción entre actividades legislativas y judiciales, aunque no definitiva, como cualquier distinción, al menos representa una guía.

cual, inspirándose en el propósito de sus autores, permita considerar, a pesar del empleo de las palabras "de aplicación... particular", que "lo que es de otra manera adjudicación, no se vuelve reglamentación, simplemente porque se aplica a personas determinadas o a una situación particular"[54].

Yendo aún más allá, igualmente se ha llegado a decir que, ni aún reunidos los dos caracteres de generalidad y efecto futuro, es suficiente para que, sin más, se tenga a un determinado acto por reglamento, si hasta ese momento un uso firme lo ha considerado como una orden[55].

El empleo de un criterio práctico es todavía más necesario, si cabe, en aquellos casos en que se trata de procedimientos de naturaleza dual, donde se mezclan la reglamentación con la adjudicación. Se trata, p. e., del caso de un pedido para que no se aplique, o para que se modifique con respecto a alguien en particular, lo dispuesto por una norma de carácter general que previó esta clase de pedidos (dispensa autorizada). ¿Es reglamentación, porque se trata de alteración de reglamentos o de su aplicación? ¿O es adjudicación, porque cae dentro de la definición de licenciamiento que da la Ley, es decir, de "cualquier pase... aprobación... u otra forma de permiso dado por un órgano administrativo"? Aquí es, según se expresa, donde la solución a establecer tiene que tener en cuenta a quién se beneficia y a quién se perjudica con lo que se sostiene, y cómo y por qué, y no únicamente el significado en abstracto de los términos empleados en la Ley[56].

16. EJEMPLOS DE REGLAMENTACIÓN Y ADJUDICACIÓN QUE TRAE LA LEY. — A mero título ejemplificativo la Ley trae la enumeración de algunos actos que deben ser considerados reglamentos. Nos ocuparemos de ellos sumariamente, señalando a continuación algunos ejemplos de órdenes, o sea, actos sometidos al procedimiento de adjudicación[57].

---

54 SCHWARTZ, *Administrative Terminology...*, *Rev.*, *cit.*, p. 65-69.

55 Así se expresa DAVIS, insistiendo particularmente en la importancia que debe darse en la interpretación de la ley, a los efectos de distinguir "reglamentación" de "adjudicación", a las tradiciones, prácticas y criterios tenidos como válidos antes de la sanción de la misma. DAVIS, K. C., *Separation of Functions in Administrative Agencies,* en "Harvard Law Review", abril de 1948, t. 61, p. 625-630.

56 DAVIS, *Separation of Functions...*, *Rev. cit.*, *loc. cit.*

57 Para esto nos remitimos a GINNANE, R. W., *"Rule-Making", "Adjudication" and exemptions under the Administrative Procedure Act,* en "University on Pennsylvania Law Review", mayo de 1947, t. 95, p. 632-633.

A) Constituye reglamentación:

1° Toda disposición de un órgano administrativo, de aplicación general (es decir, establecida para todas las personas que pertenecen a una misma clase) y de efecto futuro, destinada a completar, interpretar o prescribir el derecho o la política a seguir (*law or policy*). Esto es un reglamento administrativo en el sentido más común y usual. Uno de los tantos ejemplos que podrían citarse son las reglamentaciones delegadas que dicta la Comisión de Valores y Cambios de acuerdo a la sección 14 de la Ley de Valores y Cambios.

2° La determinación para el futuro de tarifas, precios y salarios — máximos, mínimos y específicos— sea para una clase de personas o industrias, o para una persona en particular.

3° La aprobación o prescripción para el futuro de estructuras o reorganizaciones sociales o financieras, incluyendo tales actos conexos como fusiones, consolidaciones y emisiones de títulos. También, actos tales como aprobaciones o prescripción de "franquicias, recursos, servicios o concesiones..., o de valuaciones, costos, o contabilidad, o prácticas...". Algunos ejemplos ilustrativos de estas clases de reglamentos son los siguientes:

a) "Estructuras o reorganizaciones sociales o financieras" — la aprobación por la Comisión de Valores y Cambios de planes de simplificación, de acuerdo a la sección 11 de la Ley de Compañías *Holding* de Servicios Públicos;

b) "Fusiones o consolidaciones" — la aprobación por la Comisión Federal de Comercio de la consolidación de compañías de teléfonos, de acuerdo a la sección 221 de la Ley de Comunicaciones de 1934;

c) "Franquicias" — la orden emitida por la Comisión de Comercio Interestadual para que una empresa ferroviaria se provea de los seguros y medios adecuados, de acuerdo a la sección 1 (21) de la Ley de Comercio Interestadual;

d) "Valuaciones" — procedimientos a seguir de acuerdo a la sección 19 (a) de la Ley de Comercio Interestadual para determinar el valor de la propiedad de las empresas de transporte;

e) "Costos" — determinaciones por la Comisión Federal de la Energía del costo de los proyectos autorizados de instalaciones hidroeléctricas, de acuerdo a la Ley Federal de la Energía;

f) "Contabilidad" — la prescripción, dirigida a cierta clase de personas o a una persona única, de sistemas uniformes de contabilidad (los cuales pueden incluirse también en el grupo primero precedente), y la determinación de como un *item* particular o un grupo de *items* deben ser llevados en contabilidad.

B) Importan adjudicación:

1° Los procedimientos establecidos por la Comisión Federal de Comercio o la Junta Nacional de Relaciones del Trabajo, dirigidos a la emisión de órdenes de cesar y desistir, con motivo del empleo de métodos o prácticas desleales de trabajo.

2° Los procedimientos de licenciamiento, de acuerdo a la sección 2 (e) de la Ley. Estos incluyen la concesión, denegación, renovación, revocación, suspensión, etc., de —p. e.— licencias para estaciones de radiodifusión, permisos para expender alcohol, certificados de conveniencia y necesidad públicas, brevets, licencias para marinos, registros de valores, afiliación al Sistema de Reserva Federal y permiso a un extranjero para ingresar en los Estados Unidos.

3° La resolución de reclamaciones de dinero y de beneficios, tales como las reclamaciones de compensaciones formuladas de acuerdo a la Ley de Indemnizaciones para Estibadores y Trabajadores de los Puertos, y las reclamaciones fundadas en el título II (seguros para la vejez y la supervivencia) de la Ley de Seguridad Social.

4° Los procedimientos de reparación, en los cuales el órgano administrativo determina si un cargador marítimo, u otro consumidor, está autorizado para reclamar daños por tarifas abonadas con anterioridad y cuya irrazonabilidad sostiene.

5° La resolución de reclamaciones por beneficios, tales como ayudas y subsidios.

17. TIPOS DE REGLAMENTOS. — Por otro lado conviene consignar expresamente algo que ya se ha puesto en evidencia en el párrafo anterior, o sea, que en la definición de la Ley de Procedimiento Administrativo quedan comprendidos no sólo los reglamentos *sustantivos,* sino también los denominados *organizatorios, procesales y prácticos;* aunque, como se verá oportunamente, la Ley reserva algunas variantes en los procedimientos, según se trate de los primeros o de los que pertenecen a los tres grupos restantes[58].

Otro tanto puede decirse de los reglamentos *interpretativos.*

La diferencia entre éstos y los sustantivos o legislativos, debe buscarse en la jurisprudencia. Según ella, los últimos son el producto del poder de crear un nuevo derecho, tienen la fuerza y el efecto de derecho si son válidos; y son válidos si el órgano administrativo ha seguido al dictarlos el procedimiento propio y ha actuado dentro de los

[58] REICH, *ob; cit.,* p. 495. V. *post,* n° 37.

límites de su autoridad constitucional y legal; las cortes no sustituyen su juicio al contenido de los reglamentos legislativos. Teóricamente, los reglamentos interpretativos no incorporan un nuevo derecho, y sólo son válidos si la corte revisora concuerda con la interpretación contenida en ellos o encuentra que es admisible; por lo común las cortes sustituyen su juicio al contenido en los reglamentos interpretativos. Decimos que la no incorporación de un nuevo derecho es una nota teórica de los reglamentos interpretativos, pues, como lo demuestra DAVIS, en la práctica a menudo tal suposición resulta falsa, dado que la interpretación, tanto judicial como administrativa, frecuentemente envuelve una determinación creadora de derecho o de política[59].

II. — ACTIVIDAD FORMAL Y NO FORMAL

18. CASOS EN QUE DEBE APLICARSE EL PROCEDIMIENTO FORMAL. La segunda distinción fundamental que determina la estructura de la Ley de Procedimiento Administrativo, según dijimos, es la de procedimientos formales y no formales.

Por procedimientos formales se entiende aquellos que, para la adjudicación, fijan las secciones 5, 7 y 8 de la Ley; y para la reglamentación, las dos últimas secciones citadas. No formales son los procedimientos que se desarrollan al margen de dichas disposiciones.

El texto legal que comentamos se limita a regular uno y otro tipo de procedimiento, sin establecer en qué casos concretos corresponde la aplicación de cada uno de ellos. Para esto se remite a las leyes especiales, relativas a cada órgano administrativo en particular, expresando que la reglamentación y la adjudicación serán formales, únicamente cuando esas leyes especiales requieran que los reglamentos o las órdenes sean dictadas "en un expediente luego de dar oportunidad para una audiencia en un órgano administrativo"[60]. En caso contrario, los procedimientos a seguir serán los no formales.

El sistema adoptado por la Ley de 1946 puede parecer de sencilla ejecución. Sin embargo, la interpretación de la palabra *statute*, que hemos traducido por "ley" (y que significa, específicamente, ley en sentido formal), ha dado lugar a muchas dificultades.

A principios de 1948, sostenía DAVIS que donde la Ley dice *statute*, debe leerse ley y no derecho (*law*). Por lo demás, el proyecto primitivo

---

59 V. DAVIS, *Administrativa Rules...*, *Rev. cit.*, p. 928-934, especialmente las conclusiones que figuran en la p. 958.

60 En su original inglés las disposiciones respectivas rezan como sigue: Para la reglamentación — *Where rule are required by statute to be made on the record after opportunity for an agency hearing...* (sección 4 (b)); para la adjudicación — *In every case of adjudication required by statute to be determined on the record after opportunity for an agency hearing...* (sección 5, introducción).

de la Ley de Procedimiento Administrativo hablaba de *law* y esa palabra fue sustituida por la actual de *statute*. De acuerdo con este punto de vista, cuando la exigencia de que la reglamentación o la adjudicación "tenga lugar en un expediente luego de dar oportunidad para una audiencia en un órgano administrativo", deriva del principio del debido proceso, según lo establecido por la jurisprudencia, o resulta del *common law*, no es de aplicación el procedimiento formal, pues no hay "ley" que lo haya impuesto.

Sin embargo, siempre a juicio de Davis, no es necesaria a este respecto una disposición legal expresa. Para el caso sería igual que la exigencia a la que nos referimos se encontrase establecida en forma implícita, no resultando de los términos empleados en el texto legal, pero sí de una interpretación autorizada de los mismos. De este modo, aún ante el silencio de la ley, o ante una ley que requiere que tenga lugar una audiencia, pero sin referirse para nada al expediente en que debe dictarse el reglamento o determinarse la orden, es posible llegar a entender que en esos casos rigen las normas que contiene la Ley de Procedimiento Administrativo sobre procedimientos de carácter formal. Frente a situaciones semejantes, las cortes han establecido muchas veces que corresponde celebrar una audiencia, en atención a la naturaleza y significado del procedimiento, aunque la ley no la imponga (como en el caso de las órdenes emitidas por el Administrador General de Correos declarando la existencia de un fraude, a pesar de que la ley se limita a exigirle que proceda "sobre la base de prueba satisfactoria para él"), o bien que la decisión debe pronunciarse en el expediente, no obstante de que la ley solamente dispone que debe tener lugar una audiencia.

Pero el mismo Davis advierte que las interpretaciones judiciales a que él se refiere, son únicamente aquéllas que han sido efectuadas teniendo en vista lo dispuesto por la Ley de Procedimiento Administrativo, vale decir, apreciando cuáles serán los efectos de esas interpretaciones con relación al procedimiento a aplicar. Con esto excluye en masa todas las decisiones de este tipo adoptadas por las cortes antes de junio de 1946, y aún aquéllas posteriores a la fecha indicada, cuando se fundan tan sólo en los términos de la propia ley interpretada, en el *common law* o en el principio del debido proceso legal[61] (61).

En un fallo dictado ese mismo año se sostuvo una opinión contraria a la que acabamos de comentar. El juez Goldsborough, en Eisler v. Clark (77 F. Supp. 610; D. C. 1948), dijo que eran aplicables las disposiciones de la Ley de Procedimiento Administrativo en un caso de deportación, fundándose en que la jurisprudencia, invocando el principio del debido proceso, imponía la realización de una audiencia. Al año siguiente, en el caso Bersoff v. Donalson (174 F. 2d. 949; App. D. C. 1949), relativo

---

61 Davis, *Separation of Functions, Rev. cit.*, p. 630-636.

a la emisión de una orden de fraude postal (ejemplo ya previsto por DAVIS), la corte interviniente también se apartó del criterio expuesto por dicho autor, pero propiciando esta vez una interpretación restrictiva de la Ley de Procedimiento Administrativo. Dado que la Ley de Correos no establecía expresamente los requisitos previstos por la anterior, entendió que la emisión de una orden de la especie señalada no estaba sujeta a un procedimiento formal.

En julio de 1949, comentando SCHWARTZ estos fallos, elogió abiertamente el primero y criticó el segundo. Demostró así que estaba colocado en una posición contraria a la de DAVIS, expresando que, no obstante los antecedentes legislativos de las cláusulas en cuestión, donde está escrito *statute* debe leerse lato, y agregando que convendría que por medio de una reforma legislativa se retornara cuanto antes al empleo de la voz "derecho", que era, como sabemos, la primitiva y, según èste autor, la única correcta[62].

19. OPINIÓN DE LA SUPREMA CORTE FEDERAL. CASO WONG YANG SUNG v. MCGRATH (1950). — Un año después, al interpretar por primera vez la Ley de Procedimiento Administrativo, la Suprema Corte Federal le vino a dar la razón a SCHWARTZ. En el caso Wong Yang Sung v. McGrath (339 U. S. 33, 1950), dijo el alto tribunal, haciendo suyo un voto del juez JACKSON, que las recordadas expresiones de la Ley de 1946 "...exceptúan las audiencias establecidas por una autoridad inferior a la de la ley, pero no aquéllas determinadas por una autoridad superior". El primero es el caso en que la audiencia está fijada por un reglamento, una regla, la costumbre o deriva de una dispensa especial. El segundo, aquél en que las cortes han entendido que el debido proceso impone la realización de una audiencia. Concordantemente, el voto de JACKSON agrega: "Apenas podemos atribuir al Congreso el propósito de ser menos escrupuloso acerca de la justicia de una audiencia impuesta por la Constitución, que de una garantizada por él mismo, como una cuestión de conveniencia'*. En consecuencia, si tal audiencia es impuesta por el debido proceso, es decir por el derecho *(law)*, aunque no sea requerida por la ley especial que rige al órgano administrativo, el procedimiento a emplear por éste en tales casos es el de tipo formal, regido por las secciones 5, 7 y 8 de la Ley de Procedimiento Administrativo[63].

Agreguemos que JACKSON, fundando su punto de vista, dijo también lo siguiente: "La Ley representa en realidad un largo período de estudio y discusión; establece disposiciones largamente aplicadas y duramente combatidas, e impone una fórmula sobre la cual fuerzas

---

62 SCHWARTZ, *Administrative Procedure.Rev. cit.*, p. 531-539.

63 Conf. SCHWARTZ, *Procedural Due Process..., Rev. cit.*, p. 574-575.

sociales y políticas opuestas han llegado a un acuerdo. Contiene muchos compromisos y generalidades y, sin duda, algunas ambigüedades. La experiencia puede revelar defectos. Pero constituiría un flaco servicio a nuestra forma de gobierno y al proceso administrativo mismo, si las cortes fracasaran, en la medida en que los términos de la Ley lo permiten, en dar efecto a sus propósitos de remedio, cuando los males que ha tenido en vista aparecen".

El antecedente del reemplazo de *law* por *statute* se dejó de lado en este fallo, diciéndose únicamente, con relación a dicho punto, que "la historia legislativa (de la Ley) es más contradictoria de lo que es ambiguo su texto".

20. Significado de este fallo. La ley de 1950 sobre exclusión y expulsión de extranjeros. — La importancia de la decisión pronunciada por la Suprema Corte ha sido destacada en diversos artículos de revistas jurídicas publicados con posterioridad al mismo.

En uno de ellos se formula un comentario favorable, diciendo que una interpretación literal de la Ley de Procedimiento Administrativo habría excluido de la separación de funciones, establecida en la sección 5 (c) de la Ley, los casos de deportación (tal era el resuelto) y de fraude postal, ambos de suma gravedad y donde hubiera sido enormemente inconveniente mantener la acumulación en un agente administrativo del doble carácter de acusador y de juez[64].

Allí mismo se agrega que la interpretación de la Corte Suprema parece también incluir dentro de la Ley de Procedimiento Administrativo, aquellos casos en que la ley habilitante requiere una audiencia, pero no específicamente que ésta sea registrada en el expediente donde se dictará la decisión[65].

Otro comentarista del fallo de la Corte destaca su importancia, no sólo por lo que resuelve, sino porque indica cómo interpretará ese tribunal la Ley de Procedimiento Administrativo, según lo muestran claramente las afirmaciones de Jackson. "Aquéllos que temían que la Ley fuera de poco valor práctico para limitar las tendencias adquisitivas de los órganos administrativos federales —dice este autor— deben cobrar aliento con esta decisión"[66].

---

64 *Applicability of Section* 5 (c) *of the Administrative Procedure Act to Deportation Hearings: Wong Yang Sung v. McGrath* (U. S., 1950), en "New York University Law Review", julio 1950, t. 25, p. 640.

65 *Ibidem*, p. 641.

66 Freeman, F. W, *Federal Administrative Procedure Act, The Supreme Court Gives the Act its First Interpretation*, en "Michigan Law Review", junio de 1950, t. 48, p. 1130.

Sin embargo, el Congreso se encargó, inmediatamente después de dictada la sentencia que nos ocupa, de anular sus efectos en lo que atañe a los procedimientos en materia de inmigración.

Así, en el capítulo 3° de una Ley Suplementaria de Gastos (Public Law 843, 81st. Congress, 2nd. Sess., 1950), se estableció que "los procedimientos correspondientes a las leyes relativas a la exclusión o a la expulsión de extranjeros, se cumplirán de ahora en adelante sin aplicar lo dispuesto en las secciones 5, 7 y 8 de la Ley de Procedimiento Administrativo".

Esto no significa, como anota NATHANSON, que el fallo dictado en el caso Wong Yang Sung haya perdido toda validez, pues, tal como se habrá podido apreciar al leer su comentario, su significado trasciende el caso particular por él resuelto[67].

21. PROCEDIMIENTOS NO FORMALES DE REGLAMENTACIÓN Y PROCEDIMIENTOS FORMALES I)E ADJUDICACIÓN. REGLAMENTACIÓN FORMAL Y ADJUDICACIÓN NO FORMAL. — Dijimos que la Ley de Procedimiento Administrativo regula los procedimientos formales y no formales, tanto para la reglamentación como para la adjudicación. Esta afirmación requiere algunos esclarecimientos, que vienen a continuación.

En principio, en cuanto a la reglamentación se refiere, la ley regula el procedimiento no formal en la sección 4, y remite a las secciones 7 y 8, concebidas teniendo en mira la adjudicación para los casos, relativamente raros, en que una ley especial exige que la tramitación previa a la emanación de un reglamento, se registre en un expediente, luego de dar oportunidad para que se celebre una audiencia ante el órgano administrativo correspondiente.

Lo contrario ocurre en materia de adjudicación, pues la Ley de Procedimiento Administrativo dedica, como se verá, varias secciones íntegras a reglar el procedimiento formal (especialmente las secciones 5, 7 y 8), descuidando en cambio las adjudicaciones no formales.

SELLERS explica esta inversión del sistema de la ley en los casos de reglamentación y adjudicación, expresando que por no haber encontrado establecido un procedimiento para la reglamentación no formal, la Ley tuvo que inventarlo, y de allí que dedicara una sección entera a ello. En cambio, las adjudicaciones no formales se hallaban establecidas desde largo tiempo atrás (aunque quizás en forma compleja, fragmentaria e incierta) por la jurisprudencia, sobre la base de leyes dictadas para casos particulares; la Ley de 1946 estimó conveniente seguir las normas ya vigentes en esta materia, agregando algunas disposiciones

---

67 NATHANSON, *Central Issues...*, *Rev. cit.*, p. 350-351 y 351, nota 12.

complementarias, y pasó directamente a ocuparse del procedimiento formal de adjudicación, que es, con mucho, su aspecto más importante[68].

22. Disposiciones relativas a los casos de avenimiento. — Aun cuando quede para más adelante ocuparnos de ambos tipos de reglamentación y de adjudicación, es oportuno, por razones de método, tratar brevemente aquí de las que Sellers denomina "disposiciones relativas a casos de avenimiento", disposiciones que pertenecen a la categoría de los procedimientos no formales.

Según el citado autor, la Ley se ocupa de la posibilidad de avenimiento, en materia de adjudicación, en la sección 5 (b), norma relativa a los casos de adjudicación formal, pero aplicable, por analogía, a los de adjudicación no formal. A su vez la sección 6 (a), se destaca como importante, examinada en relación con la disposición precedente, porque: 1° agrega un derecho a ser asesorado, 2° amplía los supuestos de aplicación de la norma anterior ("en cualquier procedimiento —interlocutorio, sumario u otro— o en relación con cualquier función del órgano administrativo"), 3° requiere que los órganos administrativos procedan a dictar tales disposiciones no formales con celeridad, y 4° impone que se preste "debida atención a las conveniencias o necesidades de las partes o de sus representantes".

No hay en cambio en la Ley, en materia de reglamentación, disposiciones sobre procedimiento no formal previo a la celebración de la audiencia. Sin embargo, según Sellers, puede considerarse que, en la medida que tal tipo de procedimiento es posible, el mismo está previsto en la sección 6 (a)[69].

III. – RÉGIMEN DE EXCEPCIONES ESTABLECIDO POR LA LEY

23. Característica fundamental. Tipos de excepciones. — Repetimos que es muy importante tener presente, a los efectos de la interpretación de la Ley de Procedimiento Administrativo, el sistema de excepciones establecido en la misma[70].

---

[68] Sellers, A., *Informal Dispositions under the Administrative Procedure Act,* en "American Bar Association Journal", octubre de 1946, t. 32, p. 648. Análogamente dice Schwartz: "Hablando en términos generales, el procedimiento prescripto con respecto a la reglamentación es de carácter no formal, aunque se dispone para casos comparativamente raros una reglamentación formal, cuyo procedimiento es modelado sobre aquel que se sigue en los casos de adjudicación. Los requisitos impuestos cuando se trata de las adjudicaciones administrativas, son de naturaleza más formal, modelados más o menos sobre las reglas procesales del proceso judicial". Schwartz, *Administrative Procedure..., Rev. cit.,* p. 514.

[69] Sellers, *Informal Dispositions..., Rev. cit.,* p. 646-647.

[70] Sobre este punto véase sellers, A., *Exceptions as to the Administrative Procedure Act,* en "American Bar Association Journal", noviembre de 1946, t. 32, p. 749 s.; Ginnane, *Rev. cit.,*

Lo primero que cabe destacar a este respecto, es el hecho de que ninguna de estas excepciones tiene aplicación fuera del campo de la Ley, o sea, que no se aplican a otras leyes o con relación a otras disposiciones legales. La Ley de 1946 se dictó, en efecto, para agregar requisitos, o complementar exigencias establecidas en cualquier otra parte, pero no para disminuir "los derechos constitucionales de cualquier persona o limitar o eliminar requisitos adicionales impuestos por ley o de otra manera reconocidos legalmente" (sección 12).

Las excepciones a que nos referimos son de tres categorías: se refieren a la Ley en su conjunto, a cada una de sus secciones en particular o a disposiciones determinadas de la misma. Las examinaremos muy rápidamente aquí. De algunas de ellas —las de mayor importancia— volveremos a ocuparnos más adelante.

A) Excepciones relativas a la Ley en su conjunto:

Están contenidas en la sección 2 (a), párrafos primero y tercero.

La primera excepción (Congreso, cortes, etc.) es obvia; no tratándose de órganos administrativos, no se les aplica el procedimiento administrativo.

La segunda comprende los órganos representativos (porque su organización no se presta a la aplicación de los procedimientos establecidos en la Ley) y los órganos vinculados al esfuerzo de guerra o a las funciones de defensa (por su carácter temporario). Esta excepción, a diferencia de la anterior, no tiene carácter general, pues los órganos nombrados están exceptuados de la aplicación de la Ley, pero con la salvedad de lo que la misma dispone sobre información pública en la sección 3.

B) Excepciones a las secciones:

Son cinco. Una es de escasa importancia y constituye el encabezamiento de la sección 6. Se entiende que con ella se quiso evitar que el derecho de comparencia, de que habla esa sección, afectara las disposiciones sobre separación de funciones de la sección 5 (c). Las restantes, se encuentran en la introducción de las secciones 3, 4, 5 y 10, relativas, respectivamente, a información pública, reglamentación, adjudicación y revisión judicial.

C) Excepciones a las disposiciones:

Son por lo menos veinticinco y pueden agruparse así:

1° Publicación de reglamentos. - Los reglamentos dirigidos o destinados a personas determinadas están exentos de las publicaciones exigidas por las secciones 3 (a) y 4 (a). Las opiniones

p. 634 s. (sobre excepciones a los requisitos de la reglamentación y de la adjudicación) y p. 639 s. (sobre excepciones a la sección 5 (c)).

y órdenes confidenciales no están sujetas a inspección pública (sección 3 (b)); e igual ocurre con la información del mismo carácter contenida en los expedientes oficiales (sección 3 (c)).

2° Reglamentación. - Las excepciones establecidas en la sección 4 (a), hacen que las normas sobre notificación y reglamentación, contenidas en las secciones 4 (a) y (b), se apliquen sólo a los reglamentos sustantivos; salvo, a su vez, que "el órgano administrativo encuentre por motivos fundados que la notificación y el procedimiento público consiguientes son impracticables, innecesarios o contrarios al interés público". Las disposiciones de la sección 4 (b), se refieren sólo a la reglamentación no formal. Las exigencias de la sección 4 (c), sobre publicación de los reglamentos antes de entrar en vigor, no rigen en el caso en que por razones fundadas así lo disponga el órgano administrativo; tampoco rigen, tratándose de un reglamento que concede exenciones o las reconoce, exonera de la aplicación de reglamentos anteriores, o de disposiciones sobre la política a seguir, pero siempre que este reglamento sea de carácter restrictivo o interpretativo.

3° Adjudicaciones formales. - La sección 5 (b) se aplica sólo "cuando el momento, la naturaleza del procedimiento y el interés público lo permitan". Por la sección 5 (c), los funcionarios que actúan en las audiencias deben redactar o recomendar las decisiones, salvo que no los haya en el órgano administrativo; no deben comprometerse en discusiones, salvo en la extensión requerida para resolver asuntos *ex parte,* según está autorizado legalmente. Esta misma subsección no se aplica en absoluto en ciertos procedimientos de licenciamiento; tampoco con respecto a determinados servicios, ni al órgano administrativo considerado en su conjunto, ni a los miembros del directorio del mismo.

4° Procedimientos suplementarios. Las disposiciones de la sección 6 (a) sobre liquidación y arreglo de asuntos, sólo rigen en la medida que lo permita la ordenada conducción de los negocios públicos, y la obligación de los órganos administrativos de proceder con celeridad, está limitada en los casos en que debe prestarse atención a las conveniencias y necesidades de las partes o de sus representantes. El derecho a obtener copias de las actas de los testimonios producidos, está limitado en los casos de procedimientos de investigación que no tienen carácter público (sección 6 (b)). También la sección 6 (d) ofrece otro ejemplo de excepción de este tipo, en cuanto a la obligación de fundar las denegatorias.

5° Audiencias y decisiones. - La sección 7 (a) contiene una excepción para los casos en que otras leyes prevean clases específicas de procedimientos, con celebración de audiencias ante funcionarios distintos a aquellos a los que se refiere esta sección. Las disposiciones sobre la carga de la prueba de la sección 7 (c) no se aplican cuando leyes especiales dispongan expresamente un sistema diferente a este respecto. La sección 8 (a), en materia de decisiones, elimina, en ciertos tipos de casos, el requisito del informe intermedio de que allí se trata.

6° Otras excepciones. - La sección 9 (b) exceptúa del régimen de revocación de licencias, las obtenidas dolosamente; la sección 10 (c) prevé que otra ley puede exigir que la reconsideración ante el órgano administrativo sea previa a la revisión judicial; la sección 12 reconoce que "ningún requisito procesal será obligatorio para los procedimientos iniciados antes de la fecha en que tal requisito entró en vigor", etc.

Capítulo VI

TERMINOLOGÍA EMPLEADA

I. — SU IMPORTANCIA

24. Necesidad de unificar la terminología. — Hemos expresado con anterioridad que una de las razones del relativo atraso del derecho público respecto del derecho privado, es su técnica deficiente[71]. En el caso particular del derecho administrativo, esta afirmación de orden genérico no es menos cierta. Los Estados Unidos no constituyen una excepción en la materia.

Refiriéndose a este asunto, McFarland ha dicho lo siguiente: "Si Vd. fuera un brillante estudiante de derecho que caminara por la galería de su Facultad de Derecho y viera un grupo de libros titulados "Decisiones del Tesoro", pasaría de largo ante ellos si estuviera buscando reglamentaciones del Tesoro, pues la palabra "decisiones" significa usualmente disposiciones relativas a casos particulares. Pero en el Departamento del Tesoro llaman "decisión" a un reglamento de carácter general. Similarmente, si Vd. lee la Ley de Procedimiento Administrativo y encuentra que la misma llama "orden" a una decisión de naturaleza judicial proveniente de un órgano administrativo, y toma un documento administrativo y ve en su encabezamiento la palabra "orden", no se sorprenda si encuentra que es una reglamentación de carácter general, pues nueve de diez veces lo será. Y, si Vd. ve algo denominado "directiva", no se sorprenda si es una cosa o la otra"[72].

En este sentido, la Ley de Procedimiento Administrativo, que ha dedicado íntegramente una de sus secciones a establecer la definición de los términos empleados, ha puesto claridad en esta confusa materia, por criticables que puedan ser tales definiciones, y, por lo menos, en cuanto se refiere a facilitar la interpretación de dicho texto legal.

---

[71] V. nuestro trabajo *Ensayo de interpretación de la doctrina de la separación de los poderes*, ed. Seminario de Ciencias Jurídicas y Sociales, Universidad Nacional de Buenos Aires, Buenos Aires, 1944, p. 45 y nota 17.

[72] McFarland, C, *Analysis of the Federal Administrative Procedure Act, en* "The Federal Administrative Procedure Act"..., *cit.*, p. 19-20.

Decimos esto último, pues, como observa CARROW, dado que la ley citada sólo "ha intentado establecer definiciones de los términos básicos, pero no ha impuesto su empleo a los órganos administrativos federales, su uso contradictorio ha continuado". En prueba de ello agrega más adelante este mismo autor: "Así, aunque la ley provee que la fijación de tarifas y salarios es reglamentación, la División de Salarios y Jornadas y la Comisión de Comercio Interestadual designaron y continúan designando tales actos como "órdenes". El Departamento del Tesoro usa el término "decisión" para denominar las enmiendas de sus reglamentos"[73].

II. — EXAMEN DE LAS DEFINICIONES LEGALES

25. ORGANO ADMINISTRATIVO. — La primera expresión definida por la Ley es la de "órgano administrativo" (sección 2 (a)). Dicha expresión comprende "toda autoridad (forme o no parte y esté o no sujeta a revisión por otro órgano administrativo) del Gobierno de los Estados Unidos, con exclusión del Congreso, las cortes, o los gobiernos de las posesiones, Territorios, o del Distrito de Columbia".

Al leer la definición precedente, se nota de inmediato el propósito de abarcar en la misma toda la rama ejecutiva del Gobierno Federal, reaccionando contra las limitaciones contenidas en algunos de los proyectos que precedieron esta Ley (como el WALTER - LOGAN BILL), así como en ciertas leyes locales relativas a procedimientos administrativos. Según SCHWARTZ, debe retenerse además, como una de las características más importantes de la Ley de Procedimiento Administrativo, el criterio funcional que ha seguido en materia de excepciones, no admitiendo ninguna limitación de carácter orgánico al ámbito de su aplicación. La política que ha presidido firmemente su redacción, ha sido la de tener en cuenta "los tipos de funciones como tales y en ningún caso los órganos administrativos por sus nombres"[74]. Cuando la Ley llama órganos administrativos a las *autoridades*, se ha referido a las personas individualmente consideradas, o grupos de personas, investidas del poder de actuar en aquellas materias que constituyen el objeto de las subsiguientes secciones de la misma; es decir las que poseen "el poder de disponer, tanto por reglamento como por decisión, en materia de derechos y obligaciones privadas". Ha evitado así definirlos en atención a la forma que pueden adoptar (departamentos, comisiones, juntas, oficinas, etc.), pues de este modo se corría el riesgo de considerar órganos a simples entidades encargadas de funciones meramente

---

[73] CARROW, M. M., *TheBackground of Administrative Law*, ed. Associated Lawyers Publishing Co, Newark (N. J.), 1948, p. 27 y 31.

[74] SCHWARTZ, *Administrative Terminology, Rev. cit.*, p. 60 y 63.

administrativas y de excluir otras que realmente poseían facultades legislativas y judiciales. Por otra parte, a los efectos de la definición legal, tampoco interesa que las determinaciones provenientes de esas autoridades estén o no sujetas a revisión por otros órganos administrativos o que la autoridad que ejerce en determinado caso las facultades de referencia, forme parte de otro órgano de la misma naturaleza. Cada *unidad gubernamental* que posea aquellos poderes, es un "órgano administrativo" en el sentido de la Ley. Así, por ejemplo, la Administración de Seguridad Social, que tiene a su cargo el otorgamiento a los desocupados de los subsidios instituidos por la Ley de Seguridad Social, es un órgano administrativo, a pesar de que forma parte de la Comisión de Seguridad Federal y de que sus decisiones son revisibles por ésta, pues actúa con independencia en el ejercicio de las funciones que tiene asignadas por ley.

Ha sido materia de discusión si las *cortes,* a las que la Ley se refiere en el texto de la definición, son únicamente las cortes constitucionales (Suprema Corte Federal, cortes de circuito y cortes de distrito), o si también están comprendidas las cortes legislativas (Corte de Reclamaciones, Corte de Aduanas, Corte de Apelaciones en materia de Aduanas y Patentes, etc.)[75]. Esto interesa, tanto porque, según sea la solución que se dé, las cortes legislativas tendrán o no que seguir los procedimientos previstos en la Ley, como por el hecho de que, según se interprete, serán o no aplicables las reglas previstas en la sección 5 sobre adjudicación, a aquéllos órganos administrativos cuyas decisiones se encuentran sujetas a una revisión *de novo* ante una corte de este tipo (V. sección 5 (1)). Las mayores vacilaciones se han producido con relación al caso de la Corte Fiscal. Pero, según SCHWARTZ, a quien seguimos en este punto, no cabe duda de que las cortes legislativas se considerarán finalmente comprendidas en la mención legal que comentamos[76].

Las excepciones enunciadas en el párrafo final de la sección 2 (a) comprueban la exactitud de la afirmación hecha anteriormente, acerca del criterio funcional (por oposición a orgánico), seguido por la Ley en la determinación de su ámbito de aplicación. La primera se refiere, en general, a todos los órganos arbitrales o de conciliación, como lo es, p. e., la Junta de Ajustes Ferroviarios[77]. Respecto de la tercera, la jurisprudencia ya ha tenido oportunidad de expresar que debe interpretarse restrictivamente. Ha dicho, en efecto, que los actos de las autoridades militares de Hawai no estaban exentos de la aplicación de la Ley, pues no se trataba de un "campo de batalla" ni de un "territorio ocupado", a pesar de que dichas autoridades procedieron

---

75 Ver *ante,* nota 24.

76 SCHWARTZ, *Rev. cit.,* p. 61-63.

77 GINNANE, *Rev. cit.,* p. 621.

en realidad como si se tratara de uno cualquiera de esos casos[78]. La cuarta excepción comprende, p. e., todo el régimen de contralor de precios y prioridades. Las "presentes hostilidades" a las que allí se hace referencia, son naturalmente aquellas vinculadas a la guerra en que se vieron comprometidos los Estados Unidos, a partir de los sucesos de Pearl Harbor de diciembre de 1941.

Después de la sanción de la Ley de Procedimiento Administrativo, se han añadido a las leyes citadas en la parte final de la sección 2 (a), las siguientes: Ley de Viviendas de Emergencia para Veteranos, de 1946; Ley de Extensión del Contralor sobre el Azúcar, de 1947; Ley de Viviendas y Renta, de 1947. Ciertas leyes han establecido también la aplicación parcial de la ley en 1946 a las funciones atribuidas por ellas a diversos órganos. Tal es el caso de la Segunda Ley de Terminación del Contralor de 1947, la Ley del Caucho de 1948, la Ley de Selección para el Servicio de 1948 y la Ley de Contralor de las Exportaciones de 1949.

26. PERSONA Y PARTE. — La definición de persona que da la Ley, es la más general que podría concebirse. La de parte ya no lo es tanto, con la salvedad de que, por oposición a la anterior, incluye a los órganos administrativos.

Intencionalmente no se ha tratado de establecer en la sección 2 (b) una definición más precisa de estos términos, fijando, por ejemplo, el grado de interés necesario para que alguien pueda ser tenido por persona o por parte con relación a un procedimiento seguido ante un órgano administrativo. Los autores del texto que comentamos consideraron que adoptar un criterio opuesto, era a la vez fútil y peligroso. Fútil, si con la definición no se fuera más allá de atribuir tal carácter a quienes han sido "agraviados" o "adversamente afectados" o a aquellos que tienen una determinada "posición legal". Peligroso, en el caso que la definición se quisiera lograr más concreta, salvo que la misma se basara en la consideración detallada de situaciones específicas, dadas en casos determinados[79].

En cuanto al párrafo final de esta disposición, conviene agregar que debe entenderse que los órganos administrativos no admitirán a ninguna persona como parte en los procedimientos, "con efectos limitados", cuando tal decisión pueda perjudicar los derechos de quienes son verdaderamente partes, a todos los efectos legales.

27. REGLAMENTO Y REGLAMENTACIÓN; ORDEN Y ADJUDICACIÓN. Las subsecciones (c) y (d) contienen las definiciones de reglamento y

---

[78] SCHWARTZ, *Rev. cit.*, p. 63-64.

[79] SCHWAETZ, *Rev. cit.*, p. 64-65

reglamentación, de orden y adjudicación, de las que ya hemos tratado extensamente[80]. Resulta, pues, innecesario, volver a ocuparse de ellas en este lugar.

28. Licencia y licenciamiento. — Las licencias y el procedimiento vinculado a su otorgamiento, suspensión, revocación, etc., tienen enorme importancia, pues el licenciamiento es la llave con la que se regulan las industrias sometidas a un determinado estatuto legal.

Es natural, en consecuencia, que la fijación del procedimiento que deberá seguirse en esta materia constituye un problema de orden fundamental. La Ley de Procedimiento Administrativo —como vimos— lo ha resuelto expresamente, asimilando licenciamiento a adjudicación. Así ha quedado también en claro lo referente a la revisión judicial de estos actos. El criterio de la Ley ha sido justo al imponer a los mismos el procedimiento que corresponde en los casos en que los órganos administrativos desarrollan actividades judiciales, puesto que por todas las medidas que importan licenciamiento se afectan los derechos y las obligaciones de los particulares, de manera semejante a lo que ocurre con las sentencias de las cortes de justicia.

La sección 2 (e), en cambio, ha dejado pendiente de solución qué debe entenderse por "licencias iniciales". A ellas se refiere la Ley en las secciones 5 (c), 7 (c) y 8 (a). Como para las mismas no tienen efecto integral las disposiciones sobre el procedimiento de adjudicación, reviste por esto especial interés saber cuándo una licencia es o no "inicial". La Comisión Federal de Comunicaciones tiene ya establecido, p. e., que un pedido para la modificación de una licencia, equivale a un pedido de una nueva licencia. Volveremos sobre este punto al tratar, más adelante, de la separación de funciones instituida por la sección 5 (c)[81].

Tampoco ha definido la Ley qué debe entenderse por revocación de una licencia, lo que también ha permitido sostener a la misma Comisión antes citada, que no es tal la no renovación de una licencia, y que por ello no son aplicables en dicho caso los requisitos de índole procesal previstos en la sección 9 (b)[82].

29. Sanción y beneficio. — Las definiciones de la sección 2 (f), son claras y poco habrá que agregar a las mismas. Sólo cabe destacar que su importancia reside en que, a partir de la Ley de 1946, todos los actos de un órgano administrativo, que impliquen sanción o beneficio,

---

80 Ver *ante*, nos. 15 a 17.

81 Ver *post*, n 51.

82 Schwartz, *Rev. cit.*, p. 71-74.

quedan sujetos a revisión judicial. Así resulta de la concordancia de las secciones 2 (f), 2 (g) y 10 (c).

Hasta entonces las cortes habían resuelto contradictoriamente los casos en que se planteaba la revisión de actos de beneficio o gratuitos, provenientes de órganos administrativos, afirmando muchas veces que en ellos —a diferencia de los casos en que se discuten intereses fundados en ley— la intervención judicial no cabe sino por expresa disposición legal[83].

30. PROCEDIMIENTO Y ACTO DE UN ÓRGANO ADMINISTRATIVO. La trascendencia de la sección 2 (g), donde se dan las definiciones de "procedimiento" y "acto de un órgano administrativo", radica también en que prepara el camino para una amplia revisión judicial de los actos de los órganos administrativos. Vinculándola a la sección 10, que es la única que emplea la expresión "acto de un órgano administrativo", se llega a la conclusión de que todo reglamento, orden, licencia, sanción o beneficio, están sujetos a revisión judicial; por otra parte, ya hemos visto lo extensas que son, a su vez, las definiciones legales de cada uno de esos vocablos.

Sin embargo, nada autoriza a suponer que *toda* la actividad administrativa está sujeta a revisión judicial. Por amplios que sean los términos de la Ley, sólo son susceptibles de revisión aquellos actos que la misma prevé como revisibles. Ya la jurisprudencia ha aclarado este punto, pues la Corte de Apelaciones del Distrito de Columbia, en el caso Hearst v. Comisión Federal de Comunicaciones (1948), ha sostenido que no existe fundamento legal para revisar un acto de la citada Comisión por el cual ésta mandó publicar un informe, conocido como "Libro Azul", en el que se hacía una crítica mordaz de la estación de radio WBAL[84]. Toda esta es una materia de la que trataremos detenidamente más adelante[85].

---

83 SCHWARTZ, *Rev. cit.*, p. 74-75.

84 SCHWARTZ, *Rev. cit.*, p. 75-77.

85 Ver *post*, capítulo XI y n° 85.

CAPÍTULO VII

INFORMACIÓN PÚBLICA

31. SITUACIÓN EXISTENTE ANTES DE 1946. — En el informe final de la Comisión del Procurador General para el Procedimiento Administrativo, datado, como sabemos, en 1941, se hace constar la ausencia de una adecuada información pública acerca de los órganos administrativos del gobierno federal. Pocos, entre ellos, habían dado a conocer, de algún modo, su forma de actuar, y las escasas publicaciones existentes eran atrasadas o tenían un carácter muy general. El público no se hallaba en condiciones de satisfacer su curiosidad a este respecto e ignoraba como proceder ante un órgano administrativo. La situación imperante ponía en ventaja a un corto número de abogados especializados y colocaba a la profesión legal, tomada en su conjunto, en inferioridad de condiciones. Todo ello contribuyó a provocar, según expresó la Comisión del Procurador General, "un sentimiento de frustración".

Antes de la sanción de la Ley de Procedimiento Administrativo, la única norma legal, de orden general, relativa a publicaciones, era la establecida por la Ley del Registro Federal del año 1935 (49 Stat. 501, 44 USCA §305), donde se disponía que los órganos administrativos debían ocuparse de que aparecieran en el Registro Federal sus reglamentaciones, reglas y órdenes de aplicación general y efecto legal. Nada los obligaba, sin embargo, a publicar todo o parte de lo referente a su organización y a los procedimientos seguidos ante ellos[86].

32. LAS EXIGENCIAS ESTABLECIDAS POR LA LEY DE PROCEDIMIENTO ADMINISTRATIVO. — Este vacío de la legislación fue cumplidamente llenado por la sección 3 de la Ley de 1946.

La subsección (a) de la misma, donde se indica el material a publicar, tiene gran latitud. Desde su sanción, bajo la forma de reglamentos y ordenadamente (estableciendo las debidas separaciones), los órganos administrativos deberán difundir por medio del Registro Federal cuál es su organización y sus procedimientos, e incluso "los reglamentos

---

86

sustantivos adoptados en ejercicio de una autorización legal y las disposiciones sobre la política general a seguir o las interpretaciones formuladas y adoptadas..." todo ello con el objeto de "servir de guía al público".

Igualmente ha quedado establecida en la subsección (b), la obligación que tienen los mismos órganos, de hacer conocer "las opiniones u órdenes finales emitidas en la adjudicación de los casos y todos los reglamentos". La subsección (c), hace accesible al público los expedientes oficiales.

(86) Ciertas leyes especiales imponían a veces obligaciones más rígidas. Tal es el caso de la Ley de Cambios y Valores de 1934. En la sección 32 (2) de la misma se estableció que ninguna persona estaría sujeta a prisión por violación de los reglamentos emanados de la Comisión de Valores y Cambios, siempre que probara que no había tenido conocimiento de ellos. Correlativamente, la Comisión citada quedó obligada a dar gran publicidad a sus decisiones, y cumplió con esta última norma en la siguiente forma: semanalmente imprimía miles de copias de cada una de sus resoluciones y las remitía sin cargo alguno a todas les personas, compañías y firmas legales que lo solicitaran. Si adoptaba, p. e., una reglamentación nueva sobre comercio de valores, la publicaba en el Registro Federal y además enviaba 6.900 copias a corredores y comerciantes de todo el país, 2.400 a personas de la lista N° 4 (que comprendía a todos aquellos que habían pedido que les remitieran las disposiciones sobre esta materia), 1.200 a los interesados en cualquier disposición de la Comisión de Valores y Cambios (también a su pedido incluidos en otra lista) y 600 a la prensa. Schwaktz, *Delegated Legislación..., Rev. cit.*, p. 461-462.

Las excepciones generales contenidas en la cláusula introductiva de la sección que nos ocupa, así como las que figuran en las tres subsecciones que la integran, deben ser de interpretación restrictiva.

La primera que aparece en la cláusula introductoria, comprende, p. e., las actividades confidenciales de carácter investigatorio o acusatorio que se desarrollan en el Servicio Secreto o la Oficina Federal de Investigaciones, pero no otras funciones u operaciones que no tienen dicha naturaleza, asignadas a esos u otros órganos administrativos. "Interés público" significa allí "necesidad manifiesta de lograr la cumplida ejecución de funciones autorizadas".

La segunda excepción se refiere a lo que se denomina comúnmente "administración interna"; p. e., lo relativo a la política que se ha de seguir en materia de promoción del personal, la distribución de útiles de oficina, o bien el presupuesto del órgano administrativo. Pero esta excepción no puede ser utilizada para eximir de la publicación de ninguna reglamentación interna que pueda afectar de algún modo los intereses del público. Sin embargo, como no existe el propósito de enredar el Registro Federal con muchos detalles, sobre los que el público en general no tiene interés, la misma Ley, en la subsección (a), dispone que los reglamentos "dirigidos y destinados de acuerdo a la Ley a personas determinadas", no necesitan ser publicados. En estos casos la notificación debe ser efectuada personalmente al interesado.

33. Medios para asegurar su efectividad. — Para asegurar el cumplimiento de las anteriores disposiciones, la Ley provee que "nadie, de ninguna manera, estará obligado a someterse a ninguna organización o procedimiento que no haya sido publicado según las normas precedentes".

Así, si un órgano administrativo no ha hecho las publicaciones ordenadas, un administrado podrá recurrir directamente ante las cortes contra cualquier decisión suya, sin antes hacer uso de ningún recurso administrativo; y al primero no le estará permitido argüir que no hubo agotamiento previo de la vía administrativa y que, por ende, el recurso judicial ha sido mal interpuesto.

Este sistema, a juicio de un autor, sería deficiente. No implica, en efecto, sino una sanción a posteriori para los órganos administrativos que no cumplen las disposiciones sobre información publica, siendo mucho más interesante tratar de asegurar la ejecución directa de la Ley. Según él, esto puede obtenerse únicamente por obra de los colegios de abogados, los cuales: 1° deberían efectuar un estudio continuo y sistemático de las publicaciones a que venimos haciendo referencia; 2° una crítica periódica de todo este material; y 3° colaborar con los órganos administrativos o actuar en forma independiente para lograr los fines propuestos por la sección 3[87].

34 Extensión en que la ley ha sido cumplida. — El mismo autor nos relata cuál ha sido la aplicación práctica de la disposición que comentamos, inmediatamente después de su entrada en vigor.

Expresa que el Registro Federal, cuya edición usual consta de 30 a 60 páginas, apareció el 11 de setiembre de 1946 dividido en dos partes, conteniendo la segunda 966 páginas de reglamentos sobre organización y procedimientos de diversos órganos administrativos. Del examen de dicho número del Registro Federal resulta que algunos órganos han cumplido debidamente con lo establecido en la ley; p. e., la Comisión de Comercio Interestadual y la Comisión Federal de Comercio. Otros más allá de lo exigido; p. e., la Comisión de Valores y Cambios, que incluyó, en la parte reservada a ella, hasta sus opiniones interpretativas.

---

87 (87) Sellers, A., *Administrative Procedure Act: Extent of Agency Compliance with Section 3, en* "American Bar Association Journal", enero de 1947, t 33, p. 9.

Por último, algunos estuvieron por debajo del nivel legal. Así, p. e, el Departamento de Estado, que en lugar de publicar ordenadamente los procedimientos que se siguen ante el mismo, se remitió simplemente a anteriores publicaciones sobre su organización (reglas sustantivas), diciendo que allí están indicados los procedimientos a seguir. Lo mismo, o algo parecido, hizo la Junta de Recaudación Interna[88].

El problema de la información pública, aunque no completamente resuelto en 1946, está en vías de ser eliminado progresivamente[89].

---

88 Sellers, *Administrative Procedure Act..., Rev. cit*, p. 8-9.

89 V. Newman, F. C, *Government and Ignorance: A Progress Report on Publication of Federal Regulations*, en "Harvard Law Review", abril de 1950, t. 63, p. 929-956

Capítulo VIII

REGLAMENTACIÓN

35. Disposiciones de carácter ceneral. Reglamentación formal y no formal. Normas aplicables. — La sección 4 de la Ley de Procedimiento Administrativo se ocupa de la reglamentación administrativa. Las excepciones a la aplicación de esta sección, contenidas en la introducción a la misma, y las normas de las subsecciones (a), (c) y (d), son de aplicación general. En cambio, las de la subsección (b), relativas específicamente al procedimiento de reglamentación, se refieren a la reglamentación no formal. Tratándose de reglamentación formal, en esta misma subsección se encuentra la remisión a las disposiciones de las secciones 7 y 8 de la Ley, cuyo estudio se realizará más adelante.

36. Excepciones a la aplicación de la sección pertinente de la ley. — De acuerdo a la cláusula introductoria, las normas sobre reglamentación contenidas en la sección 4, no se aplican a los procedimientos en que intervienen los Ministerios de Guerra, Marina y Relaciones Exteriores. Tampoco a los órganos administrativos que acuerdan créditos, como la Corporación de la Reconstrucción Financiera o la Administración del Crédito Agrario; ni con motivo de los reglamentos que dicta el Ministerio del Interior en materia de parques o sobre bienes del dominio público o que tiene en fideicomiso o respecto de los cuales actúa como guardián de las concesiones efectuadas a los indios. También se encuentran exceptuados los reglamentos sobre contratos públicos, tales como los promulgados por el Ministerio de Trabajo en ejecución de la Ley Davis-Bacon (1935) o de la Ley Walsh-Healy (1942)[90].

37. Publicación be los proyectos de reglamentación. — La garantía de la "publicidad previa", establecida en términos generales por la subsección (a), es del más alto valor, sobre todo cuando conduce a la consulta de aquellas personas cuyos intereses se contemplan en el reglamento a dictar.

---

90 Reich, *Rule-Making..., cit*, p. 498-499.

La ley norteamericana ha seguido en esta materia las disposiciones de la sección 1 de la ya recordada ley inglesa sobre Publicación de Reglamentaciones, de 1893 (56 & 57 Vict., c. 66), pero haciéndola más flexible. En lugar de exigir expresamente la publicación íntegra de cada proyecto de reglamento y la distribución de copias al público, la Ley que nos ocupa se limita a determinar que el proyecto respectivo se publicará en el Registro Federal y que tal publicación puede reducirse a una síntesis del mismo o a una descripción de los asuntos o cuestiones que involucra.

Es interesante hacer notar, que al mismo tiempo que entraba en vigor en los Estados Unidos la Ley de Procedimiento Administrativo, en Inglaterra era derogada la Ley de 1893 por la Ley de Instrumentos Legales de 1946 (9 & 10 Geo. VI, c. 36), haciéndose desaparecer éstas que CARR denominó "garantías prenatales" de los reglamentos delegados.

La parte final de la subsección mencionada al comienzo del presente párrafo, indica que ella rige únicamente para los reglamentos sustantivos, quedando excluidos los interpretativos, aquéllos que contienen directivas de orden político, los organizatorios y los de orden procesal o sobre prácticas administrativas.

La exclusión también comprende a los reglamentos cuya publicación el órgano administrativo considere que no debe ser anunciada, a fin de no trabar indebidamente la acción administrativa. Es el caso típico de las reglamentaciones sobre compañías *Holding* de servicios públicos, que emite la Comisión de Valores y Cambios. Si éstas se dieran a conocer antes de entrar en vigor, permitirían toda clase de transacciones tendientes a desvirtuar su contenido y se volverían prácticamente inocuas. Todo su éxito reside en el secreto que se guarde acerca de ellas hasta el momento de su sanción[91]. Otras veces la exclusión de la publicidad previa puede obedecer a un motivo de urgencia. Ya ha sido reconocido, en este sentido, que seria contrario al interés público diferir el establecimiento de reglamentaciones adicionales sobre seguridad aérea, cuando la Junta Aeronáutica Civil encuentra que es urgente su aplicación[92].

38. PROCEDIMIENTO DE REGLAMENTACIÓN NO FORMAL. — Las primeras palabras de la subsección (b), indican que en materia de procedimiento para la emanación de reglamentos rigen las mismas excepciones que se mencionan en la subsección anterior.

---

91 SCHWARTZ, *Administrative Procedure...*, *Rev. cit*, p. 515-517.

92 REICH, *ob. cit.*, p. 500.

Tal como lo adelantamos oportunamente, se refiere únicamente a los casos de reglamentación no formal y remite a las normas sobre adjudicación, cuando se trata de reglamentación formal.

En el primer caso la Ley no impone una carga muy pesada sobre los órganos administrativos. En realidad, puede observarse que la única obligación que tienen éstos —efectuada la publicación del proyecto de reglamento o de una síntesis del mismo en el Registro Federal— es la de ofrecer una "oportunidad" a las personas interesadas, para que den a conocer su opinión, dependiendo discrecionalmente de los órganos administrativos fijar el procedimiento por el cual se podrá hacer llegar a su conocimiento la mencionada opinión. No están obligados sino a considerar aquella que estimen "pertinente". Tampoco tienen que dictar el reglamento en un expediente, donde conste, aunque sea no formalmente, las sugerencias de los particulares, debiendo limitarse sólo a "considerarlas", lo que no añade mucho a lo anterior.

Prueba de lo que se expresa precedentemente es el caso Lansden v Hart (168 F. 2d. 409; 7th. Cir. 1948), en el que se discutió la validez de una "proclamación" presidencial prohibiendo la caza del ganso salvaje en cierta zona del Estado de Illinois, de acuerdo a la Ley sobre el Tratado de Aves Migratorias. La publicación del proyecto se hizo en el Registro Federal el 19 de setiembre de 1947, la proclamación fue firmada por el Ministro del Interior el 25 y por el Presidente el 27. Apareció en el Registro Federal el 1° de octubre. Había sido señalada una audiencia pública para el día 30 en Chicago. La proclamación, en verdad, no tuvo en cuenta sino un informe oficial del Servicio Federal de la Vida Salvaje. Atacada la reglamentación como violatoria de la Ley de Procedimiento Administrativo, el fallo que citamos sostuvo que era regular[93].

Sin embargo, cada vez se generaliza más la práctica, y se lleva a cabo con mayor efectividad, de realizar audiencias públicas, aunque no sujetas a procedimiento formal alguno. Estas se desarrollan como las que tienen lugar ante las comisiones de las cámaras legislativas. Expresamos anteriormente que carecen de relación con los procedimientos de tipo judicial, lo que es lógico —repetimos— porque el propósito perseguido con ellas no es, en efecto, el de juzgar un caso, sino ilustrar al órgano administrativo y proteger los intereses privados contra la actividad no informada o imprudente de parte de aquéllos. También dijimos en la señalada ocasión que algunas veces dichas audiencias tomaban el carácter de una justa entre adversarios, acercándose en gran medida a un sistema de procedimiento marcadamente judicial[94]. Son los casos en que se sigue el procedimiento de reglamentación formal, al que nos referiremos en el párrafo siguiente.

---

93 SCHWARTZ, *Rev. Cit.*, p. 517-518.

94 Ver *ante*, n° 9.

39. PROCEDIMIENTO DE REGLAMENTACIÓN FORMAL. — Sabemos ya que es sólo cuando alguna ley requiere "que los reglamentos sean dictados sobre la base de un expediente, luego de la celebración de una audiencia en un órgano administrativo", que los procedimientos formales de las secciones 7 y 8 deben ser seguidos. Las palabras "en el expediente", que aparecen en la frase transcripta, son muy significativas, dice SCHWARTZ. Y explica: "Fueron insertadas para que el proceso reglamentario no estuviera sujeto a los requisitos formales de las secciones 7 y 8 en cada caso en que fuese requerida una audiencia por la ley habilitante pertinente. Así, no es suficiente que la ley particular prevea que el órgano administrativo debe dictar los reglamentos sólo "después de una audiencia" o "después de una audiencia plenaria". Para que las secciones 7 y 8 se apliquen, el requisito del expediente debe estar presente, sino en términos expresos, al menos implícitamente[95].

Como consecuencia de estas exigencias, que atienden al hecho de que el procedimiento de tipo judicial no se adapta muy fácilmente a la tarea de producir reglamentos, resulta, según se vió, que por norma general la reglamentación es no formal, y sólo excepcionalmente formal.

Las leyes especiales, en efecto, contienen la mayor parte de las veces sólo expresiones vagas sobre el procedimiento de reglamentación; como la Ley de Inmigración de 1917, según la cual el Comisionado para la Inmigración y Naturalización debe seguir "el procedimiento que juzgue mejor para llevar a cabo los fines previstos por la Ley"; o la Ley Federal de Semillas de 1939, cuya sección 402 (c) autoriza al Ministro de Agricultura a promulgar reglamentos después de que tenga lugar "una audiencia pública". Claro está que en estos casos deberán aplicarse las normas de la Ley de Procedimiento Administrativo sobre reglamentación no formal.

Las Leyes de Alimentos, Drogas y Cosméticos, de 1938, y sobre Prácticas Leales de Trabajo, del mismo año, que hemos tenido oportunidad de recordar, así como la Ley sobre Convenios en el Mercado Agrícola, de 1937, son las únicas que es posible citar como ejemplo de aquéllas que imponen la celebración de una audiencia y el registro de todo el proceso de reglamentación en un expediente administrativo, vale decir, de las que provocan la adopción de una reglamentación formal. Es mas fácil encontrar ejemplos de este tipo de leyes entre las que se ocupan de reglamentaciones con fines particulares; p. e., de la fijación de tarifas para determinadas empresas, entidades o personal, tal como ocurre con la Ley de Gas Natural de 1938, la Ley de Comercio Interestadual y la Ley de Despachantes y Consignatarios de Ganado, que atribuyen a la Comisión Federal de la Energía, a la Comisión de Comercio Interestadual y al Ministro de Agricultura, respectivamente,

---

95 SCHWARTZ, *Rev. cit.*, p. 520-521. Conf. REICH, *ob. cit.*, p. 501.

la facultad de establecer las tarifas a que deberán ajustarse quienes intervengan en los diversos tipos de actividades de que tratan esas leyes.

No debe creerse, no obstante lo expuesto, que en estos casos, casi de excepción, en que la reglamentación debe ser formal, el procedimiento respectivo se ha de ajustar estrictamente al que fija la Ley de Procedimiento Administrativo para los casos de adjudicación.

REICH ha señalado debidamente que esta misma Ley no ha podido desconocer el carácter cuasi-legislativo de la reglamentación frente a la adjudicación, y que por ello ha previsto, al tratar de esta última, ciertas variantes, que deben jugar cuando las normas sobre adjudicación se aplican a procedimientos de reglamentación.

Dichas variantes están contenidas en las secciones 7 (c), 8 (a) y 5 (c). La primera permite que, tratándose de la recepción de pruebas y "cuando el interés de alguna parte no sea perjudicado por ello", el órgano administrativo adopte "procedimientos para la producción de la totalidad o parte de la prueba en forma escrita". La segunda autoriza a prescindir en materia de reglamentación de las decisiones iniciales o recomendadas, provenientes de los funcionarios que presidieron las respectivas audiencias, estableciendo que aquéllas pueden ser dictadas directamente por el órgano administrativo. La tercera, en cuanto excluye en los casos de reglamentación formal la aplicación de las normas sobre separación de funciones, asegura la posibilidad de que el instructor de audiencias consulte con cualquiera de los miembros del órgano administrativo sobre los hechos vinculados al caso en cuestión[96].

40. DISPOSICIONES RELATIVAS A LA VIGENCIA DE LOS REGLAMENTOS. Según la sección 3 (c), cualquiera sea el tipo de procedimiento seguido, ningún reglamento entrará en vigor sino después de treinta días de su publicación o notificación personal, "excepto que otra cosa sea establecida por el órgano administrativo sobre la base de razones fundadas que serán publicadas junto con el reglamento"[97].

El propósito de esta disposición es darle suficiente tiempo a las personas afectadas por una reglamentación, para conformarse a ella y evitar las consecuencias legales de su violación. Adviértase que el plazo de treinta días fijado por la Ley no debe ser tomado como un máximo; en muchos casos, principios de buena administración o de conveniencia para las personas sujetas a una determinada reglamentación, pueden hacer razonable dilatar la aplicación de ésta durante un plazo mayor.

---

96 REICH, *ob. cit* p. 506-509.

97 Acerca de este último punto, recuérdese lo manifestado precedentemente sobre las excepciones a la publicación de reglamentos en los casos de la Comisión de Valores y Cambios y de la Junta de Aeronáutica Civil. Ver *ante*, n° 37.

La subsección que comentamos debe interpretarse en estrecha conexión con las disposiciones de la sección 3, que tienden a asegurar, como vimos, una amplia difusión de la reglamentación administrativa; para que no ocurra, según dice CARR, como en los tiempos de Calígula, en los que éste ordenaba escribir en pequeños caracteres las normas que promulgaba y colgar las tablas de la ley en altos pilares, "el medio más efectivo para engañar al pueblo"[98].

41. EL DERECHO DE PETICIÓN DE LOS PARTICULARES EN MATERIA REGLAMENTARIA. — La última subsección relativa a reglamentación, consagra expresamente el derecho de los particulares a peticionar la aprobación, enmienda o derogación de un reglamento, lo que no importa, sin duda, obligación alguna para la Administración de poner en movimiento el procedimiento reglamentario. Pero cualquier denegatoria de su parte, deberá ser notificada al interesado prontamente y "será acompañada de una sencilla explicación de sus fundamentos procesales o de otro orden", pues así lo dispone la sección 6 (d).

98 CARR, C. T, *Committee on Ministers Powers, Minutes of Evidente*, 1932, p. 208.

Capitulo IX

ADJUDICACIÓN

42 Procedimientos de adjudicación formal y no formal. De entrada, la sección 5 establece que sus disposiciones se aplicarán a los casos de adjudicación formal, o sea, como ya se dijo, cuando "una ley exige que la adjudicación sea efectuada en un expediente, luego de dar oportunidad para una audiencia en un órgano administrativo". Asimismo los procedimientos fijados en las secciones 7 y 8, se refieren exclusivamente también a los casos de adjudicación formal.

Pero no obstante que una ley especial, relativa a un órgano administrativo, imponga los requisitos de la audiencia y del expediente, no se aplica el procedimiento de adjudicación formal que prevé la Ley de Procedimiento Administrativo, en los seis casos que enumera la cláusula introductoria de la sección 5 de la misma.

La primera y la quinta excepción allí contempladas, se refieren a los casos en que la decisión administrativa es revisible *de novo o in toto*, tanto sobre los aspectos de hecho como de derecho, ante alguna corte. Como en ellos esa decisión resulta puramente provisoria y el administrado conserva en toda su amplitud la garantía del juzgamiento por un órgano independiente, se ha considerado que no era necesario agregar a la misma la que representa un procedimiento administrativo de adjudicación de tipo formal.

La segunda excepción, relativa a las decisiones que afectan a funcionarios y empleados, responde al propósito de conservar a la Administración la discrecionalidad de que siempre ha gozado en esa materia. La tercera tiene en cuenta que las normas sobre adjudicación formal no se prestan para ser aplicadas en "los procedimientos en los cuales las decisiones se fundan solamente sobre inspecciones, pruebas o elecciones". La cuarta, referente a las actividades de los Ministerios de Guerra, Marina y Relaciones Exteriores, tiene una explicación obvia, igual que la que corresponde a la cláusula del mismo tenor de la sección 4. La sexta y última excluye del procedimiento formal a las certificaciones de representantes de empleados, tales como las que están a cargo de la Junta del Trabajo, de acuerdo a la sección 9 (c), de la Ley Nacional de Relaciones del Trabajo; y ello a causa de que las decisiones respectivas se apoyan en gran medida en los resultados de una elección o en la validez de una elección.

43. ADJUDICACIÓN NO FORMAL. SU IMPORTANCIA. — Frente a las tres secciones íntegramente dedicadas a la adjudicación formal, no pueden señalarse sino cláusulas aisladas de la Ley, relativas a los casos de adjudicación no formal.

Según SELLERS, la sección 6 (a), en cuanto reconoce un derecho de comparencia y de asesoramiento, de presentarse o de buscar un arreglo para cualquier reclamación o "controversia", de obtener una rápida decisión de la misma y de que en tales procedimientos se consulten "las conveniencias y necesidades de las partes o de sus representantes", es directamente aplicable a las adjudicaciones no formales. De la sección 6 (d), para casos de denegatoria, puede afirmarse lo mismo, así como que añade otros derechos a favor del administrado, además de los descriptos en la disposición anteriormente citada.

La sección 9 (a) es también importante con relación al tema que nos ocupa. De ella se ha dicho que abraza "simultáneamente las exigencias sustantivas y procesales de la Ley". La sección 9 (b) reconoce e instituye procedimientos suplementarios en los casos de licenciamiento tanto formal como no formal.

Por último, la sección 10 (c), aplicable asimismo a los procedimientos formales y no formales, resulta fundamental para los casos de adjudicaciones no formales, pues, según ella, los hechos pertinentes pueden ser sometidos a prueba en revisión judicial en caso de controversia[99].

La circunstancia de que la Ley de Procedimiento Administrativo se haya ocupado tan poco de las adjudicaciones no formales, no debe, sin embargo, hacernos suponer que éstas carezcan de importancia y que todo el interés deba atribuirse a las adjudicaciones formales.

La Comisión del Procurador General no exageró cuando dijo: "Aún cuando los procedimientos formales sean plenamente asequibles, los procedimientos no formales constituyen la inmensa mayoría de la adjudicación administrativa y son verdaderamente la sangre vital del proceso administrativo" (Repon, p. 35).

Debe tenerse además en cuenta que procedimiento no formal no equivale a ausencia de procedimiento. La Comisión de Comercio Interestadual, la Oficina de Recaudación Interna, la Junta Nacional de Ajustes Ferroviarios, etc., conducen procedimientos sin dar oportunidad a las partes para intervenir en una audiencia, pero cumpliendo una serie

---

[99] SELLERS, *Informal Dispositions...*, *Rev. cit.*, p. 642-647.

de requisitos que les permiten a aquéllas defender sus puntos de vista y sus derechos. Falta de formalidades no es, en efecto, lo mismo que falta de garantías.

Davis destaca debidamente este último aspecto de los procedimientos no formales, agregando que es necesario prestar suma atención a la adjudicación no formal, no sólo con el propósito de reducir al mínimo la acción arbitraria, acrecentando el desenvolvimiento de adecuadas garantías procesales, sino también a fin de evitar las formalidades que sean claramente inapropiadas[100]. Con tal motivo transcribe una cita, que si bien se refiere a los casos de reglamentación no formal, es perfectamente aplicable a las adjudicaciones que aquí nos ocupan. Dice así: "No aceptamos muy fácilmente que las audiencias constituyen una significativa protección contra el absolutismo burocrático. Para un administrador perezoso, una audiencia que precede a una reglamentación puede ser una oportunidad divina para evitarse trabajar y pensar. Sólo necesita escuchar con un semblante de impasibilidad judicial y luego olvidar todo lo que ha oído. Es más bien la conferencia, con su intercambio de ideas y de información, con sus posibilidades de exploración detallada de los menores puntos y de los rincones escondidos, lo que anima la mente a la acción. Además, hay situaciones donde es demostrable que las audiencias no producen nada o muy poco de valor"[101].

44. El procedimiento de adjudicación formal. Materias que comprende. — Pero cualquiera sea la importancia —por lo demás innegable— que tenga en la práctica el procedimiento de adjudicación no formal, lo cierto es que al efectuar el estudio de la Ley de Procedimiento Administrativo, el mayor caudal de atención debe necesariamente dirigirse hacia el examen de las adjudicaciones formales.

Limitándonos propiamente a este tipo de procedimiento de adjudicación, nos ocuparemos en este capitulo, en la misma forma que lo hace Sellers, tan sólo de lo que este autor llama "etapa previa a la adjudicación formal" (parte de la sección 5), de la "etapa de la audiencia"

---

[100] Davis, K. C.. *Administrative Powers of Supervising, Prosecuting, advising, Declaring and Informally Adjudicating, en* "Harvard Law Review", diciembre de 1949, t. 63, p. 236-240.

[101] Feller. A. H., *Administrative Comes to Age.* en "Columbia Law Review", 1941, t. 41. p. 589 y 596, citado por Davis, *Administrative Powers of Supervising…, Rev. cit.*, p. *238-239.* Casi está demás añadir, a modo de aclaración, y para evitar una equivocada interpretación del párrafo reproducido, que procedimiento no formal tampoco significa necesariamente procedimiento en el que no se producen audiencias, pues para que haya procedimiento formal la ley respectiva debe imponer no sólo la realización de una audiencia, sino también los recaudos relativos al expediente. Ver *ante*, n° 42.

(sección 7) y de la "etapa de la decisión" (sección 8)[102] Las disposiciones de la sección 10, relativas a la revisión judicial, que es prolongación del procedimiento administrativo, pero no específicamente procedimiento administrativo, merecen capitulo aparte, tanto por la razón expuesta como por su extraordinaria importancia. En cambio, de la sección 11, dedicada a los instructores de audiencias, trataremos al ocuparnos de la etapa de la audiencia, conjuntamente con el comentario de la sección 7.

I — ETAPA PREVIA A LA ADJUDICACIÓN FORMAL

45. CITACIÓN PARA LA AUDIENCIA Y TRÁMITES PREVIOS DE AVENIMIENTO. — Bajo este título cabe incluir las disposiciones contenidas en la sección 5 (a) y (b).

En la primera subsección se establecen todos los recaudos necesarios para asegurar a las personas que deberán participar en las audiencias una amplia notificación sobre todas las cuestiones de hecho y de derecho a considerarse en las mismas, acordándose un plazo prudencial para que aquéllas se preparen debidamente. Esto atañe principalmente a los casos en que la Administración es la parte actora. Cuando asume el papel de demandada, el segundo párrafo de la subsección (a), pone a cargo del particular la obligación de dar cuenta a la primera de las cuestiones de hecho y de derecho que se van a controvertir.

La subsección (b), de la que ya nos hemos ocupado[103], tiene gran importancia, en cuanto prevé un avenimiento previo al desarrollo del procedimiento. La excepción de la parte final del párrafo (1) no quiere decir que el órgano administrativo pueda a discreción imponer el procedimiento formal e impedir la conciliación. Está bien claro que ello sólo podrá ocurrir cuando sea imposible llegar a un arreglo por falta inevitable de tiempo, porque el número de partes que interviene en el procedimiento vuelve extremadamente difícil conducirlas a un acuerdo (excepción relativa a la naturaleza del procedimiento), o bien, porque la función administrativa requiere una inmediata ejecución a fin de satisfacer exigencias imperativas del interés público, pero siempre que esta imperatividad sea demostrable.

En la medida en que las partes no logren llegar a un arreglo, las cuestiones pendientes quedarán sometidas a los procedimientos de adjudicación formal de que tratan las secciones 7 y 8 de la Ley. Así lo dispone la subsección (b), apartado (2).

---

102 SELLERS, A., *Adjudication by Federal Agencies under the Administrative Procedure Act* en "The Federal Administrative Procedure Act...", *cit.*, p. 524 s. especialmente p. 530.

103 Ver *ante*, n° 22.

II — Etapa de la audiencia

46 Quiénes presiden las audiencias. — La audiencia será presidida por el órgano administrativo, por uno o más miembros de su directorio, o por uno o más instructores nombrados de acuerdo a lo previsto por la sección 11 de la Ley (sección 7 (a)). Normalmente son los instructores los que han de presidir las audiencias, pues a este objeto procede su designación.

Sin embargo, también puede darse el caso, sin que el procedimiento de adjudicación deje por ello de considerarse formal, que la audiencia sea presidida por otros funcionarios, a los que leyes especiales acuerdan tal atribución. Los antecedentes legislativos y la doctrina ya han establecido que la cláusula de la Ley de Procedimiento Administrativo que habilita esta posibilidad, no puede representar en la práctica una sencilla escapatoria para evitar la aplicación del sistema de instructores, con todas las garantías de que, según veremos, está rodeado. Su finalidad es únicamente la de no excluir a ciertos tipos de funcionarios que presiden audiencias, previstos por leyes en las que se exige una determinada calificación para llenar tal función y se asegura a las partes un procedimiento justo e imparcial.

En ese caso están las Juntas de Investigación Especial, creadas por la Ley de Inmigración de 1917, para determinar si las personas detenidas por los Inspectores de Inmigración pueden o no desembarcar en territorio norteamericano. Así lo declaró la Suprema Corte en el caso ex. re!. Johnson v. Watkins (170 F. 2d. 1009 (2d. Cir. 1948); cert. granted, 336 U. S. 924, 1949). Esta decisión es justa, por cuanto la Ley de Inmigración determina que las citadas Juntas estarán compuestas de tres miembros, funcionarios del servicio de inmigraciones, designados por el Comisionado de Inmigraciones y Naturalizaciones o por el Inspector Interino. Sólo tratándose de puertos aislados, el Procurador General puede resolver que se designen funcionarios del gobierno u otras personas, para ocupar el lugar de aquellas Juntas.

No puede decirse otro tanto del Inspector de Inmigración, que entiende en los procedimientos de deportación. De allí que sea criticable el fallo del juez Holtzoft, dado en una de las primeras etapas del caso Wong Yang Sung v. McGrath (80 F. Supp. 235 (D C 1948) aff'd mem. 174 F. 2d. 158; app. (D. C. 1949), declarando que éste era otro de los casos do excepción previstos por la Ley de Procedimiento Administrativo. La situación es aquí mus- distinta de la anterior porque, según vimos, en los procedimientos de deportación no está prevista por ley la celebración de una audiencia; es la jurisprudencia la que ha establecido este requisito, por aplicación de la regla del debido proceso legal. A consecuencia de ello el Servicio de Inmigraciones y Naturalizaciones proveyó que tales audiencias tendrían lugar ante los Inspectores de Inmigración, que son funcionarios dependientes de dicho servicio. Ni el procedimiento, ni el funcionario son, pues, creaciones de la ley[104] (104).

47. LOS INSTRUCTORES DE AUDIENCIAS. — Volviendo a los instructores de audiencias, decíamos que estos funcionarios son quienes, por regla general, deben presidir la recepción de las pruebas durante la audiencia que se celebra ante el órgano administrativo.

La ley ha querido rodear su designación, remuneración y remoción, de toda clase de garantías, consolidar por medio de ellas su situación independiente frente al órgano administrativo en el que actúan, separarlos de los agentes que ejercen funciones acusatorias, asegurar su comportamiento imparcial y, finalmente, dotarlos de todos los poderes necesarios para que puedan cumplir con eficacia su alto ministerio. Este no consiste tan sólo en presidir audiencias, como pareciera por lo dicho hasta este momento, sino —como veremos más adelante— en dictar la decisión inicial (o la decisión recomendada, según corresponda) del caso sometido a juicio ante la Administración. Esta última atribución, sobre todo en cuanto es ejercida por la misma persona que recibe la prueba, tiene una importancia fundamental dentro del proceso total de adjudicación[105].

La sección II de la Ley está íntegramente dedicada a los instructores. Se contempla allí lo relativo a su nombramiento, remoción y sueldo, disponiéndose que los nombramientos deberán recaer en personas calificadas y competentes, y que se harán de acuerdo con las leyes del servicio civil, en la extensión en que las mismas sean concordantes con la Ley de Procedimiento Administrativo. Las remociones sólo pueden tener lugar por causa fundada, determinada por la Comisión del Servicio Civil, después de darle oportunidad al respectivo instructor para ser oído y de la formación del correspondiente expediente; lo que significa que en las remociones deberá aplicarse el procedimiento de adjudicación formal y que las decisiones que se dicten estarán sujetas a revisión judicial. En cuanto al sueldo, su fijación se hace depender exclusivamente de lo que disponga la citada Comisión, independientemente de las recomendaciones o apreciaciones del órgano administrativo al que pertenece cada instructor. La misma sección agrega que la fijación del sueldo se hará conforme a la Ley de Clasificaciones de 1923 y sus enmiendas; excepto aquellas disposiciones de la misma que exigen, para cualquier aumento, justificar un mínimo de eficiencia, que deberá ser apreciado y certificado por los jefes del departamento, así como aquéllas que se refieren a los métodos para

---

104 SCHWACTZ, *Administrative Procedure...*, *Rev. cit.*, p. 529-531.

105 Ver post, nº 58.

apreciar esa eficiencia (párrafos (2) y (3) de la subsección (b) y sección 9 de la Ley citada, con sus enmiendas).

A los efectos señalados, la Ley autoriza a la Comisión del Servicio Civil "para hacer investigaciones, requerir informes a los órganos administrativos, publicar informes, incluyendo un informe anual al Congreso, promulgar reglamentos, nombrar las comisiones consultivas que juzgue necesarias, recomendar legislación, citar testigos, o exigir la presentación de documentos, y pagar compensación a los testigos de acuerdo a lo establecido por las cortes de los Estados Unidos".

A continuación, en la sección 12, se estableció que "el requisito de la selección de instructores, de acuerdo a la sección 11, no se hará efectivo hasta un año después de esa aprobación..." (es decir, la de la Ley de Procedimiento Administrativo). Esto equivalía a disponer que la sección 11 entraría en vigor el 11 de junio de 1947.

48 La designación de los primeros instructores de audiencias — Es interesante comprobar cómo se llevaron a cabo en la práctica las previsiones de la ley relativas a los instructores de audiencias.

Un autor que se ha ocupado del tema, refiriéndose al proceso de la designación de los primeros instructores, dice que con motivo del mismo tuvo lugar "una de las más enconadas luchas entre bastidores que haya visto Washington en los años recientes"[106]. Otro, que denominó a su trabajo "El fracaso del instructor de audiencias creado por la Ley de Procedimiento Administrativo", emplea los siguientes títulos para describir el desarrollo del aludido proceso: "I. — Preludio del desastre; II. — Las fuerzas de la destrucción; III. — La debacle..."[107] (107).

Lo ocurrido, según el testimonio de los citados autores, fué lo siguiente:

La Comisión del Servicio Civil consideró, quizás con buen criterio, que la primera tarea a cumplir, antes que toda otra, era la de determinar cuáles serían los cargos que de acuerdo a la Ley de Procedimiento Administrativo debían ser ocupados por instructores; luego entendió que correspondía reglamentar en conjunto toda la materia.

Para satisfacer ambos propósitos designó una Comisión Consultiva presidida por McFarland. La misma ejecutó debidamente su mandato, pero obrando con tal lentitud que, infortunadamente, cuando llegó la fecha en que entró en vigor la sección 11, todavía no se había resuelto la situación de 197 funcionarios que ya desempeñaban las funciones de

---

106 Thomas, M. *The Selection of Federal Hearing Examiners: Pressure Groups and the Administrative Process,* en "Yale Law Journal", febrero de 1950, t. 59, p. 431.

107 Fuchs. R. F., *The Hearing Examiner Fiasco under the Administrative Procedure Act,* en "Harvard Law Review", marzo de 1950, t. 63, p. 737 s.

instructores desde antes de la sanción de la Ley de 1946. Esto creó un clima de malestar, que los acontecimientos posteriores se encargaron de agravar. Para salvar momentáneamente el inconveniente derivado de la situación apuntada, se autorizó a los órganos administrativos a confirmar "provisoriamente" a los funcionarios que ocupaban cargos de instructores

El 27 de junio de 1947 la Comisión del Servicio Civil dio a conocer el proyecto de reglamento preparado por su Comisión Consultiva. El 9 de julio siguiente tuvo lugar la audiencia prevista por el procedimiento de reglamentación y el 23 de setiembre se dictó la aprobación pertinente El reglamento trataba del "Nombramiento, compensación y remoción de los instructores de audiencias" (12 Fed. Reg. 6321, 1947; 5 Cod. Fed. Reg. § 34, 1 et seq., págs. 85/190, ed. 1949) y, de acuerdo a la primera parte de su articulado, las personas al frente de un cargo de instructor obtenido por concurso o de cargos de igual naturaleza exceptuados del concurso, conferidos antes del 11 de julio de 1946, podrían ser confirmadas definitivamente en ellos, pero siempre que se les encontrara calificados para continuar en el desempeño de los mismos y fueran declarados aptos para un empleo federal. Simultáneamente podrían optar a esos cargos, presentándose también a concurso, todas las personas que se creyeran en condiciones para ello. En los dos casos, la decisión sobre los resultados del concurso correspondería a una Junta nombrada por la Comisión del Servicio Civil y compuesta de un miembro del cuerpo directivo de dicha Comisión y "al menos de dos personas ajenas al Gobierno, que tengan una sobresaliente reputación en el campo del derecho administrativo".

A juicio de los autores que seguimos en este párrafo, la citada reglamentación no puede calificarse de errónea. Si la Junta creada por la misma hubiese sido bien seleccionada y se hubiere reconocido a sus miembros una relativa libertad en el desempeño de sus funciones, se podría haber logrado con ella una buena realización del "sistema del mérito" (*merit-system*) con respecto a los instructores. Sin embargo, los sucesos no se produjeron en la forma indicada.

Por un lado, "lo que dio ya la sensación del desastre", según FUCHS, fue el anuncio, efectuado el 23 de enero de 1949, de quiénes integrarían la Junta Examinadora. La presidiría MCFARLAND y se completaría con un miembro de la Comisión del Servicio Civil, dos jueces pertenecientes a otras tantas supremas cortes locales y dos «bogados del foro, ambos cx-presidentes de la Asociación del Foro Americano Ninguno de los cuatro últimos era experto tú se había destacado en el terreno del derecho administrativo.

Pero el aspecto más lamentable que ofrecían estas designaciones. era que aparecían como efectuadas bajo la influencia de la grave presión hecha por la nombrada sociedad de abogados, la cual, por medio de su revista, venía apoyando la campaña iniciada por el senador Watt respecto a las condiciones que debían llenar los futuros instructores, y presentando a McFarland como hechura de la Asociación.

Para tener una idea del carácter de esta campaña, es preciso leer la serie de artículos publicados en la citada revista durante los años 1947 y 1948, sin dejar de lado, entre otros, los que escribió en la misma Joseph W. Henderson —uno de los miembros de la Junta de Examinadores— cuando era presidente de la Asociación del Foro Americano[108].

A partir de una primera nota anunciando la sanción de la Ley de Procedimiento Administrativo, seguida de una condensación del informe sobre el proyecto respectivo, presentado a la Cámara de Representantes por el diputado Francis E. Walter, coautor a la vez del famoso Walter-Logan Bill de 1939[109], menudearon en la revista de la Asociación los trabajos, noticias o reproducciones de documentos relativos a la Ley, pero particularmente a la selección de los instructores de audiencias[110]. En el número de mayo de 1947 se publicó una carta abierta del senador Wiley, de fecha 5 de abril de 1947, dirigida a Arthur S Fleming, Comisionado del Servicio Civil, donde se decía, entre otras cosas, lo siguiente: "Me parece que la carga de la prueba reposa en la Comisión del Servicio Civil de los Estados Unidos, acerca de que éstos instructores de audiencias (sic), no serán hombres de mentalidad izquierdista, hombres que no tengan completa lealtad a nuestro sistema de frenos y contrapesos, hombres que no sean partidarios de nuestros sistema de empresa privada... . Buscaré prueba sustancial de que la Comisión del Servicio Civil está dispuesta a llenar estos cargos cuasi-judiciales con hombres del más alto e indiscutible calibre que la profesión legal puede suministrar, más bien que con hombres que simplemente han ocupado posiciones similares en el Gobierno Federal

---

108 La opinión de Henderson sobre la Administración pública aparece bien definida en ¡os siguientes términos, extractados de uno de sus citados artículos: "Hay una tendencia en todos los órganos administrativos a ir mis allá y fuera de la ley que los crea y que define sus poderes, para establecer y para dar efecto a una política que excede o que varía la determinada por las leyes en general o por la ley especial que gobierna su creación... para dictar decisiones contrarias a lo que lealmente resulta de la prueba y aun sin fundamento en prueba demostrativa lógica". Henderson, J. W., *Lawyers Urge Judicial Curb en Administrative Abuses,* en "American Bar Association Journal", 1943, t 29, p. 681 s-, especialmente p. 683 y 684. Ver en la misma revista y del mismo autor: *The American Lawyer's Place and Part in Post War World,* 1944. t. 30, p. 548; *Making Secure "The Blessings of Liberty"*, 1944, t 30, p. 597.

109 *The Federal "Administrative Procedure Act" Becames Law,* en "American Bar Association Journal", julio de 1946, t. 32, p. 377-386.

110 Véase, p. e., los siguientes: *Administrative Procedure: Selection of* 350 *Hearing Examiners Studied,* enero de 1947, t. 33, p. 1932; *Administrative Procedure; More About Selecting* 350 *Hearing Examiners.* marzo de 1947, t. 33, p. 213-215.

actual, que en gran medida son parciales y que pueden carecer de todo conocimiento de la empresa privada para el desarrollo de su labor..."[111].

Tres meses después apareció reproducida una segunda carta de WILEY, motivada por la medida tomada por la Comisión del Servicio Civil el 11 de junio de 1947, autorizando a los órganos administrativos a confirmar provisionalmente a sus actuales instructores. La carta es del 20 de junio y dice así: "Me han llegado ciertas informaciones muy desagradables, en el sentido de que la Comisión estaría haciendo algo durante el período de receso del Congreso, que de otra manera no se atrevería a hacer estando el Congreso reunido en Washington... Como Vd. sabe, he compartido la intensa preocupación de la Asociación del Foro Americano acerca de que los instructores de audiencias, últimamente confirmados para los nuevos puestos, podrían ser en su mayoría o todos una "guardia de palacio" atrincherada y/o individuos que tienen una opinión contraria al desarrollo de la empresa privada"[112].

En cambio, cuando se publicó el 23 de setiembre de 1947 la reglamentación de la Comisión sobre el "Nombramiento, remuneración y remoción de los instructores de audiencias", ello provocó un entusiasta articulo, celebrando que sobre las nueve objeciones formuladas por la Asociación al proyecto de reglamentación (en la audiencia del 9 de julio de 1947), ocho fueran aceptadas al pie de la letra y sustancialmente también la novena. Sobre este último punto se decía: "La "gente de afuera" calificada, no será colocada en paridad de condiciones con los instructores que ya poseen un cargo, en la selección para los nombramientos, pero los actuales instructores estarán sujetos a una rigurosa investigación, con un examen por una Junta independiente, constituida por personas extrañas a la Administración. Esta señalada victoria sobre ocho ítems y sustancial victoria en el noveno, no fue ganada sino muy trabajosamente, contra una fuerte oposición, que estuvo a punto de imponer su opinión en el nuevo reglamento. Carl MCFARLAND, de nuestra Asociación, como miembro no-gubernamental de la Comisión Consultiva de la Comisión (del Servicio Civil), "estuvo al pie del cañón" *(stuck to his guns)* por muchos meses, urgiendo las pretensiones de nuestra Asociación. El presidente de la Comisión de Justicia del Senado, WILEY, hizo notar claramente su interés y preocupación a la Comisión y órganos administrativos"[113].

---

111 *The* 350 *Hearing Examiners: Chairman Wiley Ask Open Choises for Fitness*, mayo de 1947, t. 33, p. 421-422.

112 *The Hearing Examiners*: *Undecided Questions as to their Selections*, agosto de 1947, t. 33, p. 688-689.

113 *Victory as to the Hearing Examiners. Association's Contentions Sustained in New Rules*, setiembre de 1947, t. 33, p. 861-863. En el mismo número véase el editorial titulado: *Signal Victory as to the Hearing Examiners*, p. 910.

Todavía, cuando ya se comenzaba a hablar de quiénes integrarían la Junta Examinadora, se publicó otro artículo, apoyando los puntos de vista expresados en el anterior[114].

La verdad es que las instrucciones que dio la Comisión del Servicio Civil a la Junta Examinadora[115], redactadas en términos demasiado generales y vagos, permitieron a esta última dictar a su vez otras normas, en las que se vino a dar pleno asentimiento a los propósitos de la Asociación del Foro Americano, haciendo también lugar a sus pretensiones con respecto a la novena objeción antes recordada En cierto modo, se eliminó como antecedente de importancia para ocupar los cargos de instructor creados por la Ley de 1946, el hecho de haber ocupado con anterioridad un cargo igual o equivalente en la administración pública. Se consideró, además, que "la enseñanza del derecho no sería tenida en cuenta como experiencia general, o la enseñanza del derecho administrativo, servicios públicos, etc., como experiencia especializada". Esto era contradictorio con los fundamentos mismos de la delegación de funciones jurisdiccionales en órganos administrativos, pero respondía claramente a opiniones manifestadas anteriormente por los dos miembros de la Junta que fueron presidentes de la Asociación del Foro Americano, quienes "se habían revelado extremadamente hostiles al concepto de adjudicación administrativa, basada sobre el fundamento del conocimiento especializado".

Sostiene FUCHS que los resultados de las pruebas, que tuvieron lugar inmediatamente después, "fueron también sintomáticos".

La Junta examinó 148 personas que ya ocupaban cargos de instructores y 694 que pretendían ingresar a ocupar iguales cargos mediante concurso. El resultado de los exámenes se anunció el 9 de marzo de 1949. De los 148 primeros, 42 fueron descalificados; de éstos, el 64,3% pertenecían a tres comisiones administrativas que empleaban el 52% de los instructores sometidos a examen. Las más afectadas fueron la Comisión de Comercio Interestadual y la Junta Nacional de Relaciones del Trabajo. La primera soportó la descalificación de una cuarta parte de sus instructores y la otra perdió 14 sobre 41. Además, entre los que aprobaron los exámenes, la mayor parte eran funcionarios de categoría inferior, de modo que el ataque directo fue contra los de más alto rango. De los 694, pertenecientes al segundo grupo, 69 poseían otros cargos administrativos (fueron admitidos 52) y 625 venían de la calle (fueron admitidos 212).

Con fecha 11 de marzo, la Comisión del Servicio Civil, de acuerdo a las recomendaciones de la Junta, resolvió que los descalificados fueran

---

114 *Hearing Examiners: Board Created to "Screen Incumbent" Examiners*, marzo de 1948, t. 34, p. 179-180.

115 Circular E. C. 17, sintetizada en "American Bar Association Journal", 1947, t. 33, p. 1106.

separados antes del 25 de junio siguiente. Este fue el punto de partida de la reacción contra los procedimientos seguidos hasta entonces.

La reacción, tan violenta como la acción que la precedió, se concretó en la interposición de numerosas apelaciones contra las resoluciones de la Junta, en la elevación de protestas, publicación de artículos periodísticos, etc. Hasta se llegó a solicitar una investigación parlamentaria para aclarar lo ocurrido; el senador JOHNSON apoyó este pedido. Se reclamó a la Comisión del Servicio Civil que anulara todo lo actuado y que disolviera la Junta. Numerosos abogados ofrecieron gratuitamente sus servicios a los instructores descalificados. "Rara vez una operación vinculada al personal (de la Administración pública) había provocado una controversia pública de tal magnitud"[116].

Ante esta presión en sentido contrario, la Junta, por sí, reconsideró en el primer momento 26 descalificaciones de personas que detentaban anteriormente el cargo de instructores y 7 descalificaciones correspondientes a empleados de la Administración que habían tomado parte en los respectivos exámenes de competencia. Para ese entonces, también la Comisión ya había modificado las normas según las cuales debía actuar la Junta, alterándolas en la parte donde indicaban las calidades requeridas para ser instructor y aquélla en la que se establecía quiénes se consideraría que investían la calidad de tal.

Los ataques y apelaciones arreciaron, la Comisión se defendió mal y la Junta renunció en pleno el 25 de julio de 1949 (salvo el miembro de la misma perteneciente a la Comisión del Servicio Civil).

Luego todo se desmoronó. El 3 de diciembre siguiente la Comisión suspendió la orden de separación de los descalificados[117] y tomó otras medidas (ampliando los plazos para recurrir contra los resultados de los exámenes, etc.) que desarticularon totalmente el sistema antes implantado.

49. PROBLEMAS NO RESUELTOS ACERCA DE LA DESIGNACIÓN DE INSTRUCTORES. — Según FUCHS, los que él califica como "principales factores del desastre", pueden resumirse así: 1°) Lentitud de los procedimientos seguidos por

---

116 FUCHS, *Rev. cit.*, p. 755.

117 *Civil Service Commission, Departamental Circular n°592, Supp. 3 (D. C. 592, 53).* Thomas hace respecto a la misma el siguiente comentario: "La decisión de diciembre de la Comisión, a pesar de haberse hecho de mala gana, restaura su libertad de acción. La oportunidad para promover el interés público reemplaza la tentación de inventar medios mezquinos de embrollar y esconder la cara *(to contrive petty ways of muddling through and saving face).* Y la desgraciada experiencia de los tres comisionados en los nueve meses precedentes, pone de relieve ampliamente que hay personas dentro y fuera del gobierno dispuestas a dedicar su tiempo y sus esfuerzos para asegurar que el programa relativo a los instructores de audiencias sea plenamente desarrollado, de acuerdo al interés público" THOMAS, *ob. cit.*, p. 475.

la Comisión del Servicio Civil; 2°) Infortunada composición de la Junta Examinadora; 3°) Falta de claridad en algunas de las instrucciones y directivas dadas por la Comisión a la Junta; 4°) Puntos de vista cuestionables adoptados por la Junta en ciertas directivas que desarrolló y falta de suficiente precisión y garantías en algunos de los métodos de examen; 5°) Indecisión de la Comisión frente a las protestas que tuvo que afrontar.

Además, y en cuanto al fondo del asunto, el mismo FUCHS entiende que era tanto discutible la facultad de la Comisión para crear la Junta (la sección 11 de la Ley la autorizaba únicamente para nombrar una comisión consultiva), como la atribución que ejerció de contratar técnicos especializados para un trabajo determinado (los miembros de la Junta ajenos a la Administración), sin establecer previamente si no estaban incluidos en el régimen de incompatibilidades que rigen para todo el servicio civil, y en este caso particular, las referentes a aquellos que mantienen pleitos con el Gobierno de los Estados Unidos o intervienen en asuntos en que aquél tiene interés[118].

Ampliando su opinión respecto al primer punto, agrega que la Ley de 1946 sólo pretendió que los instructores estuvieran libres de toda influencia, favoritismo o presión proveniente del órgano administrativo al que pertenecen, pero no libres de la supervisión del mismo en cuanto a su eficiencia en el desempeño del cargo. El órgano administrativo —dice FUCHS— siempre responde del buen empleo de sus fondos y de la adhesión de su personal, comprendiendo los instructores, a la ley y a la política que lo rige. Por ello puede afirmarse que la orden de diciembre de 1946, que hemos comentado en el párrafo anterior, ha devuelto las cosas a su quicio, por cuanto "la administración del sistema del mérito para instructores se ha hecho (a consecuencia de esa orden) virtualmente indistinguible de la que proveen las normas generales de la Comisión para el servicio al que se ingresa por concurso, considerado en conjunto"[119]. Sin embargo, tampoco estas normas serian convenientes para decidir la selección o promoción do los instructores. Según el autor citado, habría que dictar otras, preferiblemente por ley formal; pero teniendo presente que ninguna ley será buena, si la Comisión del Servicio Civil "continúa permitiendo ser empujada de un lado para otro por presiones externas, provengan del Congreso o de cualquier otra parte"[120].

Coincidiendo con este punto de vista, THOMAS expresa que si bien la Ley de Procedimiento Administrativo no es clara respecto al alcance de las atribuciones de la Comisión del Servicio Civil, el pensamiento del

---

118 FUCHS, *Rev. cit.*, p. 759 s.

119 FUCHS, *Rev. cit.*, p. 758.

120 FUCHS, *Rev. cit.*, p. 767.

Congreso parece haber sido el de reconocer a la misma sólo la facultad de dictar las normas generales aplicables a la selección de los candidatos a ocupar las vacantes de instructores, y no la de determinar, caso por caso, las personas calificadas para ingresar como tales, quedando los órganos administrativos limitados a designar sus instructores entre los nombres propuestos por la Comisión. Acerca de este punto aconseja recabar el dictamen del Procurador General, y para el caso de que la opinión de este funcionario fuese coincidente con la interpretación que adoptó la Comisión, entiende que debe modificarse la Ley restringiendo las facultades de esta última[121].

50 SEPARACIÓN DE LAS FUNCIONES QUF EJERCEN LOS INSTRUCTORES DE AUDIENCIAS Y LOS ACUSADORES. — La separación de los instructores respecto a los agentes del órgano administrativo al que pertenecen y que ejercen funciones acusatorias, es otro de los elementos fundamentales que contribuyen a definir lo peculiar de su *status* legal.

En esta materia la Ley sigue la orientación sostenida por el informe de la mayoría de la Comisión del Procurador General, vale decir, que adopta el sistema denominado de "separación interna", rechazando el de "separación completa"[122]. Recordemos que el primero sólo implica establecer una separación entre los funcionarios encargados de las tarcas acusatorias y de decisión, en el plano o nivel inferior del órgano administrativo, admitiendo la reunión de las mismas en el nivel más alto, o sea, en el que ocupan las autoridades del órgano administrativo, a las cuales están subordinados tanto los acusadores como los encargados de presidir las audiencias y de resolver inicialmente los casos sometidos a decisión.

Pero la Ley de Procedimiento Administrativo no sólo adopta el sistema de separación más restringida, sino que rechaza expresamente la idea de la separación completa, disponiendo específicamente que las exigencias de la sección 5 (c), relativas a la separación de funciones, no se aplicarán "de ninguna manera al órgano administrativo o a algún miembro o miembros del directorio de] órgano administrativo"[123].

---

121 Thomas, *Rev. cit.*, p. 432 y 473.

122 Ver *ante*, n° 7. La mayoría de la Comisión del Procurador General enumeró los siguientes inconvenientes del sistema de separación completa: 1° Duplicación del número de órganos administrativos, lo cual, en forma contraproducente, aumentaría el poder de la Administración y demandaría mayores gastos; 2° Pérdida de consistencia en la acción de conjunto; 3° Aumento de los litigios y de la persecución de los demandados; 4° Deleitamiento de la efectividad de las negociaciones y arreglos no formales; 5° Dispersión de la responsabilidad de la Administración. V. DAVIS, *Separation of Functions, Rev., cit.*, p. 410.

123 Sobre esto ver DAVIS, *Rev. cit.*, p. 399, y SCHWAKTZ. *Administrative Procedure.., Rev. cit.*, p. 528-529.

No obstante lo expuesto, la interpretación de las normas que regulan la separación interna que se ha establecido, no es de ninguna manera una tarea sencilla. El hecho solo de determinar en que casos es aplicable la sección 5 (c) y en cuáles no, presenta innumerables dificultades Algunas de ellas ya han sido aludidas Con este objeto debe atenderse en primer lugar a la sección 2 de la Ley, en cuanto excluye de su aplicación (salvo de la sección 3) a ciertos órganos y funciones administrativas A su vez la sección 5 (c) sólo es aplicable a los casos de adjudicación, y esto importa resolver la difícil cuestión de distinguir adjudicación y reglamentación[124]. Luego, asimismo según la cláusula introductiva de la sección 5, la separación de funciones está limitada a los casos "en que la ley exige que la adjudicación sea dictada en un expediente luego de dar oportunidad para una audiencia en un órgano administrativo", y aún se especifican allí seis excepciones adicionales a la aplicación de la sección 5. Es necesario pues decidir también, en cada caso que se presente, si se está o no en presencia de un procedimiento de adjudicación formal[125]. Sólo en la afirmativa regirá lo dispuesto en la sección 5 (c). Por último, esta misma subsección contiene sus propias excepciones; se comprenderá mejor su alcance luego de examinar las normas que consagran la separación de funciones y de dilucidar en detalle su contenido.

51. INTERPRETACIÓN DE LAS NORMAS SOBRE "SEPARACIÓN INTERNA". — La Ley de Procedimiento Administrativo establece en la citada subsección que el funcionario que preside la recepción de la prueba "no consultará persona o parte alguna sobre ningún hecho cuestionado..." y agrega que "tal funcionario no será tampoco responsable ni estará sujeto a la supervisión o dirección de ningún funcionario, empleado o agente encargado de la realización de funciones de investigación o de acusación para un órgano administrativo". Termina expresando "Ningún funcionario, empleado o agente encargado de la realización de funciones de investigación o de acusación para un órgano administrativo, en ningún caso, en ese o en un caso relacionado de hecho con ese, participará o aconsejará la decisión, la decisión recomendada, o la revisión por el órgano administrativo conforme a la sección 8, excepto como testigo o asesor en procedimientos públicos". Además, la sección 11, dispone que los

---

[124] Ver *ante,* nos. 15-17. Según DAVIS, atendiendo a los requerimientos de la sección 5 (c), el factor pragmático en la determinación de los conceptos de adjudicación y reglamentación, es de decisiva importancia. Por ello llega a decir: "Los procedimientos deben calificarse de adjudicación o reglamentación, en parte por lo menos, sobre la base de la conveniencia o inconveniencia de aplicar a los mismos lo dispuesto por la sección 5 (c). Es necesario tener siempre a la vista la producción de un buen resultado práctico". DAVIS, *Rev. cit.,* p. 625-630.

[125] Ver *ante,* nos. 18-20.

instructores "no desempeñarán funciones que no concuerden con sus deberes y responsabilidades como instructores".

La correcta inteligencia de estas cláusulas importa determinar, primero, el alcance de la prohibición de consultar con "persona o parte alguna", y seguidamente, qué se entiende por "funciones de investigación o acusación". Luego de tratar ambos temas, estaremos en condiciones de ocupamos debidamente de las excepciones a la aplicación de la sección 5 (c), consagradas en el último párrafo de la misma.

A) Frente a la prohibición de consultar con cualquier persona o parte, podría preguntarse si un instructor de la Comisión Federal de Comunicaciones, analizando la prueba contenida en un expediente sobre cuestiones de contabilidad o relativa a interferencias eléctricas, no puede consultar a los miembros del directorio de la Comisión que son especialistas en contabilidad o en ingeniería eléctrica; o bien, en otros casos, a especialistas en la interpretación de tarifas, en costos, en valuaciones, en finanzas ferroviarias, etc. ¿Puede, asimismo, un instructor, consultar con otro compañero instructor que recientemente atendió un caso similar, quizás un caso "relacionado de hecho" con el suyo? ¿Puede un órgano administrativo disponer que un instructor jefe supervise la labor del resto de los instructores en la preparación de informes? Si los jueces de las cortes pueden tener secretarios y empleados letrados para asistirlos en el análisis de expedientes voluminosos, ¿debe regárseles a los instructores una asistencia similar? ¿Requiere la ley la abolición de los cuerpos de revisores, aún en aquellos órganos administrativos donde han demostrado una gran eficacia en la tarea de adjudicación? La Ley de Procedimiento Administrativo no contesta estos interrogantes, pero parece obvio que de acuerdo a sus términos literales deben tener contestación negativa

DAVIS sostiene que no sería esta una adecuada interpretación de la Ley que nos ocupa. Según él, para lograr una correcta inteligencia de la sección 5 (c) de la misma, hay que tener presente que fue redactada para separar las funciones de investigación y acusación de las funciones de adjudicación, no para impedir el trabajo en equipo o las consultas dentro del órgano administrativo. Tal como se dijo en las comisiones del Senado y de la Cámara de Representantes, "el propósito de la sección es asegurar que ningún funcionario investigador o acusador influirá o controlará, directa o indirectamente, de cualquier manera, la actividad de los funcionarios que actúan en las audiencias y pronuncian las decisiones, salvo como participantes en procedimientos públicos, y aún en ese caso, no de otro modo que como lo hacen las partes privadas o sus representantes".

De acuerdo con esta idea y a juicio del autor citado, no debe atribuirse a la cláusula prohibitiva que motiva este comentario, sino un alcance restringido. Lo que equivale a decir, que debe entenderse como que permite a los instructores consultar libremente con los demás miembros del órgano administrativo a que pertenecen, todo lo que resulte necesario para el mejor desempeño de su función; debiendo abstenerse de hacerlo, únicamente con aquellos que actuaron como investigadores o acusadores en el caso que en ese momento se ventila[126].

B) Cuando la Ley expresa que ningún funcionario o empleado comprometido en tareas de investigación o acusación aconsejará o participará en las decisiones, decisiones recomendadas, o la revisión por el órgano administrativo, ¿significa que un consejo general que supervise a investigadores y acusadores no puede asesorar al órgano administrativo en cuestiones de derecho?. Ese mismo consejo, ¿tampoco puede supervisar a otros ahogados a cargo de los cuales se encuentra ese asesoramiento? ¿No puede supervisar al mismo tiempo una sección de revisores y otra de investigadores y acusadores?. Cuando el texto legal citado dice que "los funcionarios que presiden la recepción de la prueba" no serán supervisados por otros que cumplen funciones de investigación y acusación, ¿admiten que sean supervisados por éstos, otros funcionarios que participan en la labor de Juzgar, sin presidir la recepción de la prueba?

Todas estas cuestiones, y otras que podrían presentarse, se esclarecen determinando el significado preciso de los términos "investigar" y "acusar".

Según el autor que venimos mencionando, la palabra "investigación" debe interpretarse stricto sensu, limitando su referencia a las investigaciones que se hacen en relación a actividades de acusación y no incluyendo aquellas que son totalmente ajenas a tareas de la índole señalada. La historia legislativa de la Ley demuestra que el Congreso tuvo la intención de que los que actuaban como investigadores, en los casos que no eran acusatorios, no estuvieran impedidos de aconsejar a los adjudicadores. No es de ninguna manera lo mismo el caso en que un órgano administrativo investiga si se ha cometido un fraude (procedimiento acusatorio), que aquel donde se investiga si una persona sufre una determinada dolencia, a fin de acordarle un beneficio en una institución de previsión social (procedimiento no acusatorio). En este último caso, p. e., la consulta que formula quien ha de pronunciar la decisión al médico que examinó al paciente, no puede ser de ninguna manera perjudicial, y cabe concluir, sin vacilación, que no ha estado dentro de los propósitos de la Ley el prohibirla.

Por el contrario, el término "acusación" requiere ser entendido con cierta amplitud para responder al espíritu de la Ley. Su significado literal es claro —acusador es el que actúa como abogado (*advocate*)

---

[126] Davis, *Rev. cit.*, p. 613 s.

de la parte gubernamental en un caso en que alguien es acusado. De acuerdo con este criterio, cuando el Consejo Público de la Junta do Aeronáutica Civil defiende una solución negativa frente a un podido de autorización de dos líneas aéreas para fundirse entre si, no hay duda de que dicho Consejo no obra como "acusador". Pero, a juicio de Davis teniendo presente los propósitos de la Ley, debe considerarse la actuación de los abogados que constituyen ese Consejo tal como si fuera acusatoria Abogado y acusador —agrega el citado autor— deben ser considerados términos equivalentes a los efectos de interpretar la Ley de Procedimiento Administrativo, habiendo sido preferible que ésta hubiera prohibido la combinación abogado - juez, más bien que limitar la prohibición a la de acusador - juez, especie de la anterior. Puesto que la Ley no lo ha hecho, lo correcto es considerar acusatorio todo caso que envuelve algún elemento de esa naturaleza, aunque formalmente no constituya una acusación.

Se aclara debidamente el sentido de la exposición anterior, al expresar que para identificar al funcionario que actúa como "'abogado" es necesario tener presente el factor "voluntad de ganar". El cargo de juez exige una posición equilibrada y por eso el que actúa como abogado de parte debe ser eliminado de tal función. Esto no quiere decir que el que examina algún testigo o aporta alguna prueba, sea necesariamente un abogado. Se concibe perfectamente que un juez pueda también hacerlo. Todo depende del ánimo con que se actúe. Si es el de descubrir de este modo la verdad o el de ganar el caso[127].

C) Según se expresó, la propia sección 5 (c) consagra en su parte final algunas excepciones a su aplicación. Dispone que la separación de funciones no rige para "la resolución de las solicitudes de licencias iniciales o para procedimientos relativos a la validez o aplicación de tarifas, franquicias, o prácticas de servicios públicos o transportes".

Desde un principio llama la atención que aquí se consagren estas excepciones, cuando los actos previstos son casi todos de reglamentación y no de adjudicación, y por lo tanto excluidos de antemano por la cláusula introductoria de la sección 5 y de conformidad a las definiciones de la sección 2.

Esta disposición final de la sección 5 (c), que estamos considerando, no puede referirse, pues, a otra cosa, sino a ciertos casos, relativamente escasos, como son aquellos en que un órgano administrativo jurga sobre la razonabilidad de una tarifa, proyectando su juicio al pasado y no al futuro. Tratándose entonces de un acto de adjudicación, funcionaría la excepción prevista.

127 DAVIS, *Rev. cit.*, p. 616 s.

Con relación a la interpretación de la expresión "licencia inicial", el autor a quien seguimos en esta parte del presente trabajo, aconseja proceder con suma cautela. No es posible aquí tampoco tomar al pie de la letra los términos de la Ley y considerar que se trata de una licencia inicial cuando se formula un primer pedido para lograr una licencia y sostener, consecuentemente, que un pedido de modificación de una licencia no se refiere a una licencia inicial. De ser así, el resultado podría ser el siguiente: cuando se pide una autorización para operar con una línea aérea entre Chicago y San Francisco, esta es una licencia inicial y no se aplica la sección 5 (c) de la Ley; si otro permisionario, que está autorizado para operar con una línea aérea entre Nueva York y Chicago, pide se lo autorice a actuar, a partir de allí en adelante, entre Chicago y San Francisco, no es una licencia inicial, y por ello se aplica la sección 5 (c). El Congreso no pudo querer esta distinción.

La solución del caso planteado se encuentra vinculando la distinción establecida por la Ley con el concepto de procedimiento acusatorio, más probable en un caso de modificación que en uno de licencia inicial, pues en el primero hay que investigar la conducta pasada del solicitante y en el segundo no. Pero no cabe duda que hay casos en que un pedido de licencia inicial puede envolver una investigación de los antecedentes del solicitante, si se le acusa de una falta de conducta, y aquí deben aplicarse los principios de la separación de funciones.

Todas estas reflexiones conducen a DAVIS a pensar que no podría afirmarse seguramente que una interpretación razonable de la Ley es la siguiente: una licencia es inicial cuando existe un elemento acusatorio presente y no lo es en caso contrario; pero también lo inducen a agregar seguidamente que toda interpretación que se haga de la Ley, deberá orientarse en dicho sentido.

Siempre sobre el tema de las excepciones, es criticable, por fin, la alusión directa a "servicios públicos o transportes" que figura el final de la subsección (c), pues la determinación precisa de estos conceptos tiene muy poca relación con el asunto de que allí se trata. No interesa, en efecto, saber si un depósito de mercaderías es o no un servicio público o si un comisionista de cargas es o no un transportador, para aplicar o no aplicar, según el caso, las normas sobre separación de funciones[128].

52 IMPARCIALIDAD CON QUE DEBEN OBRAR LOS INSTRUCTORES. EXCUSACIONES Y RECUSACIONES. — A fin de asegurar el comportamiento imparcial de los instructores, y en general de cualquier funcionario a quien corresponda presidir las audiencias, la sección 7 (a), in fine, de la Ley de 1946, ha previsto lo pertinente en materia de excusaciones y recusaciones.

---

[128] DAVIS, *Rev. cit.*, p. 636-641.

La disposición mencionada ha terminado con la incertidumbre que remaba en cuanto a los métodos a seguir para la descalificación de los jueces administrativos. Tanto es así, que puede afirmarse, sin temor a errar, que con anterioridad sobre lo único que existía acuerdo a este respecto, era acerca de la posibilidad de obtener la revisión judicial de las decisiones que se pronunciaran en los casos de excusaciones y recusaciones[129]. Ahora se halla debidamente establecida la facultad del funcionario administrativo para excusarse; y, apartándose del sistema imperante en las cortes de distrito, donde la simple presentación de un escrito de recusación por una de las partes en litigio obliga al juez a separarse del conocimiento de la respectiva causa, sin poder entrar a apreciar la verdad o falsedad de los cargos formulados en su contra, la Ley ha dispuesto también que los instructores y otros funcionarios que participipan en las decisiones, no están forzados a separarse en casos semejantes, debiendo ser verificada en cada oportunidad la procedencia de los cargos, como antecedente necesario de toda descalificación obligatoria[130].

En otro sentido, en cambio, el nuevo texto legal no ha alterado el derecho judicial existente. Nos referimos al derecho sustantivo en materia de excusaciones y recusaciones; vale decir, no ya al procedimiento a seguir, sino a las causales que pueden ser invocadas como motivo de descalificación. Los términos que aquél emplea (*personal bias*), son los mismos que utilizan las leyes sobre procedimiento judicial y, por ende, corresponde interpretarlos análogamente.

Es interesante destacar que a este respecto la doctrina distingue cuatro formas posibles de parcialidad: 1° La que resulta de los prejuicios que pueda tener el juez; esta es inevitable y constituye un síntoma de debilidad; 2° Aquella que es consecuencia de cierta tendencia del pensamiento en un sentido dado y con relación a una materia controvertida (p. e., muchos norteamericanos tienen preferencia por los métodos democráticos; la Suprema Corte antes de 1937 mostraba preferencia en favor de los intereses de los propietarios; después de esa fecha a favor de una autorestricción de sus atribuciones que permite al gobierno la regulación de la vida económica; etc.); 3° Lo que puede

---

129 Entre las decisiones más importantes que se recuerdan en este período, una pertenece a la Comisión Federal de Comunicaciones, y en ella se sostiene que la Comisión puede impedir a un comisionado participar en un caso, a pesar de la objeción de ese comisionado (Matter of Segal v. Smith (1937), 3 Federal Communications Commission 3, 51 H. L. R. 1101); la otra pertenece a una Corte de Apelaciones de Circuito, la cual sostuvo que un órgano administrativo debe recibir la prueba tendiente a descalificar un miembro de la Junta Nacional de Relaciones del Trabajo (Berkshire Employee's Ass'n v. Junta Nacional de Relaciones del Trabajo (C. C. A. 3d., 1941), 121 F. 2d. 235).

130 DAVIS, K. C., *Bias of Administrative Officers, en* "Minnesota Law Review", febrero de 1948, t. 32, p. 217-218.

denominarse estrictamente parcialidad, o sea actitud manifiesta en favor o en contra de una de las partes en litigio; a diferencia de la anterior, que es una forma impersonal de parcialidad, esta es netamente personal; 4° El interés, o sea la relación del que decide con una de las partes, porque es accionista de la empresa que está en juicio, porque se ve afectado como contribuyente, etc.

Sin duda que entre las formas de parcialidad enumeradas, la que se presta a mayores controversias es la segunda.

La opinión prevalente en los Estados Unidos en esta materia, difiere sustancialmente de la que se enunció en el informe de 1932 de la Comisión inglesa sobre Poderes Ministeriales, en los siguientes términos "El juez debe ser libre para decidir sobre fundamentos puramente jurídicos, y no debe ser influenciado ni directa , ni indirectamente, ni debe estar expuesto a influencias, por motivos de interés particular o por opiniones politicas u otras consideraciones no vinculadas a la cuestión"[131].

Contestando esta afirmación, en un artículo crítico sobre la labor de la citada Comisión, sostuvo Jaffe que "si apreciaciones emocionalmente determinadas constituyen una base para descalificación, los jueces estarían constantemente sometidos a ataques y el derecho judicial-constitucional no existiría. No es esto necesariamente algo malo. Ciertas personas dan gracias por la predisposición del juez Butler y ciertos otros consideran los prejuicios en favor de la libertad de palabra del juez Holmes, como la mas preciosa de las garantías"[132].

En igual sentido, las cortes americanas han sostenido en muchos casos que "fuertes convicciones sobre cuestiones de derecho y política no descalifican". Lo que puede criticárseles es que no siempre han distinguido cuidadosamente lo que son opiniones —y aún sentimientos— sobre amplias cuestiones, de la clase de las que dividen los partidos políticos, de aquellas que importan alinearse en favor de una de las partes intervinientes en un caso concreto, p. e., las relativas a una determinada compañía o a la validez de una tarifa en particular.

Davis dice que esta clase de parcialidad que nos ocupa, no sólo no constituye un motivo de descalificación, sino que puede llegar a ser un elemento deseable, y particularmente lo es, tratándose del juzgamiento por órganos administrativos.

Para consolidar su afirmación, le basta al autor citado recordar que "uno de los primeros propósitos que estuvo tras la creación de muchos órganos administrativos ha sido el de escapar a la predisposición

---

131 *Report on Ministers Powers,* ed. 1932, p. 78.

132 Jaffe, L., *Invective and Investigation in Administrative Law,* en "Harvard Law Review", 1939, t. 52, p. 1219.

de los jueces. En todo respecto, con muchas excepciones, los jueces que han sido influenciados en su carrera legal hacia el pensamiento conservador y que se han acostumbrado como abogados del foro a defender los intereses de los propietarios, tienden a predisponerse en favor de la protección de los intereses privados contra la interferencia gubernamental"[133].

De allí la creación de las comisiones y la designación en las mismas de individuos cuyas sinceras ideas políticas se conforman al amplio intento legislativo. "Es condición *sine qua non* del buen administrador –dice JAFFE en otro de sus artículos– que crea en la rectitud y el valor de las leyes que hace cumplir y que este preparado a aportar a su tarea el celo y la sagacidad necesarias para poner en práctica y hacer efectivos esos propósitos"[134].

Comentando la opinión anterior. DAVIS reflexiona: "Pero esto está lejos de significar que la ley debe ser administrada por fanáticos o por cruzados faltos de perspectiva o estabilidad. Los jueces deben naturalmente ser guiados por percepción intelectual, no por emoción; el cumplimiento de las tareas judiciales necesariamente reclama integridad, carácter y habilidad". Y agrega más adelante: "El administrador ideal en teoría es aquel cuyo amplio punto de vista está en general de acuerdo con la política que él administra, pero que mantiene suficiente equilibrio para percibir y evitar el grado de celo que sustancialmente impide pensar adecuadamente"[135].

En cuanto a la tercera forma de parcialidad, o sea, la que se pone de manifiesto cuando un juez o funcionario que preside un juicio muestra favor hacia un lado y hostilidad hacia otro, la Suprema Corte Federal ha sostenido que "la parcialidad o prejuicio que puede ser invocada contra un juez debe basarse sobre algo más que las decisiones pronunciadas en el caso" y que "debe fundarse sobre hechos anteriores al juicio, no los que ocurren durante el mismo" (Berger v. United States, 255 U. S. 22, 31, 34, 1921). Las cortes inferiores han aceptado muchas veces este criterio, pero otras se han apartado del mismo.

Conviene señalar también aquí otro fallo sobre el mismo punto, pero que se refiere específicamente a este tipo de parcialidad en el medio administrativo. Proviene de una corte de circuito y dice así: "La rigidez de la exigencia de que el que conduce un juicio sea imparcial y desinteresado en cuanto al resultado del mismo, se aplica más estrictamente a una adjudicación administrativa, donde muchas de las garantías que se han colocado alrededor de los procedimientos ante

---

133 DAVIS, *Rev. cit.*, p. 205.

134 JAFFE, Louis, *The Reform of the Administrative Procedure*, en "Public Administration Review" 1942, t. 2, p. 149.

135 DAVIS, *B...*, *Rev. cit.*, p. 208.

las cortes han... sido relajadas... Cuando la falla de la parcialidad o del prejuicio en un juez, asoma por primera vez su fea cabeza, su efecto se manifiesta en todo el juicio... Tiñe y vicia todos los procedimientos... " (Junta Nacional de Relaciones del Trabajo v. Phelps; C. C. A. 5th., 1943; 136 F. 2d. 562, 563/564).

Respecto del interés, como forma de parcialidad, la decisión clave es la de la Suprema Corte Federal en el caso Tumcy v. Ohio (273 U. S. 510, 1927): 'Todo procedimiento que puede ofrecer una posible tentación al hombre medio como juez, para olvidar la carga de la prueba requerida para condenar al demandado, o que lo conduzca a no mantener la balanza equilibrada, clara y verdaderamente, entre el Estado y el acusado, deniega el posterior debido proceso legal".

Sin embargo, también hay sentencias que declaran constitucionales algunos procedimientos en que es discutible que se obtenga la garantía que menciona la Corte. En Indiana, los honorarios del juez de paz dependen de la condena del acusado; en otros Estados corresponde al juez tasar determinados bienes y en proporción al valor que les asigna cobra sus honorarios; etc.

Hay que tener en cuenta, por último, en esta materia de la parcialidad, la regla de la necesidad, que atempera los anteriores criterios. Aquí el *leading case* es el de Evans v. Gore (253 U. S. 245, 1920), donde la Suprema Corte se refirió a la aplicación del impuesto de los réditos a los jueces.

53. Poderes que ejercen en las audiencias. — Con el objeto de otorgar a los funcionarios que presiden la recepción de la prueba la autoridad que su cargo requiere, en atención especialmente a la gran responsabilidad que asumen por su función, la Ley de Procedimiento Administrativo fijó expresamente cuáles serían sus poderes en la sección 7 (b); de ellos el más importante es el de formular emplazamientos (sección 7 (c). punto (2))

La enumeración que hace la Ley, no importa un aumento de los poderes ya conferidos a los órganos administrativos, sino que tiende a asegurar que los funcionarios que presiden las audiencias no actúen simplemente como notarios o policías. Su texto claro no requiere mayores comentarios[136].

54. Régimen de la prueba. Influencia del procedimiento administrativo sobre el judicial. — Es conocido el rígido sistema de reglas que gobierna la producción de la prueba en el derecho norteamericano *(Lave of Evidence).* Estas reglas determinan no sólo la prueba que debe ser admitida o desechada en cuanto a su producción, sino también aquella

[136] Con respecto a la facultad de emplazar véase post, n° 63.

sobre la cual debe fundarse, necesaria y exclusivamente, la sentencia a dictar en cada caso *(exclusionary rules).*

Debe atribuirse este sistema, en buena medida, al hecho de que gran parte de los juicios se resuelven con intervención de jurados. Es básica, en muchas reglas sobre la prueba, la idea de que los miembros del jurado, por no ser personas entendidas y experimentadas en la función que incidentalmente desempeñan, estarían expuestas de otro modo a sufrir engaños. De allí también que la rigidez de este sistema de pruebas ceda en los casos que no se resuelven con intervención de jurados, dado que proteger al juez o al especialista experimentados en la misma extensión que al jurado, sería palpablemente erróneo.

Esto explica que en la época anterior a la Ley de Procedimiento Administrativo, las reglas en que se inspiró el sistema de pruebas en este tipo de proceso, hayan sido principalmente las del procedimiento judicial que se desarrolla sin intervención de jurados; lo que no importa olvidar la existencia de fallos que pretendieron aplicar las normas rígidas, propias de los juicios con jurados.

La adopción do este punto do vista en el proceso administrativo, la amplitud cada voz mayor quo se arrogaron los jueces administrativos para determinar qué prueba debían admitir y en cuál fundarse para dictar sus decisiones, y el incremento creciente de la delegación de funciones jurisdiccionales en la Administración, permiten afirmar que aún antes de 1946 eran muchos más los fallos que se dictaban en los Estados Unidos sin aplicar reglas excluyentes de pruebas que con ellas. La experiencia administrativa estaba demostrando, cada vez más, la conveniencia de dispensar de la aplicación de reglas excluyentes. "La simplicidad y el sentido común toman el lugar de lo intrincado y artificioso", ha dicho DAVIS refiriéndose al señalado momento[137].

Puede resumirse esta tendencia en los siguientes rasgos fundamentales: 1° Reemplazamiento de lo reglado por lo discrecional; 2° Admisión de toda la prueba que parezca relevante y útil; 3° Apoyo, al formular la decisión, en "la clase de prueba en la cual las personas responsables están acostumbradas a fundarse en asuntos serios" (*that kind of evidence on which responsible persons are accustomed to rely on serious affairs).*

La consecuencia saludable del éxito de dicha orientación residió en que, aparte de admitirse cada vez con mayor amplitud la información de oficio[138], los problemas de la prueba en el proceso administrativo fueron disminuyendo constantemente de importancia; la atención se

---

137 DAVIS, K. C., *Evidence Reform: The Administrative Process Leads the Way,* en "Minnesota Law Review", junio de 1950, t. 34, p. 582.

138 Ver *post.* n° 56.

dirigió entonces, más que nada, al valor probatorio de la prueba, no a cuestiones de admisión o exclusión de la misma[139].

Lo extraordinario es que el propio procedimiento judicial en los juicios por jurados, sufrió (y continúa sufriendo) una fuerte influencia proveniente de los cuadros de la Administración en lo que respecta al derecho sobre pruebas. Aparte de las opiniones doctrinarias que muestran insatisfacción con las reglas excluyentes[140], y de algunas decisiones sintomáticas de la jurisprudencia[141], el hecho más notable en el sentido indicado, es que el Instituto del Derecho Americano (American Law Institute), cuando llegó el momento de preparar la refundición *(restatement)* del derecho sobre pruebas, prefirió más bien propiciar directamente la reforma del mismo, proyectando un Código Modelo en 1942. Este Código no ha obtenido hasta ahora sanción legislativa, pero constituye, por lo menos, un fuerte elemento en favor de la revisión del derecho vigente[142].

55. PRUEBAS ADMITIDAS, CARGA DE LA PRUEBA, PRODUCCIÓN DE LA PRUEBA Y SU CONTRALOR. PROCEDIMIENTO SUMARIO. — La Comisión del Procurador General, y más tarde la Ley de 1946, se inspiraron en materia de prueba, con toda franqueza, en el orden de ideas reseñado en el párrafo anterior.

El informe de la mayoría recordó que "un órgano administrativo debe servir un doble propósito en cada oportunidad: debe decidir el caso correctamente respecto a los litigantes entre ***si*** que se presentan ante él, y debe, además, decidir el caso correctamente para servir al interés público que está encargado de proteger. La importancia del segundo factor hace necesario mantener abiertos los canales para la recepción de toda prueba relevante, que contribuirá a un debido resultado" (*Report*, p. 70).

La actitud de la mayoría parece ser, pues, la siguiente: cuando sólo las partes inmediatas están afectadas, las reglas excluyentes no pueden causar mucho daño; pero cuando el interés público está en cuestión, no puede admitirse que las irracionalidades de aquellas reglas impidan

---

139 DAVIS, *Evidence Reform...*, *Rev. cit.*, p. 582.

140 V. MORGAN A MAGUIRRE, *Loocking Backward and Forward at Evidence*, en "Harvard I.aw Review", 1937, t. 50. p. 909 s., especialmente p. 922- 923; WIGMORE, *Evidence*, 1940, 3a. ed.; COMMONWEALTH FUND COMMITEE, *Evidence*, 1927, p. XIV; MCCORMICK, *To Morrow's Law of Evidence*, en "American Bar Association Journal", 1938, t. 24, p. 507 s., especialmente p. 580-581; AMERICAN BAR ASSOCIATION'S COMMITTEE ON IMPROVEMENTS IN THE LAW OF EVIDENCE, *Report*, en "American Bar Association Reports", 1938, t. 63, p. 570. Citados por DAVIS, *Evidence Reform...*, *Rev. cit.*, p. 582-584.

141 V. g., Samuel H. Moss Inc. v. Comisión Federal de Comercio, 148, F. 2 d. 378, 380 (2d. Cir.) certif. denied, 326 U. S. 734 (1945). Citado por DAVIS, *Evidence Reform...*, *Rev. cit.*, p. 583-584.

142 DAVIS, *Evidence Reform...*, *Rev. cit.*, p. 582-584.

obtener la información necesaria en el proceso. La minoría, que en algunas otras cuestiones adoptó una posición mucho más conservadora, no ahorró palabras, en cambio, para decir que "no hay lugar en la justicia administrativa para reglas de prueba arcaicas y técnicas"[143].

Quedó así decretada, lisa y llanamente, la abolición definitiva del sistema de pruebas legales en materia administrativa y su sustitución por el de las pruebas libres, o de libre convicción, como se denominan una y otra postura en el lenguaje del derecho continental europeo que estamos acostumbrados a emplear.

De acuerdo con este principio, la Ley de Procedimiento Administrativo ha reglado este asunto en la sección 7 (c). Su estudio implica examinar, sucesivamente, las pruebas admitidas, las normas que regulan la carga de la prueba, y luego las que se refieren a la producción de la misma y a su contralor. Por último, los casos en que se acepta la aplicación de un procedimiento probatorio abreviado.

A) El segundo párrafo de la sección 7 (c) de la Ley dice que "cualquier prueba oral o documental puede ser recibida". Limitando este amplio principio, agrega: "pero cada órgano administrativo proveerá sistemáticamente la exclusión de las pruebas irrelevantes, carentes de importancia o indebidamente repetidas". Esto en cuanto a la prueba admisible. Luego respecto al empleo de la prueba admitida para fundar la decisión, expresa: "No se impondrá sanción ni se emitirá ninguna reglamentación u orden salvo después de considerar todo el expediente o aquellas porciones del mismo citadas por las partes fundándose y de conformidad con pruebas dignas de confianza, convincentes y sustanciales".

Como al punto se advierte, esta disposición pone en manos del juez administrativo la facultad de determinar discrecionalmente qué pruebas admitirá, dejando también librado a su buen criterio la apreciación ulterior de las mismas, a los efectos de pronunciar su decisión final.

La cuestión que ha quedado pendiente es la de si debe o no ser admitida la "prueba incompetente". Se entiende por tal, aquélla que no es directa, sino "prueba de oídas" (*hearsay*), recogida a través del testimonio de alguien que a su vez obtuvo la información de un tercero.

Ante el silencio de la ley, la solución no puede ser otra que la de aceptar la prueba incompetente cuando reviste los caracteres de ser "digna de confianza, convincente y sustancial". La cuestión es determinar cuándo se está en ese caso y cuándo fuera de él. Sobre esto no hay un criterio uniforme en la Administración, y no puede esperarse que resulte establecido por vía de revisión judicial, pues las cortes han declinado revocar decisiones administrativas por las que se rechaza

---

143 DAVIS, *Rev. cit.*, p. 587.

la admisión de prueba incompetente, expresando que la aceptación o rechazo de aquella prueba es materia librada exclusivamente a la discreción del juez administrativo[144] (144).

La cuestión —dice Davis— no se soluciona recordando y volviendo a recordar los votos de los jueces Hough (1924), Learned Hand (1938) V Rutledge (1939), donde se expresó que tal prueba es aceptable si es de aquéllas que suelen admitir las personas responsables tratándose de asuntos serios; ni tampoco se resuelve siguiendo la "regla residual", dada por la Corte de Apelaciones de Nueva York en 1916 —Matter of Carrol v. Knickerbocker Ice Co. (218 N. Y. 435; 113 N. E. 507)— y que consiste en sostener que aún cuando una ley establezca que un órgano administrativo no está obligado a aplicar las reglas de la prueba y que puede aceptar discrecionalmente la prueba que se le ofrece, todavía así, debe existir un residuo de prueba legal para fundar la reclamación, antes de que pueda dictarse una decisión[145].

Para el autor citado, ambas ideas, y aún la generalización de la Suprema Corte Federal acerca de que "mera prueba de oídas no corroborada" no es prueba sustancial (Consolidated Edison Co. v. Junta Nacional de Relaciones del Trabajo, 305 U. S. 197. 230. 3938), pertenecen a lo sumo a un período de transición y no pueden sobrevivir; han sido rechazadas en muchos fallos que menciona.

Naturalmente, a menudo, prueba de oídas no corroborada no es prueba sustancial, pero prueba técnicamente incompetente es repetidamente mas digna de confianza que prueba técnicamente competente; varios ítems de prueba incompetente algunas veces se corroboran recíprocamente. El problema a resolver es de hecho, debe ser considerado frente a cada expediente y no a la luz de un dogmatismo abstracto. La regla sobre exclusión de la prueba de oídas, así como cualquier generalización que en ella se apoye, es insuficiente, pues dejará de lado lo que una corte de apelaciones ha llamado "prueba de oídas persuasiva" *(persuasive hearsay)*. Personas responsables, frecuentemente se fundan en prueba de oídas en asuntos serios, tanto como personas responsables a menudo rechazan fundarse en prueba de oídas en asuntos serios. Apreciar trozos aislados de prueba, aparte del conjunto del expediente respectivo, nunca ha sido propio; los problemas de fundamentación deben ser determinados teniendo en cuenta el expediente en su conjunto y no en abstracto.

---

144 Así se resolvió en el caso Junta Nacional de Relaciones del Trabajo v. Cities Service Oil Company (129 F. 2d. 933; 2d. Circ. 1942). En cambio, en el caso Junta Nacional de Relaciones del Trabajo v. Ohio Calcium Co, (133 F. 2d. 721; 6th. Circ. 1943), en que se admitió la producción de prueba incompetente, pero no se la tuvo en cuenta para la decisión, la corte, sin revocar esta última, entendió que la citada prueba debería haberse aceptado como un fundamento en el que se podía confiar.

145 Davis, *Evidence Reform...*, *Rev. cit.*, p. 592-600.

Si una prueba es o no "digna de confianza, convincente y sustancial" —expresa más adelante Davis— depende largamente de factores que nada tienen que hacer con las razones que están detrás de las reglas de competencia. El efecto práctico de una decisión particular es, muchas veces, la consideración más importante. Revocar una licencia puede requerir prueba más digna de confianza que la exigida para conceder una licencia. La prueba que puede ser adecuada para acordar un beneficio o para admitir una "orden de cesar y desistir", puede ser insuficiente para fundar una pena severa En lugar de demandarse invariablemente determinada prueba, en el proceso administrativo debe cotejarse la importancia mayor o menor de la cuestión debatida frente a consideraciones de orden económico. Para resolver pequeñas reclamaciones, los gastos de viaje u otros provocados por declaraciones de testigos, pueden inducir a confiar en declaraciones escritas. Pero basar la revocación de una licencia de gran valor económico en una declaración escrita, cuando la oportunidad para repreguntar es crucial, siendo el gasto la única razón para no producir el testimonio, sería una denegación del debido proceso. Algunas veces se requiere precisión; otras es suficiente la aproximación.

En fin, "la más alentadora consecuencia del sistema de recibir "cualquier prueba oral o documental", ha sido la aguda declinación de los litigios sobre cuestiones de pruebas ante las cortes revisoras. Los artificios de las reglas técnicas han sido por largo tiempo fértiles fuentes de litigios innecesarios. La atención se ha enfocado finalmente sobre los problemas significativos —los problemas del valor probatorio. Y aquellos problemas son resueltos y deberían ser resueltos, por el ejercicio de la discreción y no por medio de reglas detalladas"[146].

B) Acerca de la carga de la prueba, la Ley que examinamos expresa que "el proponente de un reglamento o de una orden tendrá la carga de la prueba" (sección 7 (c), primer párrafo).

El sentido de esta disposición va algo más allá de sus términos literales y, tal como ilustra la historia legislativa de la ley, significa no sólo que existe para el proponente de un reglamento o de una orden la obligación de soportar la carga general de la prueba, sino que las partes que a su vez proponen algún resultado diferente, tienen igualmente, para ese propósito, la obligación de probar. Así, ante un pedido de licencia debidamente fundado en pruebas, un órgano administrativo no puede limitarse a denegarlo, a menos que aporte en apoyo de su denegatoria pruebas tan buenas y aceptables como las del peticionario.

La extensión en que se aplica el referido principio ha sido ilustrada en el caso Philadelphia Co v. Comisión de Valores y Cambios (175 F. 2d 808; D C Cir. 1948). Al proponerse la Comisión de Valores y Cambios

[146] DAVIS, *Rev. cit.*, p. 608-609.

modificar un reglamento que afectaba la situación de una compañía subsidiaria, frente a la Ley de Sociedades *Holding* de Servicios Públicos, invitó a que se le hicieran llegar informes escritos, vistas, comentarios y argumentos orales. La sociedad que se sentía perjudicada pidió la celebración de una audiencia en la cual pudieran presentarse pruebas sujetas a contralor (especialmente, repreguntar testigos). La Comisión negó el pedido y la corte estimó que tal denegatoria era errónea, pues la primera había dejado de asumir la carga de la prueba respecto de la propiedad de la acción propuesta[147].

C) La Ley concede a cada parte "el derecho de presentar su caso o defensa con prueba oral o documental, a suministrar contrapruebas y a controlar la producción de la prueba del contrario en la medida que sea necesaria para obtener una completa y exacta revelación de los hechos" (sección 7 (c), tercer párrafo).

El derecho a presentar contrapruebas, y especialmente el de controlar la producción de la prueba del contrario, tal como se ve, no es ilimitado. Llega hasta donde "sea necesario para obtener una completa y exacta revelación de los hechos". Esto significa que debe admitirse sólo la prueba indispensable para alcanzar la verdad. Puede limitarse cuando se le quiere dar una extensión irrazonable. En muchos procedimientos de reglamentación, en los cuales el asunto de que se trata y la prueba son principalmente de carácter económico o estadístico y las partes y los testigos numerosos, la prueba directa o la contraprueba pueden ser de tal naturaleza que las repreguntas u otros medios de contralor, añadan poco o nada sustancial al expediente y prolonguen innecesariamente la audiencia[148].

D) En su parte final la sección 7 (c) admite que en ciertos casos —reglamentado o resolviendo reclamaciones por sumas de dinero o beneficios o pedidos de licencias iniciales— siempre que no sea perjudicado el interés de ninguna de las partes, se adopten "procedimientos para la producción de la totalidad o de parte de la prueba en forma escrita".

Este es el llamado procedimiento abreviado o sumario (*shortened procedure*), adoptado desde 1923 para un tercio de los casos de tarifas ferroviarias, con gran ahorro para la Comisión de Comercio Interestadual y para las partes intervenientes. Su aplicación en materia de tarifas se explica porque generalmente respecto de ellas no se discute la verdad o falsedad de hechos, sino cuestiones de inferencia, interpretación, discreción y derecho.

---

147 DAVIS, *Rev. cit.*, p. 602-603.

148 DAVIS, *Rev. cit.*, p. 603.

Siempre la aplicación del procedimiento sumario depende de la conformidad de las partes intervinientes. Así lo ha entendido la Comisión de Comercio Interestadual. Sin embargo, el Ministerio de Agricultura lo aplica en algunos casos compulsivamente y la ley que creó la Oficina de Administración de Precios autorizó expresamente a ésta para disponer cuándo el procedimiento para la fijación de precios por reglamento u orden debería ser escrito. La Suprema Corte en el caso Yakus v. United States (321 U. S. 414, 1944), dijo que ello no importaba denegación del debido proceso, pero atendiendo a dos premisas que se daban en la especie resuelta: situación de emergencia e inexistencia de una cuestión de hecho[149]. Esto explica que en el caso Comisión Federal de Comunicaciones v. W. J. R. —Estación de Radiodifusión— (337 U. S. 265, 1949) sostuviera derechamente que de acuerdo a la regla del debido proceso no puede suprimirse la defensa oral sin conformidad de partes[150].

56 EL EXPEDIENTE: SU CONTENIDO. LA INFORMACIÓN PRIVADA DEL JUEZ EN EL PROCEDIMIENTO JUDICIAL Y ADMINISTRATIVO. — Dando remate a las disposiciones relativas a la etapa de la audiencia, la Ley provee en la sección 7 (d) la agregación al expediente, sobre cuya base ha de pronunciarse la decisión del caso, de todas las pruebas producidas en la referida etapa.

Una norma final, íntimamente vinculada al problema de la prueba que venimos estudiando en los párrafos anteriores y a la de su agregación al expediente que nos ocupa aquí, requiere particular atención.

Se trata de aquella referente al empleo del saber privado del juez en el procedimiento administrativo. O sea, lo que los norteamericanos denominan "conocimiento oficial" *(official notice),* concepto correlativo al de "conocimiento judicial" (*judicial notice*), vale decir, saber privado del juez judicial.

Según DAVIS, que también nos ilustra en esta materia, la situación de los órganos administrativos a este respecto difiere de la de las cortes, y ello por cuatro motivos fundamentales que pueden resumirse así: 1° El papel de una corte es pasivo. No tiene obligación de buscar

---

149 DAVIS, *Rev. cit.,* p. 605-607.

150 Esta última es la solución justa, según SCHWARTZ. No sólo porque el principio constitucional del debido proceso en sentido procesal (que está, como es obvio, por encima de la legislación) así lo impone, sino también porque "el derecho a una audiencia formal oral es un elemento importante en la vigorización de la confianza pública en la justicia administrativa. SCHWAKTZ, *Procedural Due Process..., Rev. cit.,* p. 575-578. De la influencia del aludido principio en el proceso administrativo, aún después de 1946 (influencia a reconocida también por la Suprema Corte en el caso Wong Yang Sung; v. *ante.* n° 19), se ocupa el mismo autor en su artículo titulado *La procedure administrative..., Rev. cit.,* p. 251 s.

pruebas que las partes descuidan presentar. En cambio, un órgano administrativo regulador tiene un deber positivo de ejecutar un programa, de proteger un interés público que frecuentemente no cuenta con otra protección. Cuando las partes dejan de probar hechos necesarios, el órgano administrativo regulador debe tomar la iniciativa, realizando "agresivamente" su propia investigación sobre los mismos; 2° El régimen del empleo del saber privado del juez en el orden judicial ha sido modelado en gran medida teniendo presente la información normalmente disponible por una corte, que consiste en su mayor parte en conocimientos comunes, materiales legales, el contenido de fuentes tales como diccionarios y enciclopedias y recopilaciones de las anteriores decisiones. Un órgano administrativo regulador, a diferencia de una corte, emplea cuerpos de especialistas, ejerce poderes independientes de investigación y acumula vastos depósitos de información acerca de su campo particular de actividad. Es evidente que la información utilizable por un órgano administrativo regulador no debe hacerse depender de los elementos disponibles por una çorte de justicia; 3" Los límites del empleo del saber privado del juez en el orden judicial han sido asimismo establecidos en conexión con la función judicial típica de aplicar los principios que se encuentran en un cuerpo de leyes preexistente, a hechos correspondientes a rasos particulares. La determinación de estos hechos, que la doctrina llama "hechos adjudicativos" es, pues, la tarea común de las cortes. Se refieren a cuestiones tales como quién hizo eso, dónde, cuándo, cómo, y con qué motivo o intención; conciernen a las partes inmediatas, a sus actividades, a sus bienes, y son normalmente determinados por un jurado, en los casos en que interviene esta institución. Sólo entra en la categoría de lo probable que una corte trate de determinar también "hechos legislativos", que son aquellos que han de ayudarla, cuando es necesario, a crear derecho y aún a determinar la política a seguir en un caso sometido a su jurisdicción. Estos hechos son a menudo generales y no conciernen a las partes inmediatas. A diferencia de los anteriores, las conclusiones de las cortes sobre los mismos no necesitan ser, frecuentemente no lo son, y algunas veces no pueden fundarse en pruebas. He aquí también un factor que permite ser estricto en autorizar a las cortes a utilizar su propia experiencia. Pero si en el proceso administrativo ocurre lo contrario, si el empleo de los "hechos legislativos" constituye su verdadera esencia, ¿cómo podrían las prácticas que son excepcionales en las cortes, gobernar lo que se encuentra en el centro del escenario administrativo? Cuando un órgano administrativo busca hechos para la formulación de una norma jurídica o política, la extensión en que se acostumbra a admitir el saber privado del juez judicial no constituye una guía apropiada; 4° Por último, el órgano administrativo regulador emplea un recurso procesal desconocido por el proceso judicial: la decisión inicial o la decisión recomendada del instructor, o bien la decisión provisoria del propio órgano administrativo[151]. Este es un medio que permite al instructor o al órgano administrativo, según el caso, ir más allá en la cuestión que nos ocupa que lo que haría una corte, pues cuando los matinales ajenos al expediente se incluyen en la decisión inicial, recomendada o provisoria, las partes no sólo tienen el derecho de refutar las conclusiones que de ellos se desprenden, por medio de memoriales o argumentaciones orales, sino también oportunidad para presentar contrapruebas y pedir la reapertura de la audiencia para formular repreguntas. Por muchos que sean los elementos de ese tipo que se incorporen a la decisión administrativa, el derecho de las partes se encuentra así mayormente salvaguardado que en el caso en que los mismos, aunque poco numerosos, se incluyan en una sentencia judicial, pues esta tiene un carácter final[152].

La tesis central de DAVIS en este asunto es, como puede apreciarse, que las limitaciones de la doctrina tradicional sobre la información privada del juez son totalmente irrelevantes con relación a los órganos administrativos reguladores; que la tendencia a aplicar estas restricciones en el proceso administrativo ha tenido el infortunado defecto de debilitar la protección del interés público y embotar el filo de la iniciativa administrativa; que el único limite al empleo del saber privado del juez en el orden administrativo debe ser el requerimiento de un procedimiento justo; y que el principio cardinal de un procedimiento justo no es que todos los hechos se encuentren sujetos a reexamen y contraprueba, sino, más bien, que las partes tengan oportunidad para refutar de manera apropiada cualesquiera materiales que influencien la decisión[153].

Para completar esta última idea, debe tenerse presente que el mejor método, desde el punto de vista de la protección procesal, no consiste en restringir el empleo de toda información ajena al expediente, sino en asegurar la menor utilización posible de información ajena al expediente no *revelada*. Cabe observar, a este efecto, que muchas veces la única diferencia entre el empleo de materiales contenidos en el expediente y ajenos a él, reside en la forma que se articulan los fundamentos de la decisión Esta puede referirse concretamente a aquellos materiales o hacer alusión a impresiones vagas y no identificadas.

Los hechos en que se basa la decisión de un órgano administrativo pueden ser tratados de estas cuatro maneras. Pueden ser introducidos por prueba en la audiencia, por afirmación en la decisión inicial, recomendada o provisoria, por afirmación —por vez primera— en la

---

151 Ver *post*, n° 58.

152 DAVIS, K. C., *Official Notice*, en "Harvard Law Review", febrero de 1949, t. 62. p. 537-538, 549 s., y 560 s.

153 DAVIS, *Rev. cit.*, p. 539.

decisión final, o pueden ser empleados sin mencionarlos en ningún momento. El primer sistema permite a las partes emplear todos los medios de ataque, incluyendo contrapruebas y repreguntas. El segundo limita a las partes a argumentaciones orales o escritas para refutar los hechos anotados, y a solicitar una oportunidad para rechazarlos con pruebas y para formular repreguntas. El tercero da oportunidad, tanto para tratar de refutar los referidos hechos, presentando una solicitud para una nueva audiencia, como para tratar de demostrar, luego que el órgano administrativo ha tomado posición, que debió facilitar que en un momento dado se pudieran formular repreguntas y presentar contrapruebas. El cuatro priva de toda oportunidad para refutar aquellos hechos.

Cada uno de estos métodos es apropiado según las circunstancias. Algunas veces, nada menos que introducir los hechos en la audiencia, para que sean sometidos a reexamen y contraprueba es esencial para un procedimiento justo; otras veces una manifestación de los hechos en la decisión inicial provee amplia protección; otras la simple mención en la decisión final es suficiente, y, naturalmente, muchos hechos de conocimiento común se utilizan inevitablemente sin mencionarlos. El problema de determinar qué grado de protección procesal es necesaria, debe ser discrecional con respecto a las varias combinaciones posibles de estas tres clases de circunstancias: el carácter "adjudicativo" o "legislativo" de los hechos; el grado de duda o certeza de los mismos; y el efecto remoto o directo de los hechos en la decisión. Más protección se requiere para los "hechos adjudicativos" que para los "hechos legislativos"; más para los hechos disputables o debatibles, que para los que parecen indiscutibles, o que es poco probable que puedan discutirse; y mas para los hechos que afectan la decisión, que para aquellos que sólo constituyen el fondo o los antecedentes históricos de la misma, o aquellos que se relacionan sólo oblicuamente con ella[154].

La Ley de Procedimiento Administrativo, dentro de este orden de ideas, y por lo menos para una parte del procedimiento administrativo, ha provisto que los hechos conocidos oficialmente pueden ser refutados. Así la parte final de la sección 7 (d), mencionada al comienzo de este párrafo, reza como sigue: "Cuando alguna decisión de un órgano administrativo se funde en el conocimiento oficial de un hecho importante no comprendido entre las pruebas del expediente, cualquier parte podrá pedir oportunamente que se le permita probar lo contrario".

---

154 | Davis, *Rev. Cit.*, p. 560 y 561-564.

III. — ETAPA DE LA DECISIÓN

57. DECISIONES ADMINISTRATIVAS INSTITUCIONALES. CONCEPTO. VENTAJAS E INCONVENIENTES. SISTEMA ANTERIOR A 1946. — Arribamos así a la etapa final del proceso de adjudicación formal que estamos ahora estudiando. De ella se ocupa la sección 8 de la Ley de 1946.

El problema fundamental a examinar aquí es el de las denominadas "decisiones administrativas institucionales". Veremos su significado, las discusiones y dificultades a que han dado lugar y la solución provista por la Ley que comentamos a las graves cuestiones que aquellas suscitan.

Según DAVIS, "una decisión administrativa institucional de un órgano administrativo, es una decisión hecha por una organización y no por un individuo o únicamente por los directores del órgano administrativo"[155].

La decisión de un juez sobre un pleito es personal; el juez recibe la prueba y los argumentos y decide el caso. En el proceso administrativo, en cambio, la prueba puede ser recibida por un funcionario, ésto u otros subordinados suyos pueden examinar la prueba, varias clases de especialistas pertenecientes al cuerpo del órgano administrativo pueden contribuir a redactar los informes, propuestas o proyectos de decisiones finales, y los directores del órgano administrativo pueden apoyarse en tal forma en el trabajo del personal antes citado, que saben poco o nada acerca de los problemas comprendidos en muchos de los casos que resuelven en nombre del órgano administrativo mismo.

Así ocurría en los Estados Unidos antes de la sanción de la Ley de 1946. Los órganos administrativos designaban generalmente funcionarios que dirigían las audiencias y ante los cuales se producían las pruebas; podía tratarse de una junta de tres o más miembros, pero más comunmente se nombraba un sólo funcionario, variando las formas de su designación; ya era un instructor de juicios (triol examines), un árbitro *(referee)*, un funcionario presidente (*presiding officer)*, un ingeniero de distrito *(district engineer)*, un comisionado delegado *(deputy commissioner)* o un registrador *(register)*. En la mayor parte de los órganos administrativos, aquél que presidía las audiencias carecía de todo poder para decidir el caso. A lo sumo poseía el papel de consultor o asesor, siendo utilizado como un medio a través del cual las pruebas y los argumentos de las partes eran transmitidos al órgano administrativo[156].

Este tipo de decisiones institucionales tiene sus ventajas y sus inconvenientes, sus elementos de fuerza y de debilidad.

---

155 DAVIS, K. C, *Institutional Administrative Decisions,* en "Columbia Law Review", marzo de 1948, t. 48, p. 173.

156 SCHWARTZ, *Administrative Procedure..., Rev. cit.,* p. 521.

Su fortaleza proviene de la superioridad del trabajo en equipo; de los frenos y contrapesos internos (dos mentes son mejor que una), de la cooperación de especialistas de varias disciplinas (una clínica es mejor que un médico), de la asignación de tareas relativamente sencillas a personal con escaso sueldo, de modo de utilizar más económicamente las energías del personal con sueldos altos.

Frente a estas ventajas, se encuentran serios inconvenientes que debilitan en grado sumo la eficacia de este tipo de decisiones En primer lugar, su anonimato. El abogado que escribe alegatos dirigidos a los miembros, para él desconocidos, del órgano administrativo, o que formula argumentos ante un grupo de personas que no han de dictar luego la decisión del caso, lo hace experimentando un sentimiento de futilidad o de frustración en lugar de gozar de la satisfacción que proviene de saber que las pretensiones que sostiene han sido por lo menos comprendidas por el juez que entiende en el asunto en cuestión Otro grave inconveniente de la decisión institucional es la dilución o desvanecimiento de la responsabilidad que resulta del anonimato a que acabamos de referimos No habiendo peligro, para quienes dictan la decisión, de sufrir la crítica proveniente de las partes o de sus abogados o del público, la responsabilidad que pudiera caberles se escondo o se diluye.

La falta de confianza que este sistema inspiraba a los administrados se hizo sentir en una fuerte campaña contra el mismo La Suprema Corte Federal le asestó un recio golpe en la decisión pronunciada en el denominado "primer caso Morgan" (Morgan v. United States, 298 U. S 468. 1936), sosteniendo que era preciso que en la Administración se aplicara el principio de que "quien decide debe oir" (*one who decides must hear*). Sin embargo, el sistema persistió, y en él "cuarto caso Morgan" (United States v. Morgan, 313 U. S. 409, 1941), si bien la Corte mantuvo su anterior orientación, su condenación de la decisión institucional no fue tan contundente como la emitida cinco años antes.

La Asociación del Foro Americano propuso en 1944 la abolición total de este tipo de decisiones, pero la Comisión del Procurador General, en cuyo informe, con algunas variantes, se inspiró la Ley de 1946, entendió que aquella posición era demasiado rígida. Comprendiendo que la afirmación de la Corte en el primer caso Morgan, era ante todo un ideal que estaba más allá de lo practicable en muchos órganos administrativos, la citada Comisión entendió que, más bien que abolir la decisión institucional, lo que convenía era tratar de elevar al máximo sus méritos y reducir al mínimo sus inconvenientes.

58. POSICIÓN ADOPTADA POR LA LEY DE PROCEDIMIENTO ADMINISTRATIVO. LAS DECISIONES INICIALES RECOMENDADAS Y PROVISORIAS. — Dentro de este orden de ideas la Ley de Procedimiento Administrativo ha dispuesto en el primer párrafo de la sección 5 (c) que "los mismos funcionarios que presiden la recepción de la prueba de acuerdo a la sección 7, redactarán la decisión recomendada o la decisión inicial requerida por la sección 8..."

Según resulta de la sección 8 (a), en los casos en que las autoridades del órgano administrativo no han presidido personalmente la recepción de la prueba (lo que raras veces ocurre), el funcionario que presidió la audiencia redactará la *decisión* inicial. Si, no obstante no haber estado presentes en la recepción de la prueba, las autoridades del órgano administrativo resuelven dictar la decisión del caso, el funcionario que presidió la audiencia redactará y elevará a su consideración un proyecto de decisión preparada por él. Es lo que se denomina *decisión recomendada.* Este último supuesto presenta una variante cuando se trata de dictar una reglamentación sometida al procedimiento de adjudicación formal o de resolver pedidos de licencias iniciales. Allí la elevación de una decisión recomendada puede ser eliminada, pero entonces la decisión del órgano administrativo asume el carácter de *decisión provisoria.*

Si además de lo expuesto se tiene presente que las decisiones iniciales se encuentran sujetas a revisión por las autoridades del órgano administrativo, sea a pedido de parte o de oficio, resulta claro que las disposiciones que comentamos no han eliminado la decisión institucional sino en el nivel de los funcionarios que presiden las audiencias[157]. De ningún modo alteran los métodos institucionales relativos a la factura de la decisión final del órgano administrativo

Recuerda Davis que en los trabajos preparatorios de la Ley de 1946, se propuso algunas veces que los directores del órgano administrativo estuvieran obligados, para dictar la decisión final, a examinar todo

---

157 Esto no significa, según vimos en los nos. 50 y 51 *ante,* que la Ley haya tratado de personalizar la decisión inicial o recomendada, pues el instructor de audiencias debe entenderse que está autorizado para consultar con terceros a los efectos de la preparación de aquélla, siempre que no se trate de funcionarios que desempeñan actividades acusatorias. Una cuestión que puede plantearse es la de que el instructor que presidió la audiencia se vea imposibilitado de preparar más tarde la decisión inicial o la decisión recomendada (el caso más común es el de la muerte del instructor) ¿Debe recibirse la prueba nuevamente, u otra persona debe preparar la decisión sobre el "frío expediente? Este interrogante fue contestado antes de la sanción de la Ley de 1946 con una respuesta todavía válida en la actualidad. Esto es, procediendo por vía de distinciones (carácter documental o testimonial de la prueba aportada, concordancia o disparidad de la prueba testimonial, etc.) y dejando un amplio margen para resolver cada caso que se presentara al órgano administrativo y a la corte revisora. V. *Administrative Law — Fair Hearing — Necessity for Hearing de novo when Trial Examiner Dies,* en "New York University Law Quarterly Review", julio de 1946, t. 21, p. 435-441.

o por lo menos las partes más importantes del expediente, a fin de neutralizar los inconvenientes del carácter institucional de su decisión A su juicio, tal proposición —por otra parte no adoptada en definitiva— no era práctica, a menos que hubiera sido presentada con las debidas precisiones y limitaciones. De haber sido aceptada, las autoridades de los órganos administrativos se habrían visto obligadas a perder mucho del tiempo que con mayores ventajas deben aplicar a la dirección de la organización que presiden. Veamos como ejemplo, el caso de la Comisión de Comercio Interestaduel. Se ha calculado que un miembro de su directorio, dentro de un período de dos años, da su voto para una decisión cada doce y medio minutos de trabajo. Aparte de ello debe atender sus tareas ejecutivas, ayudar a supervisar un plantel de 2.800 empleados. participar en tareas de planeamiento, estar informado de los desarrollos del derecho y de la economía y de las condiciones del transporte y de los negocios, debe ocuparse de una correspondencia considerable, informar ante comisiones parlamentarias, conversar con comisionados locales y con muchas otras personas, etc. , etc. Sería una solución antieconómica aumentar el número de directores para que gozaran del tiempo suficiente para revisar íntegros los expedientes de los casos elevados a su consideración, pues esa tarea la pueden cumplir eficazmente sus subordinados.

Ni la fórmula propuesta ni ninguna otra podrían anular totalmente los inconvenientes de carácter institucional de las decisiones finales pronunciadas por el órgano administrativo. "Lo que se necesita son hombres en cuyo juicio pueda confiarse y dar amplio juego a la discrecionalidad"[158]. Por lo demás, tanto el anonimato de tales decisiones como la dilución de la responsabilidad que implican tienen sus atenuantes. Por un lado se acostumbra —por lo menos en los casos dudosos— que los directores de los órganos administrativos escuchen argumentaciones orales antes de dictar la decisión final, cualesquiera sean las propuestas que les eleven sus subordinados. Por otro, debe tenerse presente que la responsabilidad fija y abierta la tienen siempre —cualquiera sea el caso— los directores, y que los subordinados tratan a su vez de asegurarse la confianza de aquéllos y de no comprometer esa responsabilidad, en atención al logro de promociones, mejores salarios y recomendaciones para cargos superiores.

59. LA MOTIVACIÓN DE LAS DECISIONES ADMINISTRATIVAS: FUNDAMENTOS DE HECHO Y DE DERECHO. EL PRINCIPIO DE "STARE DECISIS". — La sección 8 (b) de la Ley de Procedimiento Administrativo probablemente no ha introducido cambio alguno en el derecho existente. Luego de proveer que las partes pueden someter a la consideración de los funcionarios

158 DAVIS, *Institutional Administrative Decisions, cit.*, p. 191.

que dictan las decisiones iniciales, recomendadas o provisorias, propuestas de resoluciones y de conclusiones, formular excepciones a las decisiones preparadas por aquéllos y fundar dichas propuestas o excepciones, agrega que "el expediente expondrá lo decidido con respecto a cada resolución, conclusión o excepción presentada. Tales decisiones (incluyendo las decisiones iniciales, recomendadas y provisorias) formarán parte del expediente e incluirán una exposición de (1) las resoluciones y conclusiones pertinentes, así como las razones y fundamentos de las mismas, sobre la base de todas las cuestiones importantes do hecho, de derecho, o discrecionales contenidas en el expediente; y (2) el reglamento, orden, sanción, beneficio o denegatoria que corresponda".

Esta disposición hay que vincularla a las contenidas en la sección 4 (b), aplicable a algunos casos de reglamentación, donde se expresa que "el órgano administrativo incorporará a los reglamentos que adopte una declaración general sintética de sus bases y propósitos", y en la sección 6 (d), párrafo final, sobre notificación de denegaciones, donde se dice que las mismas, salvo ciertos casos, serán "acompañada(s) de una sencilla explicación de sus fundamentos procesales o de otro orden".

Tres problemas distintos deben examinarse en vinculación con las normas citadas: el de la fundamentación de las decisiones administrativas en "adecuadas conclusiones de hecho", el de la exposición de las razones que, tomando por base esos hechos, sirven para justificar las conclusiones a que se llega, y el de la aplicación en el ámbito administrativo del principio del respeto de los precedentes, o regla de "estar a lo resuelto" (stare decisis).

A) DAVIS, que también se ha ocupado con extensión y profundidad de estos temas, sostiene, respecto al primero, que si es verdad que un abundante cuerpo de jurisprudencia exige se pongan de manifiesto en las decisiones administrativas los fundamentos de hecho de las mismas, tal exigencia carece de base constitucional, a pesar de que en algunas sentencias parece haberse entendido lo contrario. Así ocurrió en el famoso caso Panamá Refining Co. v. Ryan (293 U. S. 388, 1935), en el que la Suprema Corte dijo que "el debido proceso legal requiere que se ponga de manifiesto que la orden está dentro de la autoridad del funcionario, junta o comisión, y si esa autoridad depende de determinaciones de hecho, esas determinaciones deben hacerse conocer". A juicio del autor citado, el mero hecho de que las cortes que actúan sin jurados omiten generalmente en sus fallos las conclusiones sobre los hechos, es suficiente para probar que tales conclusiones no se requieren constitucionalmente en las adjudicaciones administrativas.

Pero numerosas razones de orden práctico hacen conveniente que se cumpla con tal requisito. Son éstas las que verdaderamente justifican las disposiciones contenidas en la Ley de Procedimiento

Administrativo que hemos citado con anterioridad. Entre ellas, las de mayor importancia son las siguientes: 1° Facilitar la revisión judicial: si una ley exige una serie de requisitos para conceder una licencia y el órgano administrativo la niega porque falta uno de ellos, el juez se verá abocado a la tarea do revisar íntegro un quizás voluminoso expediente, salvo que en la denegatoria administrativa se indique cuál es el requisito que no ha sido llenado; 2° Prevenir la usurpación judicial de funciones administrativas: si el órgano administrativo ha elaborado conclusiones de hecho equivocadas, por haber planteado mal por error de derecho la cuestión en debate, la corte revisora, cuya jurisdicción en materia de hechos es generalmente restringida, observará el error de derecho, devolviendo el expediente a la Administración para que se formulen nuevas conclusiones de hecho; si las conclusiones de hecho no han sido formuladas, lo más probable en tal caso es que la corte pronuncie directamente su decisión; 3° Proteger a los administrados contra la acción negligente o arbitraria de la Administración; una decisión que debe ser fundada en conclusiones específicas, obviamente parece que debe tener más sus raíces en la prueba y estar menos sujeta al capricho o la consideración descuidada de su autor; 4° Ayudar a las partes a plantear debidamente sus pedidos de reconsideración o de revisión judicial; las mismas consideraciones que se hicieron respecto de la primera razón, valen aquí; además, formuladas las conclusiones sobre los hechos, la parte que ha perdido el pleito, lo siga o no, tiene la satisfacción de saber por qué lo ha perdido, y así se hace mejor justicia; 5° Mantener los órganos administrativos en los límites de su jurisdicción: éstos, al decidir, tienen que exponer el fundamento de su competencia, y demostrar, dado el caso, que proceden dentro de sus facultades discrecionales[159].

B) La Suprema Corte Federal ha enunciado recientemente una que llama "simple pero fundamental regla de derecho administrativo", según la cual "el ordenado funcionamiento del proceso administrativo requiere que los fundamentos sobre los cuales actúa el órgano administrativo, sean claramente manifestados y adecuadamente apoyados" (Comisión de Valores y Cambios v. Chenery Corporation. 332 U. S. 194, 196, 1947).

No obstante ello, tampoco puede sostenerse aquí que sea constitucionalmente exigible que las decisiones de los órganos administrativos expongan necesariamente las razones en que se fundan. No es este un requisito del debido proceso legal. Cuando la Corte de Reclamaciones dijo una vez que este requisito constituía "un principio cardinal de la jurisprudencia anglosajona" (John T. Ayres v. United

---

[159] DAVIS, K. C., *Administrative Findings, Reasons and Stare Decisis*, en "California Law Review", junio de 1950, t. 38, p. 219 s.

States, 44 Ct. Cl. 48, 1908), max radin escribió que "la palabra *cardinal*, la palabra *principio* y la palabra *anglosajona* eran un tanto excesivas"[160].

En este sentido, para compeler a los órganos administrativos que no lo hacen, a preparar y dar por escrito sus opiniones, el debido proceso es mucho menos prometedor que la sección 8 (b) de la Ley de Procedimiento Administrativo, la cual requiere, según vimos, que las decisiones contengan "las razones y fundamentos de las mismas, sobre la base de todas las cuestiones importantes de hecho, de derecho, o discrecionales, contenidas en el expediente".

Algunos órganos administrativos, como la Comisión de Comercio Interestadual, la Comisión Federal de Comunicaciones, la Comisión Federal de la Energía, la Junta Nacional de Relaciones del Trabajo, la Junta de Aeronáutica Civil y la Comisión de Valores y Cambios, preparan y publican decisiones razonadas que, bajo todos los aspectos, recuerdan las sentencias judiciales ordinarias. La principal diferencia entre unas y otras estriba en que las decisiones administrativas de referencia usualmente incluyen más conclusiones de hecho específicas que aquellas contenidas en los fallos judiciales. Esas decisiones se coleccionan y se publican sistemáticamente en numerosos volúmenes encuadernados, y los casos son citados por volumen y por página, del mismo modo que los de la justicia. Un volumen típico de tales repertorios contiene una tabla de casos registrados y otra de casos citados (p. e., las *Agricultural Decisions*).

Otros órganos administrativos, y particularmente la Comisión Federal de Comercio, son deficientes en cuanto a la preparación de decisiones razonadas y al desarrollo de un cuerpo de casos digno de confianza. La Comisión citada ha publicado más de cuarenta volúmenes de decisiones registradas, pero usualmente no prepara o publica resoluciones razonadas. Una decisión típica de la Comisión Federal de Comercio, consiste en un sumario, una copia de la demanda, una exposición ordenada y numerada de las conclusiones de hecho, una manifestación sobro dichas conclusiones y la orden. La manifestación sobre las conclusiones es usualmente de uno o dos párrafos.

C) El sistema de poner de manifiesto las razones que fundan las decisiones administrativas, suministra el elemento indispensable para que en cada caso puedan invocarse los anteriores, asignándoles el valor de un precedente. Esto en cuanto a los particulares que litigan ante un órgano administrativo Respecto del órgano administrativo mismo, el hecho señalado le permite a su vez, siguiendo los precedentes, formar un cuerpo de jurisprudencia, al modo de la judicial. Utilizando esa posibilidad, asi ha ocurrido, y actualmente puede afirmarse que el principio de *stare decisis* es en el hecho tan fuerte en la adjudicación

---

160 Radin, M., *The Requirement of Written Opinions*, en "California Law Review", 1930, t. 18, p. 496.

ante los órganos administrativos federales, como lo es en los casos de derecho público ante las cortes.

Pero así también como el debido proceso permite la omisión de opiniones administrativas fundadas, probablemente también permite desviaciones sustanciales del principio de *stare decisis*. Decimos probablemente porque en esto la jurisprudencia no muestra una línea uniforme de pensamiento.

Quizás la mayor autoridad en la materia la tenga hoy el fallo dictado en el caso Comisión Federal de Comunicaciones v. woko (329 U. S. 223, 1946). Allí se dijo que una parte no puede invocar antecedentes para reclamar un trato, por parte del órgano administrativo, en concordancia con esos antecedentes. En sentido contrario, en el caso Junta Nacional de Relaciones del Trabajo v. Mall Tool Co. (119 F. 2d. 700; 7th. Cir. 1941), se expresó: "La consistencia de las decisiones administrativas es esencial, pues adoptar diferentes directivas para situaciones similares es actuar arbitrariamente".

Davis entiende que esta última opinión podría ser aceptable desde un punto de vista ideal, pero agrega que no es práctico adoptarla, dado que ni siquiera se aplica en las cortes. Según el autor citado, un cambio deliberado o una desviación de la política administrativa establecida, debería ser permitido, en tanto que el acto que la traduce no sea arbitrario o irrazonable[161].

60. Las sentencias declarativas en el orden administrativo — El sistema de las sentencias declaratorias, tan expandido en el derecho estadual e introducido en el federal por ley de 1934[162], hizo camino dentro de la esfera administrativa y la sección 5 (d) de la Ley de Procedimiento Administrativo ha reconocido a los órganos administrativos la facultad, "según su sana discreción, con el mismo efecto que en el caso de otras órdenes, (de) emitir órdenes declaratorias para terminar una controversia o resolver una duda".

Antes de que se sancionara esta disposición conteniendo una autorización de carácter general para que los órganos administrativos dicten decisiones declaratorias, se discutía si para hacerlo debía existir respecto a cada uno de ellos un fundamento legal expreso. Así lo entendió la Comisión del Procurador General. Esta opinión fue en su oportunidad combatida por Davis. según el cual el poder de

---

161 Davis, *Administrative Findings, Rev. cit.*, p. 249.

162 Sobre las sentencias declaratorias en el derecho norteamericano, su aplicación en el derecho administrativo y la bibliografía existente sobre el tema, véase nuestro trabajo *¿Tribunales judiciales o tribunales administrativos...?, cit.* p. 141 s. *Adde:* Anderson, *Declaratory Judgments*, 1951, 3 vols.

emanar resoluciones declaratorias podía fundarse entonces, por un lado, en razones de urgente necesidad pública, las mismas que había aceptado la jurisprudencia judicial como base para que los órganos administrativos emitieran opiniones contestando las preguntas que se les formulaban; y por otro, en el poder de dictar reglamentos, dado que por un reglamento, que obliga a la Administración de que emana, se puede fijar la interpretación que se dará a determinada norma.

Este mismo autor critica a su vez la disposición legal citada, sobre todo por su aplicación restringida a los casos de adjudicación formal y por las numerosas excepciones que resultan de la cláusula introductoria de la sección 5, concebida, a su juicio, más bien teniendo en mira la subsección (c) que la subsección (d), que ahora nos ocupa. Recuerda, en este sentido, que la primera excepción de la cláusula infroductoria ha venido a limitar la facultad de emitir órdenes declaratorias a la Oficina do la Recaudación Interna en materia de impuesto a los réditos, contribución territorial e impuesto a la transmisión gratuita de bienes, lo que constituye un grave inconveniente Agrega DAVIS que estas órdenes declaratorias están sujetas a revisión judicial, del mismo modo que las órdenes coercitivas ordinarias. Así resulta de los términos de la Ley, cuando ésta expresa que tendrán "el mismo efecto que en el caso de las otras órdenes"[163]. Ya es menos claro si el hecho de rehusarse a emitir una orden declaratoria es judicialmente revisible. Pero el criterio a adoptar no puede ser otro que el siguiente: la discreción sobre si conviene o no emitir una de estas órdenes debe ser dejada en manos del órgano administrativo; pero la Corte podrá modificar esa decisión en el caso en que compruebe que ha habido abuso en el ejercicio de ese poder discrecional. En este asunto la disposición de la Ley de 1946 es loable, pues las razones que podrían darse contra la posibilidad de exigir a los órganos administrativos que en todos los casos dictaran órdenes declaratorias para remover la incertidumbre existente sobre algún punto, son enormes. Es suficiente decir a este respecto, que aquellos que tratan de acercarse lo más posible a la criminalidad, sin trasponer el límite de la misma, deben obrar a su propio riesgo[164].

---

163 Sobre la cuestión de la revisión judicial de las decisiones administrativas, ver *post.* nos. 64 s.

164 DAVIS, *Administrative Powers of Supervising, Rev. cit.* p. 228-234.

CAPÍTULO X

ASUNTOS SECUNDARIOS

61. CONTENIDO DE LA SECCIÓN 6 DE LA LEY. — Con este mismo título, la sección 6 de la Ley se ocupa de los siguientes temas: comparencia, investigaciones, emplazamientos y denegaciones. Ya hemos adelantado que las disposiciones pertinentes se aplican en general tanto a la adjudicación formal (procedimiento que parece ser el que se ha tenido en vista para redactarlas y para el cual resultan particularmente concebidas), como a la adjudicación no formal y aún a ciertos casos de reglamentación[165].

Nos limitaremos aquí a examinar únicamente los dos temas que suponemos de mayor interés, vinculados a las reglas contenidas en la sección 6. Primero, el relativo a la actuación de legos en gestiones ante los órganos administrativos, y segundo, el del ejercicio del poder administrativo de investigación, poder que se hace efectivo por medio de la facultad conferida a los agentes públicos para emplazar testigos, a fin de que presten declaración (*subpoena ad testificandum*) o bien para que presenten libros o documentos que se encuentren en su poder y que son requeridos como elementos probatorios (*subpoena duces tecum*).

62. LA ACTUACIÓN DE LEGOS ANTE LOS ÓRGANOS ADMINISTRATIVOS. — La sección 6 (a) de la Ley, después de autorizar a cualquier persona que deba presentarse ante un órgano administrativo, sea que se limite a comparecer o que lo haga para intervenir en un procedimiento administrativo, a que se haga acompañar, representar o aconsejar por un abogado, agrega que "ninguna disposición de esta Ley será interpretada para conceder o para negar a una persona que no sea abogado el derecho de comparecer por otros o de representar a otros ante algún órgano administrativo o en cualquier procedimiento ante un órgano administrativo".

La norma transcripta significa el triunfo de los constantes esfuerzos de las asociaciones de "prácticos" en asuntos administrativos, que

---

[165] Ver *ante*, n° 43.

lucharon incansablemente para no ser excluidos de la realización de gestiones por cuenta de terceros ante los órganos administrativos. Se entiende, naturalmente, de gestiones que no implican el ejercicio de la profesión legal, pues la Ley de Procedimiento Administrativo, ni ninguna otra, podría alcanzar tal extremo.

Hasta 1946 cada órgano administrativo regulaba independientemente esta materia. De los 24 más importantes, seis autorizaban a intervenir sólo a los abogados; el resto permitían la actuación indistinta de letrados y de prácticos. Ocho de estos últimos regularon detalladamente la intervención de los prácticos; cuatro se limitaron a exigirles buena conducta profesional; los seis restantes no habían emitido ninguna regulación.

Los inconvenientes de la situación apuntada eran numerosos: los clientes carecían de garantías respecto a las condiciones técnicas y éticas de sus representantes; estos podían recurrir libremente a métodos comerciales vedados a los letrados y así competir con ellos ventajosamente; en definitiva, los prácticos ejercían actividades profesionales de orden legal, invadiendo el campo reservado a los abogados.

Los abogados trataron de obtener primero que los tribunales declararan que esta era una "práctica del derecho no autorizada" y así lo lograron en algunas cortes locales. Pero la Suprema Corte Federal, en el caso Goldsmith v. Junta de Apelaciones de Impuestos de los Estados Unidos (270 U. S. 117, 1926), sostuvo expresamente que el poder delegado a los órganos administrativos para dictar reglas de procedimiento, incluye el poder de determinar las calificaciones requeridas por los que representan a las partes ante ellos. A partir de este momento, las miradas de los profesionales del foro se dirigieron al Poder Legislativo y en pocos años se presentaron 22 proyectos tendientes a suprimir la intervención de los prácticos. Estos últimos, organizados en asociaciones, impidieron la sanción de esos proyectos y finalmente, como se expresó al comienzo de este párrafo, consiguieron que la Ley de 1946 no alterara el *statu quo ante.*

Pero los abogados no han cejado en su empeño y, con el apoyo de la Asociación del Foro Americano, presentaron a la Cámara de Representantes un proyecto de ley que no sólo tiende a unificar el procedimiento de admisión de los prácticos a su función, sino también a restringir el campo de sus actividades.

Este proyecto, que se identifica por la característica H. R. 2657 y que se denomina *Administrative Practitioners Bill,* crea una Comisión de Credenciales de cinco miembros, que es la que autorizará a los prácticos y abogados a actuar ante los órganos administrativos. Luego limita la acción de los primeros, excluyéndolos de los procedimientos de adjudicación y reglamentación formal, con lo que se piensa eliminar su presencia en nueve de los dieciocho órganos administrativos que actualmente permiten su actuación. Por otra cláusula también se les prohíbe intervenir "en conexión con cualquier forma de proceso compulsorio", lo que pareciera que debe interpretarse como que los prácticos no pueden representar a ninguna persona que ha sido emplazada.

Según un autor que se ocupa del tema, la ley propuesta es criticable por sus muchas ambigüedades, pero acierta al no eliminar totalmente a los prácticos, pues no hay razón para hacerlo si reúnen las condiciones de capacidad técnica y moral necesarias, y sobre todo si no se prueba que los abogados harían mejor que ellos su trabajo, para lo cual debe tenerse en cuenta que muchas veces lo que se requiere para actuar, no son conocimientos de derecho, sino de orden técnico o científico en un campo especializado. Para evitar toda competencia debe exigírseles un código de ética igual al de los letrados. Así la ley a dictar debe limitarse —según este autor— a obligar a los órganos administrativos a establecer reglas sobre los niveles mínimos de conocimientos técnicos y de requisitos éticos a llenar, señalando, en cada caso particular, los límites de la actuación de los legos, según las materias de que se trate (técnicas o legales)[166].

63. El poder de formular emplazamientos. — Acerca del poder administrativo de investigación tratan las subsecciones (b) y (c) de la sección 6.

La primera, al establecer que "ningún procedimiento, requerimiento de información, inspección, u otro acto o exigencia investigatoria, será dispuesto, realizado o ejecutado de cualquier manera y con cualquier propósito, excepto cuando media autorización legal", no hace sino consagrar para un caso particular el principio general de legalidad que aparece enunciado en diversas partes de la Ley, particularmente en la sección 9 (a).

Ya dijimos que el instrumento en el que se concreta este poder investigatorio es la facultad de formular emplazamientos[167].

Históricamente esta es una facultad judicial. Las cortes han reconocido, sin embargo, que a pesar de no existir cláusula expresa en la Constitución, el Congreso goza del poder de emplazar testigos a fin de realizar las investigaciones necesarias para el cumplimiento de

---

166 *Proposed Restrictions to Law Practice before Federal Administrative Agencies*, en "Columbia Law Review", enero de 1948, t. 48, p. 120 - 130.

167 Ver *ante*, n° 61. Antecedentes sobre esta materia pueden verse en Lilienthal, David, *The Power of Government Agencies to Compel Testimony*, en "Harvard Law Review", 1926, t. 39, p. 694 s.

sus tareas legislativas (Killbourn v. Thompson, 103 U. S. 168, 1880 y McGrain v. Dougherty, 273 U. S. 135, 1926; Journey v. McCracken, 294 U. S. 125, 1934). Por el contrario, no se ha seguido el mismo criterio respecto de los órganos administrativos. En el *leading case* en esta materia, representado por el caso Comisión de Comercio Interestadual v. Brimson (154 U. S. 447, 1894), el juez Harían dijo: "Tal cuerpo (la Administración) no podría, dentro de nuestro sistema de gobierno, y de acuerdo al debido proceso legal, ser investido con la autoridad de imponer obediencia a sus órdenes por la decisión de aplicar una multa o prisión". Según la Corte, otorgar al Poder Administrador el poder de penar por desacato sería violar el principio de la separación de los poderes; por lo demás, siendo los órganos administrativos una creación legal, no podrían invocar poderes inherentes.

No obstante lo expuesto, las necesidades prácticas llevaron a crear un medio ingenioso para acordar a los órganos administrativos lo que es casi un poder de tal naturaleza. La Ley de Comercio Interestadual autorizó a la Comisión de Comercio Interestadual a requerir la presencia de testigos y la exhibición de documentos e impuso a las partes que actuaran ante ella la obligación de cumplir las órdenes recibidas. En el caso que algún testigo se rehusara a responder, la Comisión podía dirigirse a una corte federal solicitándole que lo intimara a cumplir su decisión; si el testigo ignoraba la intimación, era condenado por contumacia, no por el órgano administrativo, sino por la corte. La Suprema Corte Federal legitimó este procedimiento en el citado caso Brimson, reconociendo que ante la reclamación del órgano administrativo se producía un "caso" o "controversia", requisito indispensable para justificar la intervención del Poder Judicial.

El sistema de la Ley de Comercio Interestadual se generalizó y ha sido adoptado por la sección 6 (c) de la Ley de Procedimiento Administrativo. La ventaja del mismo reside en el reconocimiento que en principio se hace de la facultad administrativa para formular emplazamientos, y en la salvaguardia que importa para los derechos privados la intervención judicial, dado que se abre así la posibilidad de discutir ante esta última la legalidad del emplazamiento.

Los límites del poder que nos ocupa están trazados en dos artículos de la Constitución: el que establece la garantía de no ser obligado a declarar contra sí mismo (Enmienda V) y el que prohíbe los registros o investigaciones arbitrarias (Enmienda IV).

Respecto del primero, la Corte dijo en el caso Brown v. Walker (161 U. S. 591, 1896) que el objeto de esta cláusula constitucional era salvaguardar a los testigos contra cualquier persecución criminal que pudiera fundarse directa o indirectamente en su propia declaración. Más adelante se ha expresado que esta garantía no rige para las corporaciones, sino únicamente para los individuos (Troy Laundry Co. v. Wirtz, 155 F. 2d. 53. C. C. A. 9th. 1946).

A mayores dificultades ha dado lugar la interpretación del segundo de los textos citados: ¿hasta qué punto un registro o una investigación son razonables y cuándo dejan de ser tales para transformarse en arbitrarios? Este es un problema que ha sido debatido largamente. Su solución depende, como es natural, del papel que se asigne a los órganos administrativos. Si han de llenar alguna función preventiva, obviamente deben gozar del poder de realizar encuestas preliminares, lo que significa que deben tantear un tiempo en la oscuridad, organizar lo que llamó Holmes "expediciones de pesca" (Comisión Federal de Comercio v. American Tobacco Co., 264 U. S. 293, 306, 1924). En caso contrario, no hay razón para que las cortes no exijan, antes de hacer lugar a un pedido de intimación, que se justifiquen más o menos ampliamente los motivos que provocan la investigación respectiva.

La jurisprudencia ha evolucionado en el sentido de favorecer un ejercicio cada vez más amplio del poder investigatorio. Las sentencias dictadas en los casos Consolidated Mines of California v. Comisión de Valores y Cambios (97 F. 2d. 704, 707, C. C. A. 9th. 1933), Endicott Johnson Corporation v. Perkins (317 U. S. 501, 1943), Oklahoma Press Publishing Co. v. Walling (327 U. S. 186, 1946) y Renfield Co. v. Comisión de Valores y Cambios (330 U. S. 585, 1947), marcan las etapas decisivas en el camino de esta evolución.

En el caso Endicott, p. e., se sostuvo que es suficiente que haya "causa probable" para investigar, para que los poderes que un órgano administrativo se propone ejercer no puedan discutirse ante una corte judicial, dado que no es posible atribuir a estas últimas la facultad de juzgar de antemano los posibles resultados de una investigación; su intervención sólo corresponde por vía de revisión posterior. En el caso Oklahoma la Corte expresó que un testigo, invocando la cláusula sobre registros e investigaciones arbitrarias, puede atacar la validez de un emplazamiento y probar que no está "de acuerdo con el derecho", porque es demasiado indefinida o amplia la especificación de los documentos que deben ser presentados, o que es irrazonablemente opresivo, o que la investigación no es de aquellas que ha autorizado a ejercer el Congreso y con un propósito que el Congreso puede ordenar, o que los documentos o el testimonio requeridos no son pertinentes a los efectos de la investigación. Pero no puede argüir, en cambio —según dice el mismo fallo— que no está comprendido en la ley que autoriza la investigación, o que no está pendiente ningún cargo o querella específico, o que el órgano administrativo está obligado a indicar una causa probable.

Actualmente se discute si la disposición de la sección 6 (c) de la Ley de Procedimiento Administrativo, que impone a los órganos administrativos que formulen un emplazamiento el deber de manifestar o demostrar ''la pertinencia general y objeto razonable de la prueba que desea producirse", implica una ratificación del derecho jurisprudencial anterior o un paso atrás en el camino señalado por los fallos anotados precedentemente. Se ha declarado que es esta una cuestión difícil de dilucidar, en razón de que los antecedentes de la sección 6 (c) son oscuros y contradictorios[168]. En favor del primer punto de vista se ha pronunciado un artículo anónimo publicado en la revista de la Universidad de Nueva York[169]; por el segundo, un autor que ha criticado acerbamente la Ley de Procedimiento Administrativo[170]. Según DAVIS la norma aludida no ha afectado en nada la amplitud del poder investigatorio admitida por la jurisprudencia precedente[171].

Siempre con relación al poder de formular emplazamientos, otra cuestión también en debate en la actualidad, es la relativa a la facultad de los órganos administrativos de delegar el poder de emplazar que se les haya conferido. La Corte Suprema en el caso Cudahy Packing Co. v. Holland (315 U. S. 357, 1942), admitió la delegación sólo mediando autorización legal expresa. En cambio, en el caso Fleming v. Mohawk Wrecking and Lumber Co. (331 U. S. 111, 1947), prescindió de la existencia de una autorización legal para aceptar la delegación. La contradicción aparente entre ambas decisiones, podría ser salvada por el examen de los antecedentes de cada caso, en los que se aplicaron disposiciones legales diferentes; a saber, la *Fair Labor Standards Act* y la *Emergency Price Control Act,* respectivamente.

La doctrina sigue la orientación del caso Mohawk, limitando su aplicación a las hipótesis en que se trate de autorizaciones para formular

---

168 *Conf. Non Coverage as a Defensa Against Judicial Enforcement of Administrative Subpoenas,* en "Yale Law Journal", noviembre de 1946, t. 56, p. 162-170. Davis recuerda que el diputado Walter dijo que la disposición aludida "hacía algo más que codificar las salvaguardias constitucionales existentes". Pero el Procurador General expresó en su informe de 1941 que por el artículo en cuestión "se intenta declarar el derecho existente acerca de la ejecución judicial de los emplazamientos", agregando que "el derecho expuesto en el caso Endicott Johnson v. Perkins es todavía aplicable. Todo lo que esta sección exige es que la corte determine si el emplazamiento dictado se encuentra dentro del poder general de ese órgano administrativo. No es necesario que se efectúen averiguaciones *in limine* para determinar si la persona emplazada está o no comprendida en la ley". Las afirmaciones efectuadas en las comisiones del Senado y de la Cámara de Representantes parecen apoyar la interpretación del Procurador General. Davis, K. C., *The Administrative Power of Investigation,* en "Yale Law Journal", agosto de 1947, t. 56, p. 1148-1149.

169 *Power to Subpoena Witnesses, cit,* p. 471.

170 SHERWOOD, F. H., *Administrative procedure and civil liberties,* en "Cornell Law Quarterly", noviembre de 1947, T. 33, P. 245 - 246.

171 DAVIS, *The Administrative Power of Investigation, Rev., cit,* P. 1134.

emplazamientos otorgadas por leyes de emergencia[172], o bien dejando de lado esa limitación y opinando, como Arnold, que cualquier otra interpretación obligará a los administradores recargados de tareas a firmar emplazamientos "en blanco", siendo así que lo importante no es en realidad quien firma un emplazamiento, sino quien lo emite, es decir quién examina las razones que justifican su libramiento[173].

172 *Statutory Construction of the Delegation of Administrative Subpoena Power,* en "Illinois Law Review", noviembre - diciembre de 1947. t. 42, p. 672 - 677. Aquí se examina el fallo dado en el caso United States v Cream Products Distributor Co. (136 F. 2d. 732, C. C. A. 7th. 1946), en el que se admitió con amplitud la delegación de la facultad de emplazar, otorgada al Presidente de la Nación por la Segunda Ley sobre Poderes de Guerra. Este delegó sus poderes en el Ministro de Agricultura y en el Administrador de Alimentos para la época de guerra (*War Food Administrator*). A su vez, estos últimos los subdelegaron en los abogados de la Oficina del Procurador del Ministerio ele Agricultura.

173 Arnold, W. B., *Subdelegation of Subpoena Power by Federal Administrative Officers,* en "Texas Law Review", abril de 1949, t. 27, p. 537- 545

CAPÍTULO XI

REVISION JUDICIAL

64. IMPORTANCIA DEL TEMA. — La sección 10 de la Ley, dedicada a la revisión judicial, es la que hasta este momento ha sido objeto de mayor atención y de más enconadas controversias por parte de la doctrina. No es de extrañar este hecho, si se tiene presente que la cuestión de la revisión judicial de la actividad administrativa, es uno de los temas capitales del derecho administrativo norteamericano, y que todo lo que atañe a su respecto viene discutiéndose seriamente desde hace más de veinte años. Todavía puede agregarse que el mayor interés dentro del tema aludido, se enfoca sobre el alcance de la revisión judicial sobre los hechos y el derecho juzgados por órganos administrativos, asunto del que trata la subsección (e) de la sección citada.

Como se verá en los párrafos que siguen —ordenados en igual forma que el texto legal, pues su estructura se presta para un tratamiento doctrinario paralelo— sobre muchos puntos vinculados a la revisión judicial todavía no hay acuerdo unánime entre los autores y la jurisprudencia se mantiene indecisa. Nuestros propósitos con relación a esta materia, no van más allá de poner en evidencia el estado actual de la cuestión, con la mayor claridad posible.

I. — REQUISITOS PARA DEMANDAR LA REVISIÓN

65. "CASO" O "CONTROVERSIA" Y EXISTENCIA DE UN DERECHO LEGALMENTE PROTEGIDO. — El derecho relativo a los requisitos para demandar la revisión, o la calidad que es necesario poseer para obtenerla *(Law of Standing)*, como prefiere expresar la doctrina sajona, tiene dos características sobresalientes que son la "cantidad" y la "complejidad". Esto desde ya revela que no se ha implantado en la aludida materia un buen sistema, un instrumento práctico que produzca buenos resultados[174].

---

[174] DAVIS, K. C., *Standing to Challenge and to Enforce Administrative Action*, en "Columbia Law Review", junio de 1949, t. 49, p. 759.

Dos son los requisitos que se exigen para admitir la revisión judicial de la actividad administrativa: el primero resulta del propio texto de la Constitución; el segundo proviene del derecho consuetudinario *(common law)*. Nos ocuparemos de ellos sucesivamente.

A) Requisito constitucional del "caso" o "controversia".

En su relación con la calidad exigida para demandar la revisión, el requisito del caso o controversia, a que se refiere el artículo III, sección 2, de la Constitución de los Estados Unidos, impone como condición de la intervención judicial la existencia de partes con intereses adversos y que estos intereses hayan entrado en colisión. Tal es la enseñanza que se desprende del *leading case* en la materia (Muskrat v. United States, 219 U. S. 346, 1911).

B) Requisito del *common law (damnum absque injuria)*.

No importa lo atrozmente ilegal que un acto administrativo pueda ser, ni la magnitud del daño causado al demandante; la calidad necesaria para actuar puede todavía faltarle, pues el daño puede ser *damnum absque iniuria,* es decir, daño no reconocido como motivo para obtener un resarcimiento. Así en el caso Tennessee Electric Power Co. v. Autoridad del Valle de Tennessee (306 U. S. 118, 1937), en que dieciocho compañías demandaron a la citada autoridad, pidiendo se le ordenara cesar en sus operaciones y atacando su creación como inconstitucional, la Suprema Corte dijo que los actores carecían de la calidad necesaria para demandar, porque "el daño consecuencia de la competencia a que se veían sometidos, por lo demás legal, es en tales circunstancias *damnum absque iniuria,* y no proporciona una causa para accionar o un derecho para litigar". Y agregó más adelante, que quien está amenazado de un gran daño por parte de la acción gubernamental, no puede atacar tal acción, "a menos que el derecho invadido sea un derecho reconocido por la ley, de propiedad, resultante de un contrato, protegido contra invasiones ilegales, fundado sobre una ley que confiere un privilegio". Igual doctrina fue sostenida en Alabama Power Co. v. Ickes (302 U. S. 464, 1938), frente a un grupo de compañías de servicios públicos que pretendían atacar los actos del Gobierno Federal, por los que se hacían concesiones u otorgaban prestaciones a la empresa municipal que competía con ellas.

66. Alteraciones introducidas por la legislación y por la jurisprudencia. – La legislación y la jurisprudencia, cada una en los límites de sus respectivas posibilidades, pueden modificar los dos principios señalados en el párrafo anterior. Esto es lo que ha ocurrido en la práctica, inclusive con motivo de dictarse la Ley de Procedimiento Administrativo.

A) Sobre la mayor flexibilidad adquirida por el requisito del "caso" o "controversia", con motivo de la adopción del sistema de las sentencias declarativas, nos remitimos a lo ya expuesto en un anterior trabajo que nos pertenece[175]. Puede verse allí cómo la exigencia, para que se configure un caso, de que existan no sólo intereses opuestos, sino que éstos hayan entrado en colisión, se ha ampliado considerablemente, al ser permitido que las cortes dicten pronunciamientos con el objeto de eliminar preventivamente cualquier incertidumbre sobre el alcance de una determinada relación legal. También en el lugar citado se informa acerca del reconocimiento expreso, por parte de la Suprema Corte, de la constitucionalidad de esta legislación sobre sentencias declarativas.

Ya hemos dicho precedentemente que la ley que nos ocupa autoriza a los órganos administrativos a emitir órdenes declarativas, y en esa oportunidad expresamos que tales órdenes estaban sujetas a revisión judicial, de igual modo que las otras órdenes[176].

B) Respecto del grado de interés exigible como condición para poder solicitar la revisión judicial de un acto, las leyes y la jurisprudencia proporcionan soluciones que difieren grandemente. Dedicaremos sendos párrafos a examinar las que provienen de una y otra fuente.

67. Disposiciones legales sobre el grado de interés necesario para pedir la revisión. La sección 10 (a) de la ley de 1946. — En materia legislativa, el tipo más restringido, en cuanto al reconocimiento de la facultad de pedir la revisión, lo proporciona la Ley de creación de la Comisión Federal de Comercio. Dice así: "Cualquier persona... requerida por una orden de cesar y desistir emanada de la Comisión... puede obtener revisión". En el resto de las leyes, las expresiones empleadas ron múltiples, pero poco explicativas. No se percibe bien la diferencia entre quien "tiene interés", es "adversamente afectado", o ha sido '"agraviado", etc.

La Ley de 1946, según Davis, en lugar de resolver las dudas resultantes de los diversos supuestos mencionados en las leyes, sobrepone al derecho preexistente un nuevo juego completo de "complejidades y perplejidades"[177].

En efecto, la sección 10 (a) provee (habida cuenta de las excepciones contenidas en el párrafo introductorio de dicha sección): "Cualquier persona que sufra un daño jurídico a consecuencia de un acto de un órgano administrativo, o sea adversamente afectada o agraviada por tal acto dentro de los términos de alguna ley pertinente, está autorizada para pedir la revisión judicial del mismo".

Para Davis, esta disposición deja sin contestar, entre otras las siguientes cuestiones: 1°) ¿La sección 10 (a) intenta codificar o cambiar

---

175 *¿Tribunales judiciales o tribunales administrativos...?, cit.* n° 45, p. 139 s.

176 V. *ante,* n° 60.

177 Davis, *Standing to Challenge..., Rev. cit.,* p. 767.

el derecho existente?; 2°) ¿La primera "o", significa que no es necesario probar que se ha sufrido un daño jurídico, si se prueba que uno ha sido adversamente afectado o agraviado?; 3°) ¿Debe atribuirse algún significado al hecho de que la Ley repite sólo dos, de las tres expresiones comunes en las leyes (partes interesadas, adversamente afectadas, agraviadas)?; 4°) Si una ley permite obtener la revisión a determinadas personas y no prohíbe expresamente obtenerla a otras, ¿esa ley, según los términos de la Ley de Procedimiento Administrativo, "excluye la revisión judicial?" (p. e., el derecho de pedir la revisión de una orden de la Comisión Federal de Comercio, ¿sigue limitado a "cualquier persona... requerida... para cesar y desistir...", o puede ahora obtenerla cualquier parte "adversamente afectada"?)[178].

Hasta este momento nadie ha dado una respuesta satisfactoria a todos estos interrogantes. Por otra parte los antecedentes legislativos de la cláusula citada son confusos y contradictorios, no siendo posible recurrir a ellos para orientarse sobre el punto[179].

Lo expresado es, sin embargo, suficiente para advertir que en el derecho norteamericano no se plantea el problema teórico de si es exigible un "derecho", o si basta con un "interés" para actuar y, en este último caso, cual es la calificación que corresponde dar al interés requerido. Al fin y al cabo, como observa DAVIS, sostener que es suficiente un determinado "interés" (que, salvo casos excepcionales, es algo más que un interés simple) o que la ley ha creado en ese mismo caso un "derecho a la revisión judicial", es una cuestión de terminología[180].

68. CRITERIO SEGUIDO POR LA JURISPRUDENCIA. — Ante la amplitud y lo indefinible de expresiones como "daño jurídico" (*legal injury*), o de esta otra: "daño jurídico directo privado independiente" *(direct private*

---

178 DAVIS, *Rev. cit.*, p. 767.

179 El diputado Walter dijo que "daño jurídico significa acción o inacción en violación del derecho o de los hechos. Las categorías de casos de daño jurídico se indican luego en la subsección (e) de la sección 10". Esta incluye la acción que es arbitraria, inconstitucional, ejercida con exceso de jurisdicción legal, sin observancia del procedimiento requerido por el derecho y no fundada en prueba sustancial. DAVIS sostiene que este criterio interpretativo no puede aceptarse, pues ello implicaría un cambio tan revolucionario en el sistema legal, que si hubiera estado en la mente del legislador introducirlo, seguramente lo habría puesto de manifiesto expresamente en la ley. Si la afirmación de Walter fuera exacta, resultaría que antes de la sanción de la Ley de Procedimiento Administrativo, quien buscaba revisión judicial debía probar haber sufrido un daño, o la amenaza de un daño, a un interés legalmente protegido, a fin de obtener la oportunidad de demostrar tal ilegalidad. En cambio, a partir de la citada ley, cualquiera tendría derecho a probar la ilegalidad de un acto administrativo ante los estrados judiciales, sin tener que poner de manifiesto previamente haber sufrido un daño, o la amenaza de un daño, a un interés legalmente protegido. Davis, *Standing to Challenge..., Rev. cit*, p. 767-768.

180 DAVIS, *Rev., cit*, P. 792 S.

independent legal injury), o de cualquiera de las tres citadas en el párrafo precedente (partes interesadas, adversamente afectadas, agraviadas), que utilizan las leyes relativas a la revisión judicial, queda extenso campo a la discrecionalidad de los jueces.

A juicio de un autor, la situación anotada tendría sus ventajas, pues "más previsiones legislativas especificas serían no sólo poco prácticas, sino innecesarias e imprudentes. La variedad de las funciones cumplidas por los órganos administrativos, su impacto en terceras personas, exige que las cortes retengan una considerable discreción en decidir quién tiene calidad para pedir la revisión de las decisiones administrativas[181].

Esta conclusión se halla afianzada por la comprobación de que los jueces se dejan guiar en sus decisiones sobre esta materia (como lo hacen a menudo en otras), por un criterio práctico, que se pone en evidencia con toda claridad cuando se examinan, a través de la jurisprudencia, los factores que han conducido a otorgar o limitar la revisión de los actos administrativos.

Brevemente haremos este examen a continuación, siguiendo en sus líneas generales el artículo publicado por el autor de referencia[182].

a) Factores que conducen a conceder la revisión.

1°) Asegurar que "alguien" pueda obtener revisión. – Este criterio lo ilustra la sentencia dictada en el caso Comisión Federal de Comunicaciones v. Sanders Bros Radio Station (309 U. S. 470, 1940). Se discutió allí, dentro de los términos de la Ley de Comunicaciones de 1934, si era una "persona agraviada" el propietario de una estación de radio perjudicado por una licencia concedida a un tercero. La Suprema Corte resolvió la cuestión planteada en sentido positivo, expresando que "el daño financiero resultante de la competencia, era suficiente para admitir que el poseedor de una licencia pidiera la revisión de una orden concediendo una licencia a una nueva estación". Para acoger esta solución, frente al principio de que para tener calidad para accionar hace falta probar un "daño jurídico privado" (pues sino se trataría de un *damnum absque iniuria)*, la Corte sostuvo que en realidad los accionantes invocaban la defensa del interés público, o sea que actuaban como "procuradores reales" (*King's proctors)* o "fiscales privados" (*private Attorneys General)*, única interpretación que permitía asegurar que la cláusula "persona agraviada" no fuera letra muerta y que quedara eliminada toda posibilidad de revisión. "Alguien" debía ser el beneficiario de la disposición legal.

---

181 V. *Statutory Standing to Review Administrative Action*, en "University of Pennsylvania Law Review", noviembre de 1949, t. 98, p. 79.

182 *Statutory Standing to Review ..., Rev. cit.*, p. 70-79.

2°) Estimular la participación en las audiencias ante los órganos administrativos. – Muchas veces los órganos administrativos reguladores, sometidos a "grupos de presión", terminan pensando en igual forma que los intereses que regulan. Es entonces necesario, en defensa del interés público, que intervengan en las audiencias que tienen lugar ante esos órganos representantes de otros intereses. Por ejemplo, en la Comisión de Comercio Interestadual debe escucharse a los que utilizan los transportes por agua, a los transportadores que compiten con los sometidos a una determinada regulación y a los consumidores. Pero estos no tienen interés en asistir a las audiencias y tomar parte en ellas, perder tiempo y dinero, si en definitiva no se les reconoce el derecho de atacar lo que resuelve el órgano administrativo. De allí que, aunque no sean "personas agraviadas", se les reconozca el derecho a pedir la revisión (como se ha hecho repetidas veces en cuestiones de tarifas).

3°) Otorgar una efectiva protección a ciertos intereses contemplados por las leyes. – La Ley del Carbón Bituminoso contiene varias disposiciones que demuestran su propósito de garantizar los intereses de los consumidores. En consecuencia, en el caso Associated Industries of New York v. Ickes (134 F. 2d. 694; 2d. Cir. 1943), se resolvió que una asociación de consumidores podía pedir la revisión de una tarifa fijada por la Comisión del Carbón Bituminoso. El juez Frank dijo que toda la política del Congreso y do las cortes estaba dirigida a alentar la competencia y a impedir los monopolios. Luego, cuando el Congreso exceptúa un sector determinado de esa política regulando tarifas y reduciendo la competencia, quita así la protección de que ordinariamente gozan los consumidores, cargadores, etc. De allí que en tales casos deba dárseles a esos grupos la facultad de pedir la revisión de las decisiones de la Comisión.

4°) No interferir en los casos en que la calidad del peticionante no es contestada por el órgano administrativo. – Esto ocurre en ciertas oportunidades, aún cuando en ellas sea posible contestar con éxito la calidad invocada. Tal actitud debe atribuirse al hecho de que los órganos administrativos quieren contar con la confianza pública y, seguros de la justicia de sus decisiones, las dejan llevar hasta las cortes. Lo contrario ocurre, cuando lo que se busca con la revisión es dilatar o entorpecer la acción administrativa.

b) Factores que conducen a una limitación de la revisión.

Se ha visto precedentemente que la determinación de quién es una "persona agraviada", la hacen las cortes con la intención de estimular la efectiva ejecución de la política legislativa. Consecuentemente, cuando la revisión puede poner en peligro el llevar a cabo esa política, las cortes rehúsan la revisión. Ello puede ocurrir si con las facultades para obtener revisión, se paraliza la acción administrativa y se atasca la labor de las cortes.

1°) El peticionante es adecuadamente representado por otros. – En el caso American Power and Light Co. v. Comisión de Valores y Cambios (325 U. S. 385, 1945), dijo la Suprema Corte que era admisible el recurso de revisión contra la decisión de la Comisión por parte de un accionista, estando pendiente la revisión pedida por la sociedad, pues sus intereses eran diferentes. De lo contrario no correspondería admitir la acción del primero.

2°) El peligro de demasiado frecuentes apelaciones. – Aún cuando no haya seguridad de que el interés invocado esté bien representado por otro, las cortes deniegan la revisión si hay peligro de apelaciones excesivas. En United States Cane Sugar Refiner's Ass'n v. McNutt (138 F. 2d. 116; 2d. Cir. 1943), se consideró que los refinadores de azúcar no fueron "adversamente afectados" por un reglamento del *Federal Security Administrator,* que permitió el uso de dextrosa o jarabe de grano (*corn syrup*) —en lugar de azúcar— en el envasamiento de algunas frutas, sin indicarlo en la etiqueta del producto, pues la corte interviniente consideró que si abría las vías del recurso en ese caso en que había "una tenue probabilidad de daño", la "oportunidad para interponer peticiones sería tan ilimitada que constituiría una seria amenaza para la ejecución práctica de la ley".

3°) El interés público exige rápida atención del órgano administrativo. – Frente a multitud de decisiones autorizando a los cargadores a pedir la revisión de las tarifas fijadas por la Comisión de Comercio Interestadual, en Algoma Coal Co. v. United States (11 F. Supp. 487; E. D. Va. 1935), la corte que intervino sostuvo que éstos no podían pedir la revisión de una decisión permitiendo un aumento general de tarifas ferrocarrileras. La razón fue la de que "si se admitiera a cada grupo de cargadores atacar la elevación de una tarifa general, el sinnúmero de juicios volvería ineficaz la decisión de la Comisión y amenazaría todo el sistema de transportes de la Nación".

II. PROCEDIMIENTOS DE REVISIÓN

69. Procedimientos establecidos por leyes anteriores. – El primer párrafo de la sección 10 (b) de la Ley, establece que "la forma de procedimiento para la revisión judicial será la de cualquier procedimiento de revisión especial *establecido por ley,* que resulte pertinente con respecto a la cuestión de que se trata, a seguirse ante cualquier corte determinada por ley..."

Esta disposición, como se ve, no implica cambio alguno en el derecho existente. Cualquier procedimiento legal especial de revisión judicial, puede ser usado después de la sanción de la Ley, exactamente de la misma manera que podía ser utilizado anteriormente.

Dichos procedimientos (aparte los previstos por la Ley de Procedimiento Administrativo y el Código Judicial), son la *injonction* legal ante una corte de tres jueces, de acuerdo a la *Urgent Deficiencies Act* de 1913; la petición de revisión, de acuerdo a normas como las contenidas en la Ley Federal de Comercio; y la injonction legal ante una corte de distrito unipersonal.

Según DAVIS, todos estos medios son razonablemente satisfactorios, pero pueden ser fácilmente mejorados. La *Urgent Deficiencies Act* debe ser abolida, en favor de un mejor sistema de revisión, que requiere expansión[183].

70. PROCEDIMIENTOS EXTRAORDINARIOS Y ACCIONES DECLARATIVAS. — "En ausencia de estos (procedimientos) —continúa la Ley— o siendo ellos inadecuados, (puede emplearse para obtener la revisión) cualquier forma aplicable de acción legal (incluyendo acciones para obtener sentencias declarativas o *writs* de *injonction* prohibitorios o mandatorios o de *habeas corpus)* en cualquier corte que sea competente".

A diferencia del párrafo anterior, éste plantea la duda de si se limita a codificar el derecho existente o si implica alguna innovación con respecto al mismo.

Muy duras palabras ha merecido a DAVIS el sistema de los recursos extraordinarios empleado para la revisión de la actividad administrativa. Para comprobarlo, nada mejor que transcribir dos de los párrafos contenidos en su artículo sobre la materia.

En el primero dice así: "Un sistema imaginario, planeado astutamente con el maligno propósito de impedir que se haga justicia y de llevar al máximo la litigación infructuosa, copiaría los rasgos principales de los remedios extraordinarios. Con el propósito de crear traicioneras trampas procesales e impedir o dilatar la decisión de los casos en cuanto al fondo, tal esquema insistiría en una pluralidad de remedios, ningún remedio correspondería mientras hubiera otro disponible, los límites entre los remedios serían complejos y variados, los principios conceptuales, confundiendo las fronteras de cada remedio, serian indefinidos e indefinibles, las opiniones judiciales estarían repletas de engañosas generalidades, y las cortes, estudiadamente, evitarían discutir o aún mencionar la ausencia de razones prácticas detrás de las complejidades del sistema"[184].

---

183 DAVIS, K. C. *Forms of Proceedings for Judicial Review of Administrative Action,* en "Illinois Law Review" noviembre/diciembre de 1949, t. 44, p. 571-575.

184 DAVIS, *Rev., cit., p.* 565.

En el segundo agrega: "El sistema de los remedios extraordinarios está colmado de estas cualidades. Sin ninguna razón práctica, los remedios son muchos. Un principio cardinal, de vez en cuando irregularmente ignorado, niega un método de revisión cuando otro es adecuado. Los límites entre unos y otros se mueven a través de discusiones sobre los conceptos de judicial, no - judicial, discrecional y ministerial. Estos conceptos son agudamente infortunados, no sólo porque desafían toda definición, sino a causa del desatino que implica utilizar cualquier clase de concepto para separar un remedio de otro. Nada se hace con sostener que el *certiorari* no es el método para revisar la acción no-judicial, que por el *mandamus* no se puede atacar la actividad discrecional, que desde el momento que ni el *certiorari* ni el *mandamus* son buenos cuando el acto es al mismo tiempo no-judicial y discrecional, como en el caso de la fijación de la tarifa de un servicio público, el remedio a emplear es de equidad, de modo que conceptos tales como el de daño irreparable pueden fortuitamente hacerse presentes y resultar decisivos, aún cuando esos mismos conceptos no afectarían el *certiorari* o el *mandamus.* La teoría varía y los apartamientos -de la teoría son un lugar común. Miles de casos tratan de fijar los límites; cuantos más los casos, más los límites. Cuantos más los límites, más la confusión. Sin embargo, el litigante debo dar nombre a su demanda a su propio riesgo"[185].

Estas críticas, de orden general, son válidas también para el ordenamiento federal; pero es preciso agregar que dicho ordenamiento había escapado en el período anterior a la sanción de la Ley de Procedimiento Administrativo a muchas de las complejidades del sistema de los remedios extraordinarios. El *certiorari* como medio de revisión de la acción administrativa era casi desconocido en las cortes federales. El *mandamus* apenas había sobrevivido a su abolición, y sus complejidades debían ser tenidas en cuenta en alguna medida. El *prohibition* sólo ocasionalmente hacía aparición. El *habeas corpus* podía obtenerse, aún cuando una ley prescribiera que determinada acción administrativa era final. La *injonction* era el remedio más común empleado en las cortes federales, siendo su resultado generalmente satisfactorio (su eficacia aumentó porque fueron eliminadas calladamente algunas de las tradiciones resultantes de su origen en la equidad). Las sentencias declaratorias se fueron empleando con amplitud creciente y revelaron suma utilidad[186].

---

185 Davis, *Rev. cit.*, p. 566.

186 Sobre los remedios extraordinarios en general V. Hart. J., *An Introduction to Administrative Law with Selected Cases,* ed. Crofts, New York. 1947. p. 437 s. Especialmente sobre el empleo de las sentencias declarativas, véase Borchard, E., *Declaratory Judgements in Administrative Law.* en "New York University Law Quarterly Review", 1933. t. 9. p. 139 s. *Adde: Declaratory Judgements to Forestall Jurisdiction of Adjudicative Agencies,* en "Yale Law Journal". setiembre de 1947, t. 56, p. 1449-1457, donde se examina la sentencia declarativa como medio para

La cláusula de la Ley de 1946 citada al comienzo de este párrafo, ¿ha cambiado la situación existente en cuanto a la progresiva exclusión de los remedios extraordinarios? ¿Están ahora todos y cada uno de los remedios extraordinarios, disponibles para la revisión de la actividad administrativa federal, cuando un procedimiento legal especial de revisión no ha sido establecido?

Un análisis de las palabras de la Ley no provee una respuesta clara. Las palabras "cualquier forma aplicable de acción legal" podrían significar la resurrección de todos los remedios extraordinarios. Pero de acuerdo al derecho anterior a la Ley, algunos de estos remedios —según hemos visto— no funcionaban; luego, no constituyen una forma "aplicable"[187]. En igual sentido, podría agregarse que en el paréntesis que trae la Ley, se mencionan los juicios o sentencias declarativas, los *writs* de *injonction* mandatorios o prohibitorios y el *habeas corpus*, todos los cuales eran utilizados antes de su sanción. No figuran, en cambio, ni el *certiorari*, ni el *mandamus* o el *prohibition*. Todo esto parece sumamente alentador. Sin embargo, como lo recuerda DAVIS, la palabra "incluyendo", indica que pueden ser utilizados otros *writs* que los allí mencionados[188]. Además, la historia legislativa de la Ley fundamenta fuertemente una opinión favorable al renacimiento de la totalidad de los *writs* y un *dictum* de la Suprema Corte en el caso United States v. Jones (336 U. S. 641, 1949), permite apoyar esta creencia en la fortificación por la Ley de 1946 de los medios de revisión del *common law*.

No hay duda, en consecuencia, que esta Ley representa un serio obstáculo a la continuación del proceso de simplificación de los remedios extraordinarios, emprendido en el orden federal con respecto a la revisión judicial de la actividad administrativa; pero de todos modos no hay que olvidar que esos remedios no funcionan sino cuando se llenan estas tres condiciones: 1° la ley no excluye la revisión; 2° la actividad del órgano no ha sido cometida a la discrecionalidad del mismo; 3° un procedimiento legal de revisión no se encuentra establecido. Y ocurre que cuando no se ha establecido un medio legal especial de revisión, frecuentemente el acto no es revisible.

No obstante ello, en definitiva, lo mejor, según DAVIS, sería "establecer una única, simple forma para revisar toda la acción administrativa.

---

excluir *ab initio* la jurisdicción de los órganos administrativos, escapar a los arduos procedimientos de revisión judicial y evitar la aplicación de la regla —que veremos más adelante— según la cual las conclusiones de los órganos administrativos fundadas en prueba sustancial, son definitivas.

187 Este es el principal argumento de DICKINSON". Según *él. aplicable* es la palabra clave de la ley en este asunto, y se aferra a ella para sostener un criterio restrictivo. V. DICKINSON, J., *The Judicial Review Provisions of the Federal Administrative Procedure Act (sect on* 10), *Background and Effect*, en "The Federal Administrative Procedure Act...", *cit.*, p. 571-573.

188 DAVIS, *Forms of Proceedings...*, *Rev. cit.*, P. 568.

Llamarle "petición de revisión". Eliminar los remedios extraordinarios como instrumentos de revisión. Enfocar la atención sobre los problemas que tienen importancia, sí, cuándo y cuánto de revisión"[189].

Así lo han hecho ya dos Estados locales: New Hampshire e Illinois, pues han procedido a la total abolición de los remedís extraordinarios. Una corte del primero de ellos, hace ya tiempo que había dicho: "No tiene importancia si el proceso debe ser denominado *certiorari.* o si se le debe dar algún otro nombre latino o inglés. Si constituye un modo apropiado y conveniente de vindicar un derecho fundado en ley, quizás no es esencial que tenga un nombre técnico... Los derechos de las partes en esta acción no dependen de nuestra definición del certiorari... (Dinsmore v. Mayor of Manchester, 76 N. H. 187, 190; 81 Atl. 533. 535, 1911).

71. JUECES COMPETENTES PARA ENTENDER EN LA REVISIÓN. — Como habrá podido apreciarse por los párrafos transcriptos de la sección 10 (b) de la Ley que nos ocupa, ésta nada ha innovado respeto a la competencia de las cortes para intervenir en la revisión de los actos administrativos. En su última parte, la disposición citada —manteniendo igual orientación— agrega: "Los actos de los órganos administrativos estarán sujetos a la revisión judicial en procedimientos civiles o criminales de ejecución judicial, excepto en la extensión en que se prevea por ley una previa, adecuada y exclusiva oportunidad para tal revisión".

III — ACTOS REVISIBLES

72. ACTIVIDAD ADMINISTRATIVA REVISIBLE Y NO REVISIBLE. CASOS Y SOLUCIONES DE LA LEY DE 1946. — En cuanto a la compleja materia relativa a la determinación de las decisiones administrativas revisibles e irrevisibles, la Ley de Procedimiento Administrativo ha preferido, al parecer, dejar las cosas como estaban antes de su sanción, remitiéndose simplemente en sus cláusulas al derecho preexistente. La lectura del párrafo introductorio de la sección 10 y del primer párrafo de la subsección (c), confirman este aserto.

Conviene distinguir los siguientes supuestos[190], a fin de esclarecer la cuestión:

A) Caso en que la ley establece o concede expresamente la revisión. A este se refiere la sección 10 (c), cuando dice: "Todos los actos de

---

189 DAVIS, *Forms of Proceedings..., Rev. cit.*, p. 566.

190 V. *Requirements of a Reviewable Order - Review under the Federal Administrative Procedure Act*, en "Minnesota Law Review", abril de 1950, t. 34, p. 467-468.

los órganos administrativos que la ley establezca que son revisibles..., estarán sujetos a revisión judicial". No hay problema alguno a resolver.

B) Caso en que la ley excluye la revisión. Está contemplado por la cláusula introductoria de la sección 10, donde se expresa que la revisión existe, "excepto en la medida en que (1) las leyes excluyan la revisión judicial...". Pueden derivarse dificultades en la práctica, como consecuencia del empleo de los términos "en la medida que", pues la revisión puede estar excluida bajo cierto aspecto o en determinada extensión, y no bajo otro aspecto o en otra extensión[191]. Sobre esto pone en guardia DAVIS, agregando que allí está la explicación del por qué las cortes emplean indistintamente las palabras revisible y no revisible, a pesar de que aparentemente deben interpretarse como que significan conceptos opuestos. Se dice que un acto no es revisible, porque no lo es por determinado motivo, motivo que si faltara lo haría revisible; de modo que en ese caso lo que quiere expresarse en que el acto no es revisible con otro objeto que el señalado y que ese objeto es el que se tiene presente en ese momento[192].

C) Caso en que la ley confía determinada categoría de actos a la discrecionalidad del órgano administrativo. A él se refiere también la cláusula introductoria, cuando dice que la revisión existe "excepto en la medida que... (2) la actividad del órgano administrativo sea confiada a discrecionalidad del mismo". La advertencia del caso anterior sobre el valor a asignar a los términos "en la medida que", es igualmente aplicable aquí.

Lo expuesto no significa que los actos discrecionales no estén sujetos a revisión judicial, pues la misma Ley de Procedimiento Administrativo, en la sección 10 (e), B, (1), se encarga de establecer expresamente —al ocuparse del alcance de la revisión— que "la corte revisora... declarará ilegales y anulará los actos, resoluciones y conclusiones de los órganos administrativos que encuentre sean... emitidos con abuso de las facultades discrecionales o que de otra forma no estén de acuerdo con la ley".

Entre ambas disposiciones relativas a la actividad discrecional, queda perfectamente demarcado el límite justo del contralor judicial. La frase final del párrafo de la sección 10 (e) arriba transcripto, pone bien en evidencia que el contralor de la actividad discrecional, la limitación de sus abusos, debe cumplirse en el terreno de legalidad. El abuso de discreción queda así identificado con una violación de la ley. Claro está que la revisión no se extiende hasta permitir a la corte sustituir su

---

191 La situación sería distinta, y considerablemente más sencilla, si los términos empleados fueran "excepto cuando", en lugar de "en la medida que".

192 DAVIS, K. C., *Non-reviewable Administrative Action*, en "University of Pennsylvania Law Review", junio de 1948, t. 96, p. 751-753

juicio por aquel propiamente ejercido por el órgano administrativo. Esto importaría una usurpación de funciones, condenada desde antiguo por un fallo de la Suprema Corte en el que expresa que "un funcionario a quien se confían deberes públicos por ley, no está sujeto al contralor de las cortes en el ejercicio del juicio y discreción que la ley hace descansar en él como parte de sus funciones oficiales" (James v. Thompson, 7 Wall. .347, (1868)[193].

Agreguemos que la actividad discrecional es típica de aquellos órganos administrativos cuyas funciones son "de naturaleza patrimonial, fiscal, contractual o de beneficencia *(benefactory)*, donde las determinaciones no chocan con los derechos privados". Pero hay ejemplos interesantes también en el campo regulatorio; p. e., constituye actividad de este tipo, cometida a la discrecionalidad del órgano administrativo, la facultad de iniciar o no una demanda de que goza la Junta Nacional de Relaciones del Trabajo, o la de determinar a quién corresponde conceder una licencia, de acuerdo a la "conveniencia, interés o necesidad pública", que posee la Comisión Federal de Comunicaciones[194].

D) Caso en que la ley guarda silencio. Es, naturalmente, el que mayores dificultades presenta.

Remitiéndose al texto sancionado en 1946, pareciera posible afirmar que en este supuesto la revisión no se halla en principio excluida. La norma que dispone que un acto será revisible cuando la ley respectiva así lo establece, no puede ser interpretada *a contrario sensu,* pues ya hemos visto que otra norma excluye la revisión sólo en los casos en que se halla prohibida. Por lo demás, la sección 10 (c), cuando dice que "... todos los actos finales de los órganos administrativos respecto a los cuales no se prevé ningún remedio adecuado ante alguna corte, estarán sujetos a revisión judicial", aunque refiriéndose a la exclusión de la revisión judicial directa en ciertos casos en que existe un remedio colateral especial[195], viene a confirmar la opinión expuesta. En igual sentido podría citarse la cláusula contenida en la sección 10 (a).

Antes de la sanción de la Ley de 1946, frente a un texto aparentemente mudo respecto al problema de la revisión judicial, las cortes se resolvían a favor o en contra de ella, invocando toda clase de argumentos: extraídos por vía de interpretación de entre los muchos pliegues que

---

193 *Requirement of a Reviewable Order..., Rev. cit, p. 468. Conf.* HINMAN, *F. (Jr.), Effect of the Administrative Procedure Act on Judicial Review of Administrative Action, en "Rocky Mountains Law Review", abril de 1948. t.* 20, p. 271-272

194 HINMAN, *Rev. cit, p. cit.;* DICKINSON, *The Judicial Review Provisions..., ob. cit.,* p. 567-571.

195 V. sobre esto DICKINSON, *The Judicial Review Provisions..., Ob. cit,* p. 573-576; *Direct judicial review of administrative action under section* 10 (C) *of the Administrative Procedure Act.* EN "Harvard Law Review", mayo de 1949, T. 62, p. 1216-1224.

encierra todo texto legal, procedentes de la historia legislativa de la ley cuestionada o provenientes de consideraciones del más diverso orden.

Así en los casos Stark v. Wickard (321 U. S. 288, 1944) y Junta de Gobernadores del Sistema de la Reserva Federal v. Agnew (329 U. S. 441. 1947), se dijo que en la hipótesis de silencio de la ley la revisión era procedente. En cambio en los casos American Federation of Labor v. Junta Nacional de Relaciones del Trabajo (308 U. S. 401, 1940) y Switchmen's Union of North America v. National Mediation Board (308 U. S. 401, 1940), se sostuvo el punto de vista contrario[196]. Anotemos que en el último fallo citado, se recurrió para denegar la revisión a los antecedentes legislativos del texto sometido a examen y a consideraciones sobre las buenas relaciones que era conveniente guardar entre el Poder Judicial y el Poder Administrador, atenta la naturaleza del asunto cuestionado[197].

¿Cuál ha sido el resultado de la aplicación de la Ley de Procedimiento Administrativo en esta materia?

Según la exégesis efectuada al principio de este párrafo pareciera que los casos de silencio deberían ahora interpretarse a favor de la revisión. Con mayor razón si se tiene presente que según la comisión de la Cámara de Representantes que intervino en el proceso de sanción de dicha Ley, para que funcionen las cláusulas de exclusión de la revisión contenidas en ella "se necesita una disposición legal clara y convincente".

La jurisprudencia demuestra que sólo algunas cortes han adoptado este criterio (p. e., Unger v. United States, 79 F. Supp. 281, 286; E. D. 111, 1948; Snyder, v. Buck, 75 F. Supp, 902, 906; D. D. C. 1948), y que otras se mantienen en la línea del caso Switchmen's (p. e. Kirkland v. Atlantic Coast Line RR. 167 F 2d. 529; D.C. Cir. 1948; *cert. denied,* 335 U. S. 843, 1948; Great Lakes Steel Corp. v. United States, 81 F. Supp. 450. 455, E. D. Mich. 1948)[198]

Esta actitud se explica, pues como expresa DICKINSON, lo que las cláusulas reproducidas precedentemente de la Ley de 1946 hacen, "no es dar un claro mandato a las cortes, sino, en efecto, autorizarlas a ejercer su poder de revisión, si a su juicio la ley bajo la cual se ha dictado el acto administrativo no lo prohíbe"[199]. Pero en opinión de este autor, las cortes deberían admitir en los casos dudosos —en homenaje a los

---

[196] HINMAN, *Rev. cit.* P. 269-270.

[197] *Direct Judicial Review..., Rev. cit., p. 1217*

[198] *Direct Judicial Review..., Rev. cit.,* P. 1217.

[199] DICKINSON, *The Judicial Review Provision..., Ob. cit.* 567. Conf. Hinman, *Rev. cit.,* p. 270-271.

antecedentes legislativos de la nueva Ley— que la misma ha creado lo que podría denominarse una presunción a favor de la revisión[200].

73. El problema constitucional de la limitación legal de los actos revisibles judicialmente. La regla del "debido proceso" en sentido procesal. — La solución del problema de qué decisiones administrativas están sujetos a revisión judicial, no es uno que pueda plantearse únicamente en el terreno legislativo. Cuando una ley excluye la revisión judicial, totalmente o en cierta extensión, siempre cabe preguntarse si tal exclusión no viola algún derecho constitucional.

Según Nathanson, un criterio semejante al empleado en el caso de Wong Yang Sung, respecto a la audiencia en el expediente (que, como vimos, provocó la aplicación de las disposiciones sobre audiencias de la Ley de Procedimiento Administrativo), puede tener efecto sobre la cuestión de la revisión judicial y hacer aplicables en ciertos casos en que media una exclusión legal, las disposiciones pertinentes de la sección 10[201]. "Puede también sugerirse que la cuestión de la notificación y de la audiencia y la cuestión de la revisión judicial, son A menudo inseparables, desde que el derecho a una audiencia justa puede sólo ser vindicado si hay derecho a una revisión judicial para determinar al menos si la audiencia no fue una burla"[202].

Insistiendo sobre este aspecto de la cuestión, el mismo autor expresa que "a pesar del extenso ámbito de aplicación de la Ley de Procedimiento Administrativo, puede aún sostenerse que la médula del derecho administrativo norteamericano continúa estando en la aplicación de la cláusula del debido proceso". Los terrenos en que su empleo puede rendir mayores resultados son los siguientes: servicio de selección para la milicia, controles económicos de emergencia y problemas de seguridad interna, comprendidos los casos de exclusión de inmigrantes y de deportación, de lealtad personal y los referidos a la seguridad nacional.

Sin embargo, decir que las consideraciones del debido proceso son dominantes, está lejos de sugerir algún criterio de decisión. La trayectoria del debido proceso sustantivo nunca ha sido cristalina, y sería algo ingenuo esperar algo diferente del debido proceso procesal. Pero no obstante ello, ciertas tendencias generales pueden ser notadas. Con la declinación del debido proceso sustantivo, como una significativa protección contra la regulación gubernamental, no sería sorprendente que hubiera un concomitante y creciente énfasis en el debido proceso

200 Dickinson, *The Judicial Review Provisions...*, *Ob. cit.* p. 577-578.

201 V. *ante*, n° 19 y nota 150.

202 Nathanson, *Central Issues...*, *Rev. cit*,, p. 363-364.

procesal, para proveer toda la protección posible contra la acción gubernamental arbitraria que se traduce en decisiones de carácter final, sin interferir con la discrecionalidad administrativa[203].

74. LA TEORÍA DEL AGOTAMIENTO DE LA VÍA ADMINISTRATIVA. RECONSIDERACIONES Y APELACIONES ADMINISTRATIVAS. — Una de las disposiciones antes citada (primer párrafo de la sección 10 (c)), prevé que la revisión judicial sólo podrá pedirse respecto de los actos administrativos *finales*. Los párrafos segundo y tercero de la misma tratan en particular esta cuestión y de su texto puede extraerse el concepto de "acto final".

¿En qué medida se aplica en el derecho norteamericano la doctrina del agotamiento de la vía administrativa?[204]. ¿En qué medida el agotamiento de los remedios administrativos constituye un requisito previo a la intervención judicial?

En un fallo de 1938, la Suprema Corte habla de "la regla por largo tiempo aceptada de que nadie está autorizado a solicitar la intervención de la justicia por un daño supuesto o amenazante, hasta que hayan sido agotados los remedios administrativos prescriptos" (Meyers v. Bethlehem Steel Corp., .303 U. S. 41, 50 51, 1938). Pero esto no debe hacernos suponer que la aplicación de la regla aludida tiene carácter genérico. Muchas veces las cortes inferiores la dejan de lado, atendiendo diversos factores de valor circunstancial. Obran en favor de ,u aplicación, entre otras, razones como las siguientes: existencia de una administración eficiente y un procedimiento administrativo ordenado; interés en el empleo de los conocimientos especializados que posee el órgano administrativo; adecuación de los remedios legales; jurisdicción

---

203 NATHANSON, *REV. CIT*, P. 384-385.

204 Paralelamente a esta teoría, denominada doctrine of exhaustion of remedies, generalmente se menciona la teoría de la oportunidad o madurez para la revisión (ripeness of review) que tiene mucho en común con la anterior, pero que no se aplica a la revisión de la actividad administrativa de adjudicación, sino a la revisión judicial de reglamentos y de actos administrativos no comprendidos en el concepto de órdenes o de reglamentaciones, incluyendo conclusiones, valuaciones, anuncios, declaraciones sobre la política a seguir, determinaciones de status, órdenes directivas, condiciones relativas a aprobaciones o permisos, opiniones consultivas, amenazas de ejecución, y asesoramiento y reglamentaciones destinadas a otro órgano administrativo. Aunque no vinculada la revisión judicial, tiene íntima relación con las anteriores, la teoría de la jurisdicción primaria *(primary jurisdiction)*. Por ella se trata de fijar quien debe dictar la decisión inicial en una cuestión contenciosa —si un órgano administrativo o una corte judicial— en casos en que la determinación de tal punto puede aparecer confusa en los textos legales. Hasta no hace mucho hubiera sido necesario mencionar también la teoría de la orden negativa *(negative order)*, pero ésta fué rechazada por la Suprema Corte en el caso Kochestcr Teleplionc Co. v. United States (307 U. S. 125. 1939), y desde entonces no ha vuelto a ser invocada. V. DAVIS, K. C-, *Administrative Law Doctrines of Exhaustion of Remedies, Ripeness of Review and Primary Jurisdiction*, en "Texas Law Review", diciembre de 1949 y enero de 1950, t. 28. p. 168, 376- 399 y 400-408: *Requeriments of a Reviewable Order..., Rev. cit.*. p. 464-465

exclusiva del órgano administrativo; requisito legal de la orden final. En sentido contrario, producen la relajación de la regla, factores tales como la provocación de un daño irreparable, la inadecuación de los remedios legales, o la inconstitucionalidad, falta de jurisdicción o claro error de derecho con que ha procedido el órgano administrativo que dictó el acto impugnado[205].

El agotamiento de la vía administrativa se logra normalmente por el empleo de dos recursos administrativos: la reconsideración y la apelación.

Antes de la sanción de la Ley de 1946, la determinación de cuándo debía interponerse recurso de reconsideración so prestaba a gran confusión, pues las cortes establecían una distinción entre los casos en que este recurso constituía una simple formalidad y aquellos en que cumplía una función efectiva, o era "significativo" (Levers v. Anderson, 326 U. S. 219, 1945); y otras veces hacían depender la necesidad de su interposición de si el órgano administrativo estaba obligado a sustanciarlo o si era discrecional conceder la reconsideración (Prendergast v. New York Telephone Co., 262 U. S. 43, 48, 1923). Generalmente era difícil distinguir uno y otro supuesto.

A partir de la Ley de Procedimiento Administrativo, en principio no es necesario un pedido de reconsideración para agotar la vía administrativa, excepto: 1° Que así lo disponga la ley (tal como ocurre con la Ley de Gas Natural de 1938 o la Ley Federal de Energía de 1935); 2° Que la ley establezca que una determinada impugnación contra un acto no será considerada por las cortes, salvo que esa misma impugnación haya sido planteada ante el órgano administrativo (p. e., Ley de Valores de 1933 y Ley Nacional de Relaciones del Trabajo de 1935); 3° Cuando la reconsideración es sustancialmente una apelación administrativa, como ocurre a menudo en los procedimientos que se siguen ante la Comisión de Comercio Interestadual.

En materia de apelaciones administrativas la jurisprudencia anterior a la Ley era más precisa y, siguiendo un precedente establecido a principios de siglo por la Suprema Corte, entendía que, estando prevista una apelación administrativa, hasta tanto no se utilizara este remedio no se abría la vía judicial (United States v. Sing Tuck, 194 U. S. 161, 1904).

Hemos visto que la sección 8 (a) de la Ley de Procedimiento Administrativo prevé la revisión de las decisiones iniciales, bien de oficio o por apelación de parte. Refiriéndose a este último caso, la sección 10 (c) de la Ley establece que la apelación no constituirá un requisito previo a la revisión judicial, salvo que el órgano administrativo

---

205 Davis, *Administrative Law Doctrines...*, *Rev. cit.*, p. 168 s

disponga otra cosa en su reglamento y provea que mientras tanto el acto será inoperativo.

La disposición es clara. La única dificultad interpretativa está en la última palabra *(inoperative)*. ¿Cómo puede ser inoperativa una decisión negando un beneficio reclamado por un veterano o negando una licencia para instalar una *broadcasting?* Una suspensión de una licencia a un piloto ¿debe ser mantenida en suspenso, pendiente la apelación, permitiéndole volar, con peligro para el propio interesado y para terceros? El legislador al redactar esta disposición no tuvo en cuenta estos casos, sino que quiso evitar que al establecer el órgano administrativo por reglamento la obligación de la apelación, no utilizara este medio para imponer su decisión a los particulares. En los informes de las comisiones del Senado y de la Cámara de Representantes, se dijo: "En ningún caso puede la apelación ante la "autoridad superior del órgano administrativo" ser requerida por reglamento, salvo que la decisión administrativa permanezca mientras tanto inoperativa, pues de otro modo el efecto de tal requisito sería someter a la parte a la decisión del órgano administrativo y a repetidos procesos administrativos sin recurso. Hay- una inconsistencia fundamental en requerir a una persona que continúe agotando los procedimientos administrativos, después que la acción administrativa se ha vuelto efectiva y mientras permanece tal". Este lenguaje es aplicable a las órdenes de cesar y desistir; no a los casos de reclamación, suspensión de licencias o pedidos de licencias.

La mejor interpretación de esta cláusula, es probablemente aquella según la cual, una decisión inicial es inoperativa en tanto que no tiene efecto positivo; es decir, es inoperativa en cuanto continúa el *stato quo* anterior a la decisión. Así una decisión inicial debería ser considerada inoperativa, aunque la reclamación no sea satisfecha, la orden suspensiva no sea levantada o la licencia no sea concedida[206].

Falta agregar, para completar el estudio de esta materia, que la norma contenida en el segundo párrafo de la sección 10 (c) y según la cual "cualquier acto o resolución preliminar, emitido en el curso de los procedimientos o intermedio, que no sea directamente revisible, estará sujeto a revisión en la oportunidad en que sea revisado el acto final del órgano administrativo", probablemente no logrará los resultados que se propuso el Congreso al incorporarla a la Ley. Esto se comprueba considerando, a título de ejemplo, lo ocurrido en el caso Eastern Utilities Associates v. Comisión de Valores y Cambios (162 F. 2d. 385; lst. Cir. 1947). La Comisión rechazó el pedido de la compañía para que la

---

206 DAVIS, *Rev, cit*, p. 187 y s. ; *Direct Judicial Review .., Rev. cit.*, p. 1219 s. Ver también *Interim Injunctive Relief Pending Administrative Determination,* en "Columbia Law Review", diciembre de 1949, t, 49, p. 1124-1131, • donde se trata de la posibilidad de lograr la intervención judicial para paralizar la acción administrativa pendiente de decisión final, tema no considerado por la Ley de 1946, pero ampliamente debatido por la jurisprudencia.

audiencia tuviera lugar en Boston y no en Filadelfia. Si este rechazo es examinado junto con la decisión sobre el fondo del asunto, donde la corte aprueba el fallo de la Administración, ¿qué efecto tendría la revisión respecto a la decisión sobre el lugar de la audiencia? Debe convenirse que sólo puede ser el de un castigo verbal infligido por la corte a la Comisión.

IV. — SUSPENSIÓN DE LOS ACTOS SUJETOS A REVISIÓN

75. FACULTAD DE LOS ÓRGANOS ADMINISTRATIVOS Y DE LAS CORTES PARA SUSPENDER DECISIONES. — Para mantener el *statu quo* ente y prevenir perjuicios irreparables, la sección 10 (d) de la Ley de Procedimiento Administrativo, codificando el derecho existente antes de su sanción, autoriza a los órganos administrativos y a las cortes a suspender la ejecución de las decisiones administrativas pendientes de revisión judicial.

La demostración de la posibilidad del daño es condición necesaria para lograr el beneficio de suspensión de la eficacia del acto. Normalmente, aunque no siempre, corresponderá sólo a las partes en litigio y debe ser negado en ausencia de una cuestión sustancial sometida a revisión. Al tratarse en el Congreso esta cláusula legal, se aclaró que si la suspensión afectara intereses de terceros, la parte que la solicita debe garantizar a éstos de los daños que pudiera acarrearles la medida.

En la única decisión judicial relativa a la sección 10 (d) que conocemos, se ha expresado que dicha cláusula debe ser interpretada en concordancia con el resto de la Ley y, por tanto, que la facultad judicial de suspender una decisión administrativa puede ejercitarse únicamente cuando ésta tiene carácter final; lo que no ocurría en el caso planteado, pues en él se solicitaba el beneficio de suspensión, recurriendo contra un acto administrativo que rechazó idéntico pedido en el curso de un procedimiento (Avon Dairy Co. et al. v. Eisaman, 69 F. Supp. 500; N. D. Ohio, 1946)[207].

V. — ALCANCE DE LA REVISION

76. DISTINCIÓN ENTRE "CUESTIONES DE DERECHO" Y "CUESTIONES DE HECHO". REGLAS DE DETALLE Y DE CARÁCTER GENERAL CONTENIDAS EN LA SECCIÓN 10 (e) DE LA LEY. — No obstante las severas críticas que ha sufrido en el terreno teórico y las incontables dificultades que plantea en el terreno práctico, la Ley de Procedimiento Administrativo, a los efectos de determinar la amplitud de la revisión judicial de las decisiones administrativas, ha conservado la clásica distinción entre "cuestiones de hecho" y

[207] HINMAN, *Rev. ext.*, p. 274-276.

"cuestiones de derecho". Para cada grupo de cuestiones la sección 10 (e) de la Ley contiene disposiciones de carácter particular y una regla general de interpretación[208].

Las disposiciones de orden particular relativas a las cuestiones de derecho, imponen a la corte revisora la obligación de declarar ilegales y anular "los actos, resoluciones y conclusiones de los órganos administrativos que encuentre que sean (2) contrarios a un derecho, poder, privilegio o inmunidad constitucional; (3) dictados con exceso de jurisdicción o autoridad o fuera de las limitaciones legales, o faltos de fundamento legal; (4) sin observancia del procedimiento exigido por ley;..."La regla general para la misma clase de cuestiones, establece que "tanto como resulte necesario para la decisión y según se presente el caso, la corte revisora decidirá todas las cuestiones pertinentes de derecho, interpretará las disposiciones constitucionales y legales, y determinará el significado de los términos de cualquier acto de un órgano administrativo".

A su vez, respecto a las cuestiones de hecho, la sección 10 (*e*) proporciona otras tres reglas de detalle. Según ellas, la corte revisora también declarará ilegales y anulará "los actos, resoluciones y conclusiones de los órganos administrativos que encuentre que sean: (1) arbitrarios, caprichosos, emitidos con abuso de las facultades discrecionales, o que de otra manera no estén de acuerdo con la ley;. . . (5) no fundados en prueba sustancial en los casos sujetos a los requisitos de las secciones 7 y 8 o de otra manera revisibles por surgir de un expediente donde consta que tuvo lugar una audiencia ante un órgano administrativo en virtud de una disposición legal; o (6) no justificados por los hechos en la extensión en que los hechos se hallen sometidos a juicio *de novo* por la corte revisora". La norma genérica pertinente, añade: "Para pronunciar las precedentes decisiones la corte revisará todo el expediente o las porciones del mismo que hayan sido citadas por las partes, y tomará debida cuenta de la regla del error perjudicial".

No obstante el cuidado con que aparece reglamentada esta materia y la extensión de las disposiciones legales relativas a la misma, la doctrina no ha logrado ponerse de acuerdo hasta el presente sobre la exacta interpretación de las normas transcriptas, para dar respuesta a la pregunta fundamental: ¿la Ley de Procedimiento Administrativo ha innovado respecto al alcance de la revisión judicial, o mantiene sin variantes el derecho anterior? La jurisprudencia recién ha comenzado

---

208 DICKINSON, *The Judicial Review Provisions...*, *Rev cit.* P. 580- 581; del mismo autor, *Scope and Grounds of Broadened Judicial Review.* en "American Bar Association Journal", mayo de 1947, t. 33, p. 515-516. El contenido de este último artículo es similar al del trabajo anterior, razón por la cual las citas se limitan al primero

a contestar este interrogante, pero aún la interpretación de los fallos pertinentes es motivo de discusión.

77 LA REVISIÓN JUDICIAL SOBRE LAS CUESTIONES DE DERECHO EN LA JURISPRUDENCIA ANTERIOR A 1946. — Si para explicar la actitud de las cortes en el período anterior a la sanción de la Ley, respecto a la revisión de las decisiones administrativas sobre cuestiones de hecho y de derecho, dijéramos que las primeras eran consideradas finales y conclusivas, y por tanto no sujetas al contralor judicial, y que el punto de vista opuesto era el adoptado para las segundas, emitiríamos un juicio exacto, pero para cuyo esclarecimiento es necesario indicar previamente cuál fue el criterio seguido para distinguir uno y otro tipo de cuestiones.

No es ésta, sin embargo, la oportunidad de emprender esa tarea a fondo, siendo por ahora suficiente recordar que la doctrina nunca pudo ponerse de acuerdo respecto de aquella distinción. Constituye un ejemplo clásico en ese sentido, la disparidad de las opiniones emitidas sobre el punto por autoridades de la talla de HOLMES, AUSTIN y THAYER. Es imposible pasar enteramente por alto las agudas críticas de LANDIS y hasta su negación de toda validez al sistema empleado tradicionalmente para establecer la revisibilidad o irrevisibilidad de las decisiones administrativas[209].

En parte por la ausencia de una doctrina dominante y también por la influencia de otros factores a los que nos referiremos de inmediato, la jurisprudencia abandonó poco a poco toda base analítica, literal o conceptual, para establecer cuando se estaba en presencia de una cuestión de hecho o de una cuestión de derecho, adoptando generalmente un criterio práctico y político, y atendiendo a descartar cualquier determinación previa que pudiera resultar demasiado rígida. Con mayor razón cuando se trataba de la aplicación de conceptos legales a hechos no cuestionados o establecidos, lo que las cortes frecuentemente llaman "cuestiones mixtas de hecho y de derecho". Por ello ha podido decirse con verdad, refiriéndose a la jurisprudencia de esta época, que "algunas cuestiones son consideradas de hecho porque la sustitución del juicio administrativo por el judicial no es deseable, y algunas cuestiones son consideradas cuestiones de derecho porque la sustitución del juicio administrativo por el judicial es deseable"[210].

Así fue como en muchos casos en que se planteaban problemas de revisión de decisiones administrativas sobre cuestiones que indiscutiblemente eran de derecho, las cortes se negaron a ejercer

---

209 Sobre esto véase nuestra trabajo *¿Tribunales judiciales o tribunales administrativos...?, cit.*, n° 78, p. 225 - 228; para las ideas de LANDIS. *ibidem*, p. 236 - 238.-

210 DAVIS, K. C., *Scope of Review of Federal Administrative Aclitm.* en "Columbia Law Review", MAYO DE 1950, T. 50, P. 610.

contralor alguno, o bien sometieron a juicio aquellas decisiones, según juzgaron mayor o menor, relativamente, la habilidad de los administradores o de los jueces para decidir un determinado caso.

DICKINSON ha dicho que en realidad la jurisprudencia vino a distinguir "entre dos clases de cuestiones de derecho: aquellas que envuelven lo que se ha llamado a veces principios generales del derecho o de la ley, y otras que se refieren a la interpretación de términos técnicos y la aplicación de conocimientos de tipo especializado"[211]. Sólo para las primeras se admitió la revisión judicial.

Otro autor, coincidiendo en principio con el anterior, señala que la jurisprudencia, para aquellas cuestiones de derecho que entendía inconveniente someter a amplia revisión, dada la mayor pericia en la materia que reconocía a las autoridades administrativas, adoptó el criterio de la razonabilidad, rehusándose a revisar las decisiones administrativas que contenían una interpretación razonable de la ley[212].

Las sentencias dictadas en los casos Gray v. Powell (314 U. S. 402, 1941), Dobson v. Commissioner (320 U. S. 489, 1943) y Junta Nacional de Relaciones del Trabajo v. Hearst (322 U. S. 111, 1944), entre otras, ilustran debidamente lo que venimos diciendo.

En el primer caso se trataba de saber cuáles compañías podrían considerarse "productoras" de carbón, de acuerdo a la Ley de Carbón Bituminoso de 1937. La Suprema Corte entendió que sólo le competía determinar si la aplicación de la ley, efectuada por el órgano administrativo, lo había sido "de una manera justa y razonable". Hallándola así, no hizo lugar a la revisión solicitada. En el caso Hearst la misma Corte entendió que no debía sustituir la interpretación del órgano administrativo acerca de la palabra "empleado" (aplicada a los canillitas), debiendo limitarse a aceptarla "si tenía apoyo en el expediente y una base razonable en el derecho".

Más típico aún es el ejemplo que suministra el famoso caso Dobson v. Commissioner, donde la Suprema Corte se abstuvo de revisar la interpretación dada por la Corte Fiscal a disposiciones legales de carácter técnico-contable, poniendo de relieve hasta qué punto eran consideraciones de orden práctico las que guiaban su pronunciamiento[213].

---

211 DICKINSON, *The Judicial Review Provisions...*, *ob. cit*, p. 583, Conf. HINMAN, *Rev. cit*, p. 276.

212 LEA, L. B., *Judicial Review of Administrative Interpretation of Statutory Provisions*, en "Michigan I.aw Review", marzo de 1949, t. 47, p. 675 s.

213 Recuérdese aquí lo que dijimos acerca de la Corte Fiscal *ante*, nos- 7 y 8. Sobre el fallo al que nos referimos en el texto, consúltese el interesaste articulo de PAUL, *R.*, *Dobson v. Commissioner: The Strange Ways of Law and Fact*, en "Harvard Law Review", 1944, t. 57, p. 753 s.

En este caso la Corte Fiscal había adoptado y aplicado la "teoría del impuesto al beneficio" (*tax-benefit theory*)[214]. A pesar de que la cuestión de si el principio del impuesto al beneficio debía ser seguido, es analíticamente una cuestión de derecho, y aún cuando la ley orgánica de la Corte Fiscal establecía la revisión judicial de las sentencias que fueron dictadas "en desacuerdo con la ley"[215], el juez Jackson, para una corte unánime, expresó la siguiente opinión: "Donde no hay disposición de ley o reglamento que de otro modo lo determine, in selección de la Corte Fiscal del curso a seguir no es más revisible que cualquier otra cuestión de hecho. . . El error del *a quo*, consistió en tratar como una regla de derecho lo quo pienso que es sólo una cuestión de apropiada contabilidad fiscal" (fallo cit. págs. 506/507).

Las razones prácticas que sustentaron la anterior decisión se revelan en este otro párrafo de la misma sentencia: "La Corte (Fiscal) es independiente, y su neutralidad no está oscurecida por deberes acusatorios. Sus procedimientos asegurar audiencias justas. Sus deliberaciones son garantía de opiniones cuidadosas; todos los repertorios que conviene consultar para fundar un juicio, disponibles en manos de los jueces, son habitualmente consultados y respetados. Ha establecido una tradición de libertad frente a la parcialidad y a las presiones. Trata de un sujeto que es altamente especializado y tan complejo como para hacer la desesperación de los jueces. Está mejor integrada para su tarea que el Poder Judicial. Sus miembros frecuentemente traen a su tarea una larga experiencia legislativa o administrativa sobre su materia... Probada por cada razón teórica y práctica para que sus pronunciamientos sean finales y conclusivos, ninguna otra decisión administrativa tiene títulos a un más alto crédito en las cortes" (fallo cit. páginas 498/499).

Pero todavía la Suprema Corte fue más allá que en los casos antes citados, por el camino de restringir la revisión sobre las cuestiones de derecho. En un fallo de 1947, pero en el cual no se hace aún aplicación de las cláusulas de la Ley de Procedimiento Administrativo —caso Cardillo v. Liberty Mutual Co. (330 U. S. 469)— se negó a revisar una decisión administrativa donde se ventilaba la interpretación de un concepto puramente jurídico, el de injuria, vinculado a las relaciones de trabajo. Y no sólo no admitió la revisión en ese caso, sino que, además, sostuvo que no lo hacía porque la interpretación del órgano administrativo "no

214 La cuestión consistía, en síntesis, en lo siguiente: una persona compró mercaderías en 1929 y las vendió con pérdidas en 1930 y 1931. luego demandó por fraude a quien se las había vendido, y en 1939 cobró una determinada indemnización. Era preciso saber cómo tratar el cobro de 1939 desde el punto de vista fiscal. La Corte Fiscal, aplicando la citada teoría, cuyos detalles no vienen al caso, entendió que si con motivo de las pérdidas de 1930 y 1931 no resultó beneficio imponible, la recuperación de 1939 no podía gravarse

215 V. DAVIS, *Scope of Review...*, *Rev. cit.*, p. 569.

era prohibida por la ley", con lo que, a juicio de Lea, ni siquiera trató de verificar como en Gray v. Powell o en Junta Nacional de Relaciones del Trabajo v. Hearst, si la decisión administrativa era razonable, sino que "creó una presunción en favor del órgano administrativo"[216].

78. LA LEY DE. 1946 FRENTE A DICHA JURISPRUDENCIA. LA REFORMA DE LA LEY ORGÁNICA DE LA CORTE FISCAL. — Acerca de si la Ley de Procedimiento Administrativo ha venido a innovar en esta materia de la revisión de las cuestiones de derecho, o si ha dejado las cosas tal cual estaban, las opiniones emitidas por la doctrina son contradictorias.

Los antecedentes legislativos parecen inclinarse a favor del primer criterio. La comisión del Senado dijo que "la subsección (e), por eso, busca simplemente refundir las varias categorías de cuestiones de derecho sujetas a revisión judicial...". El Procurador General, en su informe de 1941, expresó con respecto a la totalidad de las cláusulas de la subsección citada: "Esta declara el derecho existente relativo a la extensión de la revisión judicial". Carl McFarland, deponiendo como testigo ante la comisión de la Cámara de Representantes, manifestó con igual amplitud de expresión: "No creemos que el principio de revisión o la extensión de la revisión pueda o debería ser grandemente alterada. Pensamos que la excepción básica de 'a discrecionalidad administrativa debe ser preservada. Creemos que... la extensión de la revisión sería lo que ha sido hasta ahora".

Este misma en la opinión de DAVIS[217] y de NATHANSON[218].

En contra se pronuncia DICKINSON[219], seguido por HINMAN[220]. El primero expresa que tanto aquella regla de carácter general, como las de orden particular, relativas a las cuestiones de derecho, contenidas en la sección 10 (e) de la Ley y que hemos transcripto anteriormente[221], obligarán de ahora en adelante a las cortes a revisar todas las cuestiones pertinentes de derecho y a interpretar cualquier tipo de disposición legal.

Para DAVIS esta opinión es errada, y el yerro de la misma debe atribuirse a que su autor no ha tenido suficientemente en cuenta las cláusulas introductorias de la sección 10, que permitirán negar el contralor judicial de las decisiones administrativas sobre cuestiones de derecho "en la medida que una determinada ley pueda haberlas excluido a dichas

---

216 LEA, *Rev. cit*, p. 680 - 681.

217 DAVIS, *Scope of Review.Rev. cit.*, P. 560 - 562.

218 NATHANSON, *Central Issues...*, *Rev. cit.*, p. 361-363.

219 DICKINSON, *The Judicial Review Provisions...*, *Rev. cit.* P. 581-585.

220 HINMAN, *Rev. cit, p.* 277.

221 V. *ante*, n° 76.

decisiones de ose contralor o confiado a la discrecionalidad del órgano administrativo"[222].

Lea es de la misma opinión, y señala además que las cortes podrán evadir si lo desean lo que parece ser el espíritu de la disposición contenida en la sección 10 (e), no sólo apelando a la cláusula introductoria de la misma sección, sino también rechazando simplemente el mandato contenido en aquélla como una indebida intromisión en lo que las cortes conciben que son sus propios asuntos privados. Por lo menos, según este autor, acordada legalmente la revisión judicial, las cortes podrían reservarse la facultad de señalar el alcance de esa revisión[223].

La jurisprudencia, hasta donde llega nuestra información, no ha dilucidado este punto acabadamente, registrándose por ahora sólo algunas sentencias de las cortes bajas, poco ilustrativas al respecto.

Pero en cambio el Congreso, por medio de una ley especial, ha cuidado que no se vuelva a repetir un fallo como el del caso Dobson, pues, modificando la ley orgánica de la Corte Fiscal, ha provisto que serán revisibles sus decisiones "de la misma manera y en la misma extensión que las decisiones de las cortes de distrito en las acciones civiles que se juzgan con intervención de un jurado"[224].

Esta nueva norma, aunque con un campo muy limitado (pero no poco importante) de aplicación, implica sin duda una renovación de valores en materia de revisión judicial. La búsqueda del órgano que se supone más idóneo, para confiarle, sin más, la decisión final de los conflictos de derecho, tiene indudablemente graves peligros. POUND ha dicho recientemente que toda limitación fiel contralor judicial implica un paso hacia la admisión de que "es derecho todo lo que hacen los administradores..."; y agrega: "en lugar de nuestra doctrina fundamental de que el gobierno debe actuar de acuerdo al derecho, se nos dice que lo que el gobierno hace es derecho"[225].

Cuando los partidarios de las decisiones administrativas finales dicen que "las cortes no son los únicos órganos del gobierno que debe aceptarse que están capacitados para gobernar", plantean mal el problema en consideración. Convendría que recordaran la gran lección dada por el juez Story, hace más de un siglo, en United States v. Dickson (15 Pet. 141, 162, 1841): "... no debe olvidarse que el nuestro es un gobierno de leyes y no de hombres, y que al departamento judicial le ha sido impuesto por la Constitución el solemne deber de interpretar las

---

222 DAVIS, *Scope of Review..., Rev. cit., p. cit.*

223 LEA. *Rev., cit.*, P. 682-683.

224 *Statutes at Large, t. 62, p. 991 (1948), y United States Code Annotated,* t. 26, n° 1141 (a).

225 POUND, R., *Administrative Agencies and the Late,* en "New Jersey Law Journal", 1945, t. 68, p. 165, citado por LEA. *Rev, cit.*. p. 683 - 684.

leyes un último término; y por desagradable que pueda ser este deber en los casos en que su propio juicio difiera del de los otros funcionarios, no es libre para renunciarlo o para abandonarlo".

79. LA REVISIÓN JUDICIAL DE LAS CUESTIONES DE HECHO EN LA JURISPRUDENCIA ANTERIOR A 1946. LA REGLA DE LA "PRUEBA SUSTANCIAL". — En materia de revisión sobre cuestiones de hecho, la Ley de Procedimiento Administrativo, siguiendo la propuesta de la minoría de la Comisión del Procurador General, ha adoptado la regla de la "prueba sustancial resultante de la totalidad del expediente" (*substancial evidence on the whole record)*, cuyo origen parece encontrarse en el fallo dictado por la Corte de Apelaciones de Nueva York en el caso Stork Restaurant Inc. v. Boland[226]

En efecto, según vimos procedentemente, entre las reglas específicas relativas a la revisión de las cuestiones de hecho la sección 10 (e) establece que la corte revisora "declarará ilegales y anulará los actos, resoluciones y conclusiones de los órganos administrativos que encuentre... (5) no fundados en prueba sustancial..."; y agrega, a título de norma de carácter general, que "para pronunciar las precedentes decisiones la corte revisará todo el expediente o las porciones del mismo que hayan sido citadas por las partes...".

La determinación de la correcta inteligencia de estos términos ha dado (y continúa dando) lugar a graves dificultades.

En la época en que el derecho de factura jurisprudencial limitaba la revisión de las cuestiones de hecho, excluyéndola para las decisiones basadas en una "prueba sustancial", ya eran serias las disputas acerca de lo que debía entenderse por tal tipo de prueba.

El juez Hughes zanjó en cierto momento todas las controversias con su voto dado en el caso Consolidated Edison Co. v. Junta Nacional de Relaciones del Trabajo (305 U. S. 197, 1938). Dijo en esa oportunidad que "prueba sustancial es algo más que una mera chispa (*a mere scintilla*), significa una prueba tan relevante como la que una mente razonable puede aceptar como adecuada para fundar una conclusión" (fallo cit. pág. 229). Vista bajo esta luz, la regla de la prueba sustancial constituye una piedra de toque de la razonabilidad de las decisiones administrativas. De acuerdo con ella, una decisión administrativa es mantenida, sólo si tiene "una base en pruebas que posean una fuerza probatoria racional"; es decir, repite Hughes, "una prueba tan relevante como la que una mente razonable puede aceptar como adecuada para fundar una conclusión" (fallo cit., pág. 230). Y renglones después, insiste:

---

[226] V. BENJAMIN, R. M., *Judicial Review of Administrative Adjudication: Some Recents Decisions of the New York Court of Appeals*, en "Columbia Law Review" enero de 1948, t. 48, p. 1-36

"El establecimiento de una deseable flexibilidad en el procedimiento administrativo no va tan lejos como para justificar órdenes que no se funden en pruebas que tengan una fuerza probatoria racional (fallo cit. pág. 230).

Este criterio, enunciado en 1938 y que logró aceptación universal, no consiguió, sin embargo, poner fin a la determinación de la amplitud de la revisión de las cuestiones de hecho, pues fue interpretado de diversas maneras por las distintas cortes.

Una de esas interpretaciones, finalmente admitida por la Suprema Corte Federal, dio a la fórmula de Hughes un sentido tan restringido que la privó casi por entero de su contenido, dejándola como una pura forma vacía.

Según este punto de vista, la regla de la prueba sustancial obliga a la corte revisora, exclusivamente, a examinar las pruebas que el órgano administrativo ha utilizado para fundar su decisión, y no todo el expediente, y por ende, tampoco las pruebas en sentido contrario a la resolución acordada.

Refiriéndose a esta misma corriente, en el informe de la Comisión del Procurador General se expresa que "bajo esta interpretación, si lo que se llama "prueba sustancial" es hallado en cualquier parte del expediente para fundar las conclusiones de hecho, se dice que las cortes están obligadas a aceptar la decisión, sin tener en cuenta cuan pesadamente la prueba contraria puede preponderar —salvo, naturalmente, que se alcance el grado de decisión arbitraria. Según esta interpretación, las cortes necesitan solamente leer un lado de la causa. Y si encuentran prueba allí, la acción administrativa debe ser aprobada y lo que expresa el expediente en sentido contrario debe ser ignorado" (*Report,* pág. 210).

Según Schwartz, "la prueba sustancial, conforme a esta interpretación, consiste en aquella prueba que aisladamente presta fundamento racional a la decisión administrativa"[227].

La Suprema Corte en el caso Junta Nacional de Relaciones del Trabajo v. Waterman Steamship Co. (309 U. S. 696, 1940), aplicó el aludido criterio, negándose a revisar una decisión de la Junta, contraria a la parte patronal, y por la cual se resolvía un caso de despido de obreros con motivo de sus actividades sindicales, teniendo exclusivamente en cuenta las declaraciones prestadas por testigos que eran miembros del sindicato. El juez Black, exponiendo la opinión de la Corte, manifestó: "Todo esto no significa decir que todo lo que se ha expresado no ha sido contradecido ni negado por pruebas ofrecidas por la compañía y por el testimonio de sus empleados. Sólo hemos descripto, sobre este expediente de más de 500 páginas, las bases de nuestra decisión acerca

---

[227] Schwartz, *The Substancial Evidence Rule..., Rev. cit,* p. 139.

de que todas las conclusiones de la Junta... están fundadas en pruebas que son sustanciales".

En igual forma se pronunció el alto tribunal en el caso Junta Nacional de Relaciones del Trabajo v. Bradford Dyeing Association (310 U. S. 318, 1940).

80. DISCUSIÓN ACERCA DE SI LA LEY DE 1946 TIENDE A MODIFICAR O A CODIFICAR ESA JURISPRUDENCIA. LA LEY TAFT - HARTLEY Y EL JUICIO DE LA SUPREMA CORTE. — Contra esa práctica evidentemente defectuosa se erigió la regla más completa de la "prueba sustancial resultante de la totalidad del expediente". Ya hemos dicho en el párrafo anterior de su adopción por la Ley de Procedimiento Administrativo.

Atento lo expuesto, parece claro que esta última regla ha respondido al propósito de corregir la jurisprudencia que seguía el criterio sostenido en el caso Waterman y que la finalidad de la nueva Ley era ampliar la revisión judicial sobre las cuestiones de hecho. Esta es la opinión de DICKINSON[228], de SCHWARTZ[229] y de HINMAN[230].

Sin embargo, no todos los juicios coinciden con los emitidos por los autores antes citados.

En primer lugar, ciertos antecedentes legislativos parecieran descartar el punto de vista expuesto. Ya hemos visto que tanto en el informe del Procurador General como en el testimonio prestado por MCFARLAND ante la Comisión de la Cámara de Representantes, hablando en términos generales de la amplitud de la revisión, se dijo que la Ley

---

228 DICKINSON, *The Judicial Review Provisions...*, OB. *cit*, P. 578, 581 Y 589.

229 "Si la intención legislativa ha sido simplemente codificar la regla de la prueba sustancial, entonces la sección 10(e), (B), (5) hubiera bastado. Si (el párrafo final de la sección 10) no significa una ampliación de la revisión, con referencia especial a la interpretación de la regla de la prueba sustancial hecha en el caso de Waterman, no es injusto preguntar qué es lo que quiere significar". SCHWARTZ, *The Substantial Evidence Rule...*, *Rev. cit.*, p. 142. Por lo menos no puede haber duda, según este autor, que la ley de 1946 ha ampliado la revisión respecto de los casos en que anteriormente se requería que las decisiones estuvieran fundadas únicamente en "pruebas", sin agregar calificativo alguno. Tal el caso de las decisiones sobre cuestiones de hecho, emitidas por las autoridades de deportación, respecto de las cuales dijo la Corte Suprema que "es suficiente que haya alguna prueba de la cual pueda ser deducida la conclusión del Tribunal Administrativo y que éste no haya cometido un error tan flagrante como para convencer a la corte de la injusticia esencial de su decisión" (Opinión del Juez Stone, en *Vajtauer v. Comisionado de Inmigración*, 273 U. S. 103, 106, 1927; en igual sentido *Bridges v. Wixon*, 326 U. S. 135, 167, 1945). El juez HOLTZOFF tiene sobre este punto la misma opinión de SCHWARTZ. En el fallo dictado en el caso *United States v. Watkins* (73 F. Supp. 216, 219; S. D. N. Y. 1947), ha dicho: "No basta ya, como ha ocurrido en algunos ejemplos, que las conclusiones se encuentren fundadas en alguna prueba... Deben fundarse en prueba sustancial". *Ibidem*, p. 148.

230 HINMAN, *Rev. cit.*, p. 278-279.

de 1946 se limitaba a reflejar fielmente las soluciones adoptadas por la jurisprudencia anterior[231].

Todavía el recordado informe, con especial referencia a la revisión de las cuestiones de hecho, expresó: "La prueba sustancial requerida por la sección 10 (e), (B), (5) de la Ley, no es en general sino una codificación de la regla de la prueba sustancial, la cual por ley o por disposición judicial, ha sido aplicada desde hace largo tiempo a la revisión de la actividad administrativa del gobierno federal" (*Report,* pág. 109).

Dentro de ese orden de ideas, DAVIS ha llegado a expresar que la Ley de 1946 no ha variado el sistema de revisión judicial sobre las cuestiones de hecho, establecido anteriormente por la jurisprudencia, por cuanto el criterio de la revisión de la totalidad del expediente estaba comprendido en la interpretaron dada por HUGHES a la regla de la prueba sustancial (caso Edison antes citado, e igual orientación, puesta de manifiesto en el caso Junta Nacional de Relaciones del Trabajo v. Columbian Enameling and S. Co., 306 U. S. 292, 1939)[232].

En el mencionado artículo de SCHWARTZ, publicado el mismo mes y año que aquél en que DAVIS expresó la opinión aludida precedentemente, se da cuenta de la jurisprudencia de las cortes federales inferiores acerca del punto que ahora nos ocupa y se pone en relieve su confusión (Junta Nacional de Relaciones del Trabajo v. Thompson Products, 162 F. 2d. 287; C. C. A. 6th. 1947; Willapoint Oysters v. Ewing, 174 F. 2d. 676; C. C. A. 9th. 1949), o bien su inseguridad, de la que derivan soluciones contradictorias (La Ley de 1946 no modifica el derecho existente; Olin Industries v. Junta Nacional de Relaciones del Trabajo, 72 F. Supp. 255; D. Mass. 1947; modifica el derecho anterior: Unger v. United States, 79 F. Supp. 281, 286: E. D. 7th. 1948; Snyder v. Buck, 75 F. Supp. 902, 908; D. C. 1948).

Por ello, y a pesar de su propia opinión SCHWARTZ se inclinaba a pensar en ese momento que había pocas esperanzas de que la Ley de Procedimiento Administrativo lograra apartar a la Suprema Corte Federal de su interpretación fijada en el caso Waterman; primero, porque la Corte estaba dentro de una tendencia manifiesta de autolimitar sus poderes de revisión, y, segundo, porque el criterio del caso Waterman, siendo un criterio jurisprudencial, representaba su propia obra[233].

Esta predicción se reveló errada al año siguiente, cuando la Suprema Corte llegó a pronunciarse por primera vez sobre la interpretación de una cláusula de la Ley Taft-Hartley, semejante a la contenida en la última parte de la sección 10 (e) de la Ley de Procedimiento Administrativo.

---

231 V. *ante,* n° 78.

232 DAVIS, *Scope of Review..., Rev. cit.,* p. 562-563.

233 SCHWARTZ, *The Substancial Evidence Rule, Rev. cit.,* p. 147-148.

La *Labor Management Relations Act* de 1935, más conocida por Ley Wagner, empleaba en materia de revisión judicial la regla de los "hechos fundados en prueba". Doce años después, ya dictada la Ley de Procedimiento Administrativo y como se consideró que ésta no había tenido por efecto ampliar la extensión de la revisión judicial de las decisiones pronunciadas por la Junta Nacional de Relaciones del Trabajo, al sancionarse la nueva *Labor Relations Management Act* de 1947, o Ley Taft-Hartley, se incluyó en la sección 10 (e) y (f) de la misma la siguiente fórmula: "Las decisiones de la Junta con respecto a las cuestiones de hecho, si se encuentran fundadas en prueba sustancial contenida en el expediente considerado como un todo, serán conclusivas"[234].

Como se ve, esta fórmula no difiere sustancialmente de la que emplea la Ley de 1946, sección 10 (e), (B), (5) y párrafo final de la sección 10. Por ello es que la jurisprudencia de las cortes federales inferiores fue igualmente contradictoria en la interpretación de la Ley Taft-Hartley que con respecto a la Ley de Procedimiento Administrativo. Aquellos jueces que prestaron atención a los propósitos del legislador, sostenían que la Ley de 1947 ampliaba ¡a revisión respecto a la de 1935; los que, examinando la jurisprudencia anterior, comprobaban que la Ley Wagner fue aplicada muchas veces siguiendo la regla de la prueba sustancial resultante de la totalidad del expediente, dijeron que la modificación legislativa no había alterado la situación existente[235].

Esta última fue también la opinión expuesta por JAFFE, refiriéndose a la Ley Wagner en 1943. Según él, la interpretación del juez Hughes en el caso Edison implicaba una revisión de todo el expediente, y así dijo: "Obviamente hombres responsables no ejercerán su juicio sobre aquella parte de la prueba que mira en una dirección; la racionalidad o sustancialidad de una conclusión sólo puede ser valorada a la luz de la totalidad de la situación de hecho o de la parte de la misma puesta en evidencia. Prueba que puede ser lógicamente sustancial considerada aisladamente, puede ser privada de mucho de su carácter o de su pretensión de credibilidad cuando es considerada junto a otra prueba"[236].

---

234 V. ISERMAN, T. R., *The Labor Management Act: New Law as to the Evidence and the Scope of Review*, en "American Bar Association Journal", agosto de 1947, t. 33, p. 760-764; Taft-Hartley — *Separation of Functions* in N. L. R. B., en "University of Pennsylvania Law Review", marzo de 1951, t. 99, p. 641-651; *Effect of the Taft-Hartley and Administrative Procedure Acts on Scope of Review of Administrative Findings*, en "Indiana Law Review", mayo de 1951, t. 26, p. 406-419; *The Proper Separation of Functions for Administering our National Labor Relations Program*, en "Illinois Law Review", julio-agosto de 1951, t. 46, p. 465-478.

235 Ver los interesantes fallos de los jueces de circuito Hutcheson (1948), Kerner (1948) y Martin (1949), citados por SCHWARTZ. que confirman la exactitud de lo afirmado en el texto. SCHWARTZ. *The Substantial Evidente Rule...*, *Rev. cit*,, p. 144-147.

236 JAFFE, L. L., *Administrative Procedure Re-examined: The Benjamin Report*, en "Harvard Law Review", 1943, t. 56, p. 704 s, especialmente p. 733.

El punto de vista opuesto lo sostuvo STASON, expresando que "prueba sustancial" significaba únicamente que la corte debía considerar sólo la prueba favorable y que sirviera para fundar la decisión administrativa; interpretación que de ningún modo importaba la conformidad del citado autor con este sistema de revisión[237].

La Suprema Corte en los casos Universal Camera Corp. v. Junta Nacional de Relaciones del Trabajo (340 U. S. 474, 1951); Junta Nacional de Relaciones del Trabajo v. Pittsburgh Steamship Co. (340 U. S. 498. 1951) y O'Leary v. Brown-Pacific-Maxon Inc. (340 U. S. 504, 1951), dio definitivamente la razón a los que pensaban como STASON. JAFFE lo ha reconocido con toda hidalguía en un artículo reciente, que sirve de comentario a las sentencias citadas[238]. NATHANSON, en igual sentido, refiriéndose al caso Pittsburgh, dice que, aunque en forma un tanto evasiva, no puede dudarse más que allí la Corte ha establecido que "algo ha cambiado" en materia de revisión sobre las cuestiones de hecho; y agrega a modo de comentario: "El juicio del experto debe ser todavía respetado, pero sólo en la extensión que no choca con el sentido común del poder judicial"[239].

Que la Suprema Corte ha dejado aclarado el punto, no cabe, en efecto, duda alguna. En el transcurso de una audiencia que tuvo lugar durante el trámite del caso Pittsburgh, el representante del gobierno, señor Stern, sostenía que la Ley Taft-Hartley no había innovado en materia de revisión respecto a la Ley Wagner. El juez Frankfurter dijo entonces: "Uno de ellos (de los casos que provocó la crítica del Congreso y promovió la reforma de la Ley Wagner), si puedo intervenir, es la decisión de esta corte en el caso Nevada Copper (Junta Nacional de Relaciones del Trabajo v Consolidated Copper Corp., 316 U. S. 105, 1942), que fue una decisión *per curiam,* poseyendo todo el peso de una *per curiam,* en el sentido de que es doctrina aceptada, y en ese caso la Corte dijo: "Después de examinar el expediente no podemos decir que las conclusiones de la Junta sobre los hechos no estén fundadas en pruebas" — lo que significa que si encuentro alguna prueba en que aquéllas puedan apoyarse, mi intervención en el caso ha terminado. Eso es lo que yo pienso que he estado haciendo". El señor Stern contestó: "No puedo contradecir a Vuestra Honorabilidad".

Según JAFFE, aclarado así lo concerniente a la amplitud de la revisión judicial sobre las cuestiones de hecho, aún es difícil establecer,

---

237 STASON, E. B.. "*Substantial Evidence*" *in Administrative Law,* en "University of Pennsylvania Law Review", 1941, t. 89, p. 1026 s., especialmente p. 1049-1050.

238 JAFFE, L. L, *Judicial Review, Substantial Evidence on the Whole Record,* EN "Harvard Law Review", junio de 1951, T. 64, P. 1233- 1261.

239 NATHANSON, *Central Issues..., Rev. cit,* p. 359.

precisamente, hasta donde llegan las facultades de las cortes, pues no se trata ahora tampoco de establecer revisiones *de novo.*

Con la intención de colaborar en la resolución de este difícil problema, sugiere que "debajo de la discutida palabra "sustancial" se encuentra la noción o sentido de justicia... No pretendo —añade— que dando a la palabra "sustancial" este significado se logre ninguna especificidad que no pueda ser dada a otros significados de la palabra, pero este me parece que le da una conexión lingüística más estrecha con la noción de rectitud o equidad. La palabra "sustancial", viniendo como viene de un espectro de palabras tales como "chispazo", 'preponderancia" y "peso", connota la mecánica del juzgamiento. El concepto de justicia se refiere a la amplitud de juzgar. Diría, entonces, que el juez puede —en realidad debe— revocar si a él concienzudamente le parece que las conclusiones no están fundadas con justicia en el expediente; o para decirlo más precisamente, el juez debe revocar si él conscientemente no puede escapar a la conclusión de que la decisión es injusta". Completa JAFFE el concepto que en el párrafo transcripto quiere dar, expresando por último: "...luego todos los elementos del expediente que pueden influir en la conciencia de un hombre son relevantes. Parece que el propósito de la frase "todo el expediente", es limitar la oportunidad para traducir un preconcepto en juicio, picoteando y eligiendo aquello que apoyará el preconcepto e ignorando maliciosamente cualquier elemento que se oponga al mismo"[240].

81. EL MÍNIMO CONSTITUCIONAL DE REVISIÓN SEGÚN LA JURISPRUDENCIA — Lo dicho anteriormente sobre la aplicación de la regla de la prueba sustancial en la revisión de las cuestiones de hecho, no significa que no puedan aplicarse directivas más estrictas en materia de revisión judicial, si así lo establece una ley o lo exige la Constitución. Un ejemplo de la primera situación lo tenemos cuando una ley dispone que la determinación de los hechos estará sujeta a juicio *de novo* por las cortes, en cuyo caso la regla de la prueba sustancial no se aplica. Así lo reconoce explícitamente la sección 10 (e) de la Ley de Procedimiento Administrativo. El otro es el caso en que se puede invocar un derecho constitucional a un juzgamiento independiente de las cortes sobre los hechos. La dificultad está aquí en saber cuándo estas directivas más estrictas de revisión son aplicables por razón de un derecho constitucional[241].

Tres célebres causas falladas por la Suprema Corte Federal ilustran sobre el punto.

---

240 JAFFE, *Judicial Review..., Rev. cit.*, p. 1239 y 1241.

241 NATHANSON, *Central Issues..., Rev. cit*, p. 359 - 361; DAVIS, *Scope of Review.... Rev. cit.*, p. 563 - 606.

En la primera —Ohio Water Co. v. Ben Avon Borough, 253 U. S. 287, 1920— se declaró inconstitucional una ley de Pennsylvania que había sido interpretada como que prohibía a las cortes, en un caso de fijación de tarifas, resolver si había o no confiscación, de acuerdo a su propio e independiente juicio.

La Corte Suprema dijo que la fijación de tarifas era un acto legislativo y que "si el propietario sostiene que resultará una confiscación de su propiedad, el Estado debe proveer justa oportunidad para someter la cuestión a una corte judicial, para la determinación, por su propio e independiente juicio, tanto sobre el derecho como sobre los hechos; de otro modo la orden es nula porque está en conflicto con la cláusula del debido proceso ..."

Esta doctrina fue refirmada en el caso St. Joseph Stock Yards Co. v. United States, 298 U. S. 38, 1936, en el que, de alguna manera, se calificó el significado del juicio independiente: "El deber judicial de ejercer un juicio independiente no requiere o justifica descuido del valor que pueden propiamente poseer las decisiones tomadas después de una audiencia y sobre la base de pruebas. Al contrario, el deber judicial es cumplido a la luz de los procedimientos que ya han tenido lugar... El juicio judicial puede no ser menos apropiadamente independiente si está informado o ayudado por el cuidadoso procedimiento de un experto órgano administrativo con facultades legislativas".

Gradualmente la opinión sostenida en el caso Ben Avon ha muerto. Contribuyeron a ello diversos factores. En primer término ciertas debilidades del razonamiento en que la misma se sustentaba. Una de ellas reside en el hecho de que cuando la legislatura actúa directamente en la fijación de una tarifa, su determinación sobre los hechos no está sujeta necesariamente al juicio independiente de una corte (Radice v. New York, 264 U. S. 292, 296, 1924). Otra debilidad consiste en no distinguir la determinación política de los hechos por una legislatura y la determinación cuasi-judicial de los mismos por un órgano administrativo, que obra incorporando toda la prueba a un expediente, acordando pleno derecho a producir contrapruebas, formular repreguntas y utilizar otras salvaguardas procesales, y cuyos hechos se hallan sujetos a revisión judicial por aplicación de la regla de la prueba sustancial.

Nunca se aplicó la jurisprudencia del caso Ben Avon a demandas en casos de expropiaciones, impuestos, valuaciones de tarifas (*tariff valuation*) o avalúos de pérdidas de seguros *(appraisal of insurance losses).*

Contribuyó no poco a su liquidación el abandono progresivo de los conceptos de justo valor y justa renta *(fair value* y *fair return),* como criterio mágico de regulación de la validez.de las tarifas máximas, que se impuso al fin del siglo anterior en el celebérrimo caso Smith v. Ames (169 U. S. 466, 1898)[242]

Varias decisiones de la Suprema Corte, posteriores a 1940, se apartan decididamente de la doctrina sentada en el caso Ben Avon. Sin embargo, las cortes de Nueva York y de Massachusetts, la han adoptado y aplicado recientemente.

El segundo fallo a tener en cuenta al ocuparse del mínimo constitucional de revisión, es el pronunciado en el caso Crowell v. Benson (285 U. S. 22, 1932). Se refiere a la revisión de una decisión sobre indemnización por accidente de trabajo, de acuerdo a la Ley de Estibadores y Trabajadores de los Puertos. La Corte declaró constitucional la disposición de esa Ley que hacia final la decisión del Diputado Comisionado a ese respecto, si estaba fundada en prueba y había sido dictada dentro de los límites de su actividad. Pero sostuvo a continuación: "Una cuestión diferente se presenta cuando las determinaciones de hecho son fundamentales o "jurisdiccionales", en el sentido de que su existencia es una condición previa para la actuación del sistema de la Ley. Estos requisitos fundamentales son que el accidente ocurra en aguas navegables de los Estados Unidos y que exista una relación de trabajo entre las partes. Ambas condiciones son indispensables para la aplicación de la ley, no sólo porque el Congreso lo ha proveído explícitamente... sino también porque el poder del Congreso para sancionar la legislación depende de la existencia de estas condiciones". Con respecto a tales hechos, agregó, "el poder judicial de los Estados Unidos necesariamente se extiende a la determinación independiente de todas las cuestiones, tanto de hecho como de derecho", pues limitar la revisión "destruiría el poder judicial, tal como ha sido creado por la Constitución Federal, e importaría establecer un gobierno de carácter burocrático, ajeno a nuestro sistema". Los jueces Brandéis, Stone y Roberts, disintieron con la opinión de la Corte.

La dificultad para aplicar el criterio sentado en el caso Crowel v. Benson, residía en la distinción entre hechos fundamentales o jurisdiccionales y otros hechos. Muchos comentarios trataron de establecerla. Ninguno lo logró. Así la Corte terminó por abandonar la opinión expuesta en dicho fallo. Aunque este abandono no ha sido expreso y mucho menos la doctrina del caso Crowell v. Benson fué violada por la Corte, su aplicación fue poco a poco de tal modo circunscripta por ulteriores decisiones que se ha "viciado considerablemente su significado y quizás también su autoridad moral"[243].

---

242 V. HALE, R. L., *Does the Ghost of Smith v. Ames Still Walk*, en "Harvard Law Review", 1941-1942, t. 55, p. 1116 s.

243 SCHWARTZ, B., *Does the Ghost of Crowell v. Benson Still Walk*, en "University of Pennsylvania Law Review", diciembre de 1949, t. 98, p. 163-182.

Sin embargo, aquí también cabe destacar, como se hizo respecto al caso anterior, que en 1948 una corte de apelaciones requirió un juicio *de novo,* fundado en la autoridad de Crowell v. Benson.

El tercer fallo que atañe a la cuestión que nos ocupa, fue dictado por la Suprema Corte en el caso Ng Fung Ho v. White (259 U. S. 276, 1922). Se refiere a la deportación de residentes que pretendían ser ciudadanos norteamericanos y fundaban su pretensión en prueba suficiente, si era aceptada, para autorizarlos a obtener una decisión sobre la ciudadanía.

La corte sostuvo que tal demanda, así fundada, los autorizaba, de acuerdo a la Enmienda V, a un juicio judicial. El juez Brandéis señaló que la deportación priva a uno de la libertad *y* "puede resultar también la pérdida de la vida o de todo lo que valga la pena vivirla". El fallo citado se fundó además en la idea del "hecho jurisdiccional" y sobre "la diferencia en seguridad de la acción judicial sobre la administrativa"[244].

El alto tribunal ha citado en años recientes el caso Ng Fung Ho v. White con aprobación y nada indica que piense abandonar su doctrina. Quizás la utilización de la expresión "hecho jurisdiccional" caiga junto con Crowell v. Benson; pero su proposición esencial no es la del hecho jurisdiccional, sino que quien hace una reclamación sustancial de ciudadanía, está autorizado para obtener una audiencia judicial antes de ser deportado.

Concluyamos comprobando que la casi total desaparición de la doctrina de los dos primeros fallos citados y la conservación de la del tercero, indica que, desde el punto de vista de la Suprema Corte, la libertad personal tiene mayores derechos que la propiedad a la protección jurídica.

82. El máximo constitucional de revisión. — También el derecho de revisión tiene un límite constitucional máximo, cuyo propósito es impedir que las cortes realicen actividades no jurisdiccionales.

Si la función cumplida por el órgano administrativo es de naturaleza "administrativa" o "legislativa", y la corte revisora revé todo lo que el órgano administrativo ha hecho, viola el artículo III de la Constitución.

El *leading case* en la materia es Keller v. Potomac Electric Power (261 U. S. 428, 1923). Se refiere a la revisión judicial de una valuación de los bienes de una empresa concesionaria de servicios públicos. Se admitió

---

244 Un tanto al margen de lo que se expone en el texto, es conveniente aclarar que en este caso la Suprema Corte refirmó su doctrina del caso Ju Toy (United States v. Ju Toy, 198 U. S. 253, 1905), según la cual aquellos que buscan *entrar* en los Estados Unidos, sosteniendo que poseen nacionalidad norteamericana, no están autorizados para reclamar un juicio judicial: y también sostuvo que dos individuos que no pretendían ser ciudadanos, podían ser deportados "por procedimientos ejecutivos apropiados".

que la Suprema Corte del Distrito de Columbia revisara este acto de carácter legislativo, porque se trataba de una corte legislativa. Pero llevado luego el asunto a la Suprema Corte Federal, ésta se declaró –como corte constitucional– incompetente para entender en el caso.

Otros fallos posteriores han completado la doctrina enunciada en el precedentemente citado. Entre ellos los siguientes: Comisión Federal de la Radio v. General Electric Co. (281 U. S. 464, 1930), Postum Cereal Co. v. California Fig Nut Co. (272 U. S. 693, 1927), Comisión Federal de la Radio v. Welson Bros & M. Co. (289 U. S. 266, 1933).

La proposición básica de que una corte constitucional no puede realizar funciones no judiciales, está fuera de discusión. El problema difícil es el de determinar qué es y qué no es judicial.

En el caso de la General Electric, arriba citado, dijo la Suprema Corte que la renovación de una licencia es un acto administrativo. Pero ahora la Ley de Procedimiento Administrativo, en la sección 2 (d), dice que el licenciamiento es adjudicación. Al comentar esta situación, Davis sostiene que a su juicio, a pesar de esto último, el principio jurisprudencial se mantendrá firme, por cuanto la concesión o renovación de una licencia se ha de considerar que está dentro de la discreción remitida a los órganos administrativos y quo se trata de una materia en la que las cortes no están en condiciones de intervenir.

Por otra parte, quizás la decisión pronunciada en el caso General Electric sea demasiado rígida. Recuérdese que en Ron Avon y en St. Joseph se dijo que la corte debía revisar los hechos y el derecho, y se trataba en ambos de la fijación de tarifas, esto es, de un acto de naturaleza legislativa.

Para el ya citado DAVIS, la conclusión adecuada de lo que se ha querido expresar en los casos Keller y General Electric es la siguiente: la fijación de tarifas envuelve algo mas que decisiones de hecho y de derecho; comprende cuestiones de juicio y discreción. La tarea del órgano administrativo en cuanto a ejecutar la política legislativa en materia de fijación de tarifas es una tarea que no puede trasladarse a las cortes[245].

[245] DAVIS, *Scope of Review...*, *Rev. cit*, p. 606 - 609

CAPÍTULO XII

DISPOSICIONES VARIAS

83. NORMAS RELATIVAS A LA "INTERPRETACIÓN Y APLICACIÓN" DE LA LEY DE 1946. — La sección 12 y última de la Ley de Procedimiento Administrativo, contiene una serie de normas de indudable importancia relativas a la "interpretación y aplicación" de la misma.

No es el caso estudiarlas aquí con todo detalle. De algunas ya nos hemos ocupado con anterioridad; otras se explican por sí mismas.

Probablemente, la más interesante por su novedad y porque pone de manifiesto el propósito legislativo de asegurar al máximo el mantenimiento de los principios instituidos en la Ley de 1946, es aquella cláusula que establece que "no se entenderá que la legislación subsiguiente reemplaza o modifica las disposiciones de esta Ley, excepto en la medida en que tal legislación lo disponga así expresamente".

Ya se ha producido por lo menos un caso en que se ha hecho valer la anterior disposición. La Labor *Management Relations Act* de 1947 (Ley Taft-Hartley), reconoció únicamente a los miembros de la Junta Nacional de Relaciones del Trabajo la facultad de efectuar emplazamientos. A consecuencia de ello, la misma Junta pretendió que los instructores dependientes de ella carecían de ese poder, pues la Ley de 1947 había modificado la sección 7 (b) de la Ley de Procedimiento Administrativo. El juez Medina sostuvo lo contrario cuando lo fue presentado el caso, expresando que los instructores de la Junta gozaban de la aludida facultad, aunque la Ley Taft-Hartley no se las hubiera otorgado explícitamente, pues de acuerdo a la sección 12 de la Ley de 1946, para que la primera interpretación fuese válida, la prohibición debería ser expresa (Junta Nacional de Relaciones del Trabajo v. Int. Typ. Union, 76 F. Supp. 895, 898; S. D. N. Y. 1948)[246].

---

246 SCHWARTZ, *Administrative Procedure...*, *Rev. cit*, p. 523-524.

TERCERA PARTE

FINAL

CAPÍTULO XIII

VALORACION DE LA LEY

84. JUICIOS FAVORABLES Y CONDENATORIOS. POSICIÓN DE LA LEY FRENTE A LA JURISPRUDENCIA ANTERIOR. — Sobre el mérito de la Ley de Procedimiento Administrativo de 1946, que acabamos de examinar en sus lineamientos generales, se han emitido en los Estados Unidos opiniones encontradas.

El Decano de la Facultad de Derecho de la Universidad de Nueva York, Arthur T. Vanderbilt, al escribir el prólogo del volumen donde se reúnen las actas de un seminario realizado en dicha Facultad y dedicado al estudio de la Ley de Procedimiento Administrativo, especialmente en cuanto esta afecta la .actividad. de los distintos órganos administrativos (la Comisión Federal de Comunicaciones, la Junta de Aeronáutica Civil, la Oficina de Recaudación Interna, la Comisión Federal de Energía. el Ministerio de Correos, la Comisión de Valores y Cambios, la Oficina de Patentes, el Servicio de Inmigración y Naturalización, la Comisión de Comercio Interestadual, el Ministerio de Agricultura, la Comisión Federal de Comercio, el Ministerio de Trabajo, etc.), ha expresado que "la Ley Federal de Procedimiento Administrativo marca una nueva era en el derecho administrativo. La Ley ha sido justamente descripta como el estatuto más importante que haya afectado la administración de justicia en el orden federal, desde la sanción de la Ley Judicial de 1789"[247]. En el mismo orden de ideas, agrega que "el año 1946 ha sido marcado por la sanción de tres muy importantes piezas en el terreno del derecho administrativo —la Ley de Reorganización Legislativa, la Ley

[247] VANDERBILT, *Foreword*, en "The Federal Administrative Procedure Act...", *cit.*, p. IV.

Federal de Reclamaciones por Daños y la Ley Federal de Procedimiento Administrativo"[248].

Carl MCFARLAND, al realizar un somero análisis de la Ley, durante una de las secciones del aludido seminario, expresó que los "orígenes (de la misma) yacen en la concepción básica del derecho y de la justicia que hemos heredado, en la que creemos y por la cual vivimos"; y refiriéndose a su significado añadió que también puede decirse "que la Ley es una carta en lugar de un código porque suministra algunas de las guías generales que resuelven algunos de los problemas y de los temores que el pueblo ha tenido desde tiempo inmemorial en el campo del gobierno. Se trata de algo sobre lo cual puede crearse un estado de confianza y edificarse un sistema legal. Constituye así un medio puesto en manos del gobierno para garantizar buenas relaciones públicas. Es un instrumento para implantar el orden en lugar del temor y del caos o de una rendición ciega a lo que el pueblo llama estatismo. Merece la pena el trabajo que ha insumido su sanción, si sólo se logra una pequeña parte de lo que puede ser logrado con la misma"[249].

Ideas semejantes han sido expresadas con otras palabras por el diputado Gwynne, que como sabemos intervino activamente en el proceso de sanción de la Ley de 1946. En un artículo que ya hemos citado, confirma que ella "tendrá gran influencia en detener el crecimiento innecesario (de la Administración pública) y prevenir mayores usurpaciones de poder (de parte de la misma). La burocracia no florecerá tan peligrosamente si es contenida por un Congreso vigilante y cuando se le impone que actúe de acuerdo a principios de justicia y leal proceder"[250].

SCHWARTZ. en julio de 1949, gozando de mayor perspectiva y pudiendo ya apreciar en parte sus resultados prácticos, expresó que "el significado de la Ley de Procedimiento Administrativo se encuentra en el hecho de que ella es el primer intento realizado por el Congreso para corregir los defectos que se habían puesto de manifiesto en el procedimiento administrativo federal. La Ley no es revolucionaria; adopta, en larga medida, la mejor práctica administrativa existente. Lo que es importante, sin embargo, es que ella presenta lo esencial de tal práctica en forma de ley e impone el mejor procedimiento existente sobre el proceso

---

248 VANDERBILT, *Legislative Background, ob. cit.*, p. 1. Sobre la segunda de las leyes citadas, en relación con la ley inglesa sobre responsabilidad del Estado de 1947, véase nuestro trabajo: *La responsabilidad del Estado en Inglaterra y en los Estados Unidos de América. La Crown Proceedings Act de* 1947 *y la Federal Tort Claims Act de* 1946, en "La Ley", t. 57, p. 895 s. Acerca de la tercera, consultar la bibliografía citada *ibidem.* nota 39 *ante.*

249 MCKAKLAN, *Analysis..., oh. cit.*, p. 16 *y* 28.

250 GWYNNE, *Administrative Procedure Act: A Warning..., Rev. cit., p.* 7-8.

administrativo considerado en su conjunto. Reglas uniformes de justicia son así prescriptas para toda la acción administrativa federal"[251].

Absolutamente opuesta a las anteriores es la opinión formulada por los esposos Krederlch F. Blachi.y y Miriam E. Oatman. destacados especialistas en la materia (aunque ajenos a la profesión legal), quienes bajo el sugestivo título de "Sabotaje en el proceso administrativo", lanzaron un furioso ataque contra la Ley, a poco de haber sido ésta sancionada, en el número correspondiente al verano de 1946 de la Revista de Administración Pública que edita la Sociedad Norteamericana de Administración Pública de Chicago.

El mencionado artículo comenzaba con los siguientes párrafos: "En el país *Sans Lois,* una ley recientemente sancionada permite a cualquiera que pretenda tener un interés, por más remoto que sea, en un proyecto de reglamento o regulación administrativa, participar en su aprobación. De hecho, cualquiera puede impedir la adopción de un reglamento o regulación, salvo que la administración pueda sostener la "carga de la prueba". Aquéllos que piensan que un acto administrativo, una vez dictado, no satisface sus necesidades, pueden obtener una revisión judicial del mismo, aún cuando no puedan demostrar un interés que lo justifique. Antes que pueda cumplir- se cualquier actividad administrativa, prácticamente de cualquier clase, debe haber una audiencia en la cual el procedimiento debe ser tan formal casi como en un juicio criminal. Un individuo contra el cual la administración ha iniciado una acción disciplinaria, puede participar en la elaboración de la decisión. Si no está satisfecho con la decisión, puede pedir una orden judicial que detenga los efectos de aquélla, hasta que el caso sea finalmente determinado por una corte. De hecho, bajo esta notable ley, casi todo lo que hace la administración está sometido a apelación ante las cortes. Esta ley, que revoluciona todo el sistema administrativo del país (en gran medida por medio de definiciones y afirmaciones sutiles), fue confeccionada por abogados, y urgida su sanción ante el cuerpo legislativo por abogados. La labor de estos fue cumplida en silencio, luego que aprendieron por experiencia que la opinión pública informada, tanto como los administradores públicos en general, se oponían al proyecto. No tuvieron lugar audiencias. Sin un expediente de *sies* y *noes* para probar si había o no quórum, los sostenedores del proyecto lo introdujeron para que se votara inesperadamente, después de muy corta discusión, en un momento en que el cuerpo legislativo estaba ocupado con empréstitos externos, el contralor de la bomba atómica y la reconstrucción nacional. El efecto de la ley fue desastroso. ¿Dijimos que esta ley fue sancionada en el país *Sans Lois?* Nos equivocamos de país. No fue *Sans Lois* sino los Estados Unidos

251 Schwartz, *Administrative Procedure..., Rev. cit..* p. 514.

de América. La ley en cuestión, conocida como Ley de Procedimiento Administrativo, fue recientemente promulgada y firmada por el Presidente, a pesar de la más aguda oposición de prácticamente todas las fuentes informadas..."[252].

Luego de un examen detenido de la Ley, los mismos autores agregan: "Este análisis ha mostrado que la Ley de Procedimiento Administrativo, cuyo propósito es colocar toda la actividad administrativa en una camisa de fuerza de carácter judicial *(a judicialized strait jacket)*, suprimirá en gran medida el conveniente sistema de legislación y adjudicación administrativa que se había desarrollado rápidamente en la administración federal. Destruirá las distinciones que el Congreso y las cortes habían hecho respecto a las diferentes formas de acción, procedimientos, métodos de ejecución, uso de sanciones, y la necesidad de contralor judicial. Busca sustituir eso por un sistema no basado en la realidad constitucional, legal, económica, o administrativa, sino en el deseo de los abogados de obtener un máximo de oportunidades para participar en el proceso administrativo, de bloquear la acción administrativa, y de sujetar el proceso administrativo a los métodos judiciales y a los controles judiciales en cada punto. El costo de este nuevo sistema será grande para los contribuyentes; la confusión e incertidumbre que resultará será enorme; los beneficios para los individuos (no comprendidos los que violan la ley) serán de una cantidad mínima"[253].

Sin embargo, a juicio de estos terribles críticos, no todo estaba perdido inmediatamente después de la sanción de la Ley de Procedimiento Administrativo: "Dos rayos de esperanza brillan a través de la oscuridad". Los autores se refieren aquí a sus esperanzas de que el Congreso derogue la Ley de inmediato o que las cortes la declaren inconstitucional. "Cambios imparciales y constructivos deben ocupar el lugar de la política destructiva y maliciosa de la presente ley, adoptada con el propósito de paralizar y confundir a la administración y así debilitar importantes contralores gubernamentales y acrecentar las rentas de los abogados que la sostuvieron a través de la Asociación del Foro Americano"[254].

Todavía agregan, en cita, que el New York Times, del domingo 21 de julio de 1946 (sección 3, pág. 1), trae un artículo de John P. Callaghan, titulado "Las Industrias ponen freno a los órganos administrativos" *(Industries Hail Curb on Agencies)*, donde dice: "Empresas de servicios públicos, de ferrocarriles y numerosas otras industrias... están celebrando

---

252 BLACHLY. F. F., and OATMAN, M. E., *Sabotage of the Administrative Process*, en "Public Administration Review", verano de 1946, t. 6. p. 213.

253 BLACHLY *and* OATMAX, *Rev. cit.*, p. 226.

254 BLACHLY and OATMAN, *Rev. cit.*. p. 226-227.

la reciente promulgación de la Ley de Procedimiento Administrativo... Cuando el proyecto... fue sancionado el mes pasado, los directores y los funcionarios de las compañías miraron hacia atrás, sobre más de diez años de continuo esfuerzo... para remover los "onerosos" problemas que acorralaban a las compañías cuando actuaban ante los órganos administrativos... La promulgación de este proyecto fue considerada la mayor victoria por la Asociación del Foro Americano, padrino de esta medida"[255].

El propio Blachly insistió poco después en sus críticas y polemizó con McFarland sobre la valoración de la Ley de Procedimiento Administrativo en las recordadas sesiones de estudio acerca de la misma, que tuvieron lugar en la Universidad de Nueva York en febrero de 1947[256].

Juzgó severamente el primero la forma en que la Ley, según él, "fue impuesta al pueblo", negando que antes de su sanción las funciones otorgadas a las autoridades administrativas fueran ejercidas sin garantías procesales para salvaguarda de los derechos y sin recurso ante las cortes, así como que el público careciera de información sobre lo que hacían esas autoridades. Volvió a denunciar la intervención de un grupo privado en la redacción de la Ley, con interés definido en bloquear, destruir o aminorar los efectos de la acción administrativa, y dijo a este respecto que "así como la cláusula sobre el debido proceso fue usada durante el siglo pasado para anular la necesaria legislación social, los grilletes del procedimiento y los controles administrativos pueden ser empleados durante este siglo para derrotar la adecuada acción administrativa. Todas las protestas de tal grupo —añadió— en el sentido de que trataban de proteger al pobre ciudadano inocente contra el poderoso Leviathan que es el gobierno, no pueden remover el olor de los intereses privados"[257]. Objetó, por fin, el trámite legislativo seguido en esta oportunidad, y en un segundo apartado de su artículo, sostuvo la "completa inaplicabilidad de la ley a las condiciones económicas y sociales modernas". Como remate de un análisis crítico de detalle de la misma, expresó el siguiente juicio: "Cuando se formule una verdadera ley de procedimiento administrativo, debería ser redactada por el gobierno mismo. No debería ser el producto de un grupo privado cuyos intereses específicos consisten en obtener la cantidad máxima de procedimientos de tipo judicial y la cantidad máxima de contralor judicial. Debe basarse sobre la realidad económica, política y social,

---

255 Blachly and Oatman, *Rev. cit.*, p. 227, nota 1.

256 Blachly, F. F, *Critique of the Federal Administrative Procedure Act y* Mc Farland, C., *Response to Mr. Blachly's Critique,* en "The Federal Administrative Procedure Act...", *ob. cit.*, p. 30-51 y 57 - 63, respectivamente

257 Blacijly. *Critique..., oh.* cit, p. 34

derivada de un exacto y apropiado estudio administrativo de cada una y de todas las situaciones administrativas y judiciales pertinentes. Debe haber diferentes clases de procedimientos para responder a las diferentes situaciones. Debe establecerse un bien pensado sistema de revisión judicial, adecuado para responder a los diferentes tipos de situaciones que se hacen revisibles. Debe proveerse información, de modo que sea fácilmente accesible y no escondida en el Registro Federal, donde sólo unos pocos tienen el privilegio de hallarla. En suma.esta ley debería reconocerse como un error que debe ser corregido, y cuanto antes mejor"[258].

MCFARLAND al responder a estos acres términos, lo hizo en formo mesurada, negando terminantemente que la Ley de Procedimiento Administrativo —como pareciera pretenderlo BLACHLY— hubiera sido "sugerida por la Asociación del Foro Americano en la oscuridad de la noche, introducida en el Congreso a la pálida luz de la luna, y firmada en la Casa Blanca antes de la salida del sol..."[259]. Más de diez años de discusiones públicas que la precedieron, son argumento suficiente para descartar cualquier afirmación sobre irregularidad en el proceso legislativo respectivo. La Asociación del Foro Americano tomó parte en efecto en su sanción, pero, como dice MCFARLAND, no puede negarse que se trata de un asunto del que le concernía ocuparse, por su inmediato interés para los profesionales del foro.

La respuesta de MCFARLAND aborda luego diversas cuestiones planteadas por BLACHLY y destaca, por ejemplo, que no es tampoco exacto que fuera cosa fácil obtener antes de 1946 toda la información requerida por el público sobre la organización y actividad de los órganos administrativos. Señala sobre el punto, que a la propia Comisión del Procurador General, a pesar de las amplias facultades que se le habían otorgado, le costó dos años de trabajo reunir la información necesaria para poder comenzar la redacción de la Ley; y recuerda el caso Hot Oil. donde un abogado explicó ante la Suprema Corte que ni él, ni su cliente pudieron nunca conocer la reglamentación de acuerdo a la cual fue hecha la respectiva acusación, hasta que ésta "brotó del bolsillo del saco de un agente local de cierto órgano administrativo, y que él no creía que la Corte pretendería que su cliente estaba obligado por esta jurisprudencia de bolsillo (*hip pocket jurisprudence)*". La Corte participó de este criterio[260].

Respecto a las críticas de detalle de BLACHLY y de su esposa al articulado de la Ley, según MCFARLAND lo que ellos afirman en síntesis es que han elaborado en el curso de años una clasificación de las funciones

---

258 BI.ACHLY, *ob. cil.* p. 56.

259 MCFARLAND, *Response to MR. Blachly's, ob. cit.,* P 57.

260 MCFARLAND, *ob. cit.,* P. 61

administrativas y que esta Ley no la adopta. Pero, a su juicio, lo cierto es que, sin negar la bondad de esa clasificación que ahora se propone, no está demostrada la inconveniencia del sistema adoptado por el estatuto sancionado. Además, agrega el autor citado, en los quince años en que se ha desarrollado el proceso de preparación de la Ley, "nadie... ha sugerido aquellas clasificaciones; ni un alma"[261].

El resto de las críticas de BLACHLY —termina MCFARLAND—- se deben en buena medida a errores de interpretación legal, propios de un lego; y qué no decir, —añade— de su sugestión de que constituye algo "perjudicial" establecer que ninguna reglamentación puede entrar en vigor antes de ser publicada. "¿Sufrirá penas el pueblo honesto y sincero por violar requisitos fijados por un centener de distantes órganos administrativos sin haber tenido oportunidad de conocer oficialmente cuáles son estos requisitos? La publicidad ha sido algo fundamental en el mundo occidental a partir del clásico incidente de las Doce Tablas de Roma"[262].

KAUFMAN, otro crítico severo de la Ley de 1946, formula, en términos generales y después de un estudio minucioso de la misma[263], las siguientes observaciones: 1° Los autores de la Ley dicen que ella

---

261 MCFARLAND, *ob. cit.*, p. 58.

262 MCFARLAND, *ob. cit.*, p. 62.

263 En este estudio de detalle sobre cada una de las secciones que integran la ley, KAUFMAN sostiene: Sección 2 - Las definiciones de "orden" y de "reglamento" abren la vía a litigios en cuestiones ya definitivamente resueltas por la práctica actual; un proceso costoso e inconveniente a la efectividad de la administración; Sección 3 - toda la información tiene ahora que asumir la forma de un reglamento, con perjuicio para el público que estaba bien informado por toda índole de publicaciones, tales como panfletos de preguntas y respuestas, gráficos, ilustraciones, cartas, etc., que se encuentran mucho más a su alcance; Sección 4 - la cláusula de exclusión de la notificación por "motivos fundados" abrirá la puerta a frecuentes litigios, pues las cortes tendrán que determinar si los órganos administrativos han obrado en los límites de su discrecionalidad; Sección 5 - la remisión a las leyes que exigen audiencia y expediente reduce la efectividad de esta sección al 8% de los casos de adjudicación por los órganos administrativos; por lo demás, en muchos de los casos en que se establece, este procedimiento ya se aplicaba, de modo que el cambio introducido se reduce aún más dentro del 8% señalado; Secciones 6 a 9 - son codificación del derecho existente; además la sección 7 tiene el inconveniente de que, al incorporar ese derecho en un texto legal, le quita la flexibilidad necesaria, que exige esta materia en una sociedad dinámica; agrega que si el Congreso sancionara una ley proveyendo que ningún ciudadano deberá, actuar en violación de las leyes existentes, se consideraría una redundancia absurda; sin embargo, esto es lo que ha hecho claramente la sección 9 (a), refiriéndose a los órganos administrativos; Sección 10 (a), (b) y (c) - es también codificación del derecho anterior; Sección 10 (d) - "extiende la revisión judicial a un área donde es indeseable en teoría y peligrosa en la práctica", privando a los órganos administrativos de facultades discrecionales otorgadas por leyes del Congreso; Sección 10 (e) - es "descriptiva, más bien que efectiva"; Sección 11 - no trae mayores cambios; Sección 12 - sólo tiene una cláusula importante: la que veda toda derogación de esta Ley que no tenga un carácter expreso. V. KAUFMAN, H, *The Federal Administrative Procedure Act*, en "Boston University Law Review", noviembre de 1946, t. 26, p. 486 s.

codifica el derecho administrativo; cuando se les critica que se han limitado a esto, sostienen que lo hicieron para impedir abusos. Pero, si lo que dice la Ley ya era el derecho existente, ¿qué abusos se proponen corregir?; 2° Con nuevas, o imperfectas definiciones remueven un terreno ya debidamente quieto. Nuevos litigios vendrán a aclarar los términos de la Ley y lo más posible es que se vuelva a lo de antes, al final de este perjudicial proceso; 3°. Se amplía la revisión judicial en cuestiones de acción de beneficencia y de legislación administrativa, lo que es un grave inconveniente; esto hace prácticamente imposible llevar a cabo en muchos aspectos la política del Congreso y cargará al Poder Judicial de materias que no le son propias; 4°. Ha cristalizado el derecho administrativo en un aspecto en que es sumamente conveniente mantener su fluidez[264].

Más adelante el mismo autor se burla de los que han afirmado que el propósito de esta Ley ha sido evitar el "absolutismo administrativo". En primer término, porque hay que advertir que "este es un término elástico, que comprende desde un simple abuso de discreción hasta el totalitarismo de Estado. Manifiestamente, la pretensión de que una simple ley que establezca el procedimiento de los órganos administrativos podría posiblemente detener el fascismo o el comunismo, es tan ingenua que no merece seria consideración". Por otra parte, dice "no hay nada que se aproxime a una prueba científica de que los órganos administrativos tiendan a infringir los derechos constitucionales o legales. . . Un analista ha argumentado que la foja de servicios de las oficinas administrativas ante las altas cortes es en la actualidad superior a la de las cortes inferiores, es decir, que han sufrido proporcionalmente menor número de revocaciones que éstas, lo que refuta la creencia de que los órganos administrativos actuarán tiránicamente"[265].

En otro lugar de su artículo expresa KAUFMAN que no puede compararse lo ocurrido con el proceso administrativo, trayendo a colación lo que sucedió con el proceso civil y criminal en Gran Bretaña, pues la codificación de estos últimos se operó centurias después de la fecha de su nacimiento y, por cierto, luego de un largo desarrollo y evolución. Aquí se codifica el derecho procesal administrativo en su infancia. Con esto se impide que siga adelante la labor cooperativa y complementaria que cumplían hasta ahora los órganos administrativos y las cortes, "los órganos administrativos creando e inventando, las cortes aprobando y supervisando"[266].

---

264 KAUFMAN, *Rev. cit.*, p. 504-505.

265 KAUFMAN, *Rev cit.*, P. 506-507. La referencia del texto corresponde a la obra de R. J. PENXOCK, *Administration and the Rule of Law*, ed. Farrar & Reinhart, New York, 1941, P. 116.

266 KAUFMAN, *Rev. cit.*, P. 509.

En fin, KAUFMAN piensa que "los historiadores del futuro probablemente mirarán la ley de Procedimiento Administrativo como una regresión de la marea creciente del derecho administrativo... Todo en esta Ley es un obstáculo al complejo y libre desarrollo de la más nueva jurisprudencia; la seriedad de esta barrera depende de la rapidez con que se metamorfoseen los valores sociales. Ya la tendencia es hacia el incremento del contralor gubernamental del mundo económico, tendencia que se manifiesta en la legislación y en el pensamiento político y económico. No es exagerado esperar que la filosofía incorporada a esta Ley sufra severas pruebas no antes de mucho. El público dirige cada vez más sus miradas al gobierno a medida que el escenario social se vuelve más complejo; si el gobierno puede responder a sus demandas depende en extensa medida de la eficiencia de la rama administrativa. Hacer predicciones a larga distancia sería extremadamente imprudente, pero uno no puede dejar de sentir aprensión, luego de comprobarlo, que una democracia que no refleja el mandato popular es, en términos absolutos, escasamente una democracia"[267].

En sentido análogo se expresa SHERWOOD, comentando las restricciones que, a su manera de ver, ha impuesto la Ley de 1946 sobre lo anteriormente permitido en materia de procedimiento administrativo.

Según él, "se reconoce hasta ahora que el problema más difícil del gobierno norteamericano es el del establecimiento y mantenimiento del delicado equilibrio entre el bienestar general y los derechos individuales inherentes a las personas y a la propiedad. El problema se manifiesta con agudo relieve en el terreno del derecho procesal administrativo, en cuanto este es afectado por las garantías de las primeras ocho enmiendas de la Constitución..."[268].

La jurisprudencia anterior a 1946 había logrado en gran parte resolver el referido problema; particularmente al determinar el alcance de las garantías contra investigaciones y secuestros arbitrarios, contra la obligación de declarar contra sí mismo (autoincriminación compulsiva), del juicio por jurados y, en general, las que derivan de la regla del debido proceso en sentido procesal. La nueva Ley, según SHERWOOD, ha alterado esa situación de equilibrio, en forma perjudicial para los intereses generales.

Vimos con anterioridad la opinión de este autor respecto a investigaciones y secuestros. Comprobamos también que no es admitida unánimemente. Alguien, tan autorizado como DAVIS, la ha rechazado[269]. Sobre la segunda de las garantías enumeradas, sostiene SHERWOOD

---

267 KAUFMAN, *Rev. cit*, P. 517.

268 SHERWOOD, *Rev. cit.*, P. 235.

269 Ver *ante*, n° 63

que la jurisprudencia había llegado a aceptar que cuando los órganos administrativos tienen por función perseguir crímenes, o al menos se les ha acordado la facultad de emitir emplazamientos, gozan también del derecho de compeler a prestar declaración. Los fallos dictados en sentido contrario, ordenando rechazar las peticiones dirigidas a obtener declaraciones forzadas, se vieron compensadas —según él— por aquellos otros que autorizaron a sacar inferencias del silencio del testigo cuando existían pruebas corroborantes. Acerca del juicio por jurados, afirma que las cortes federales ya habían interpretado que la Enmienda VII se aplica sólo tratándose de juicios del *common law;* de este modo pudo removerse lo que hubiera representado un serio obstáculo a la rápida ejecución de muchos actos administrativos y, por ende, a la eficacia del organismo gubernamental. Por último, expresa que esa misma jurisprudencia había atenuado en diversos aspectos la rigidez de las reglas derivadas del principio del debido proceso procesal, tratándose del proceso administrativo; p. e., en materia de notificaciones, audiencias, preparación de conclusiones por el funcionario que toma las audiencias, contenido de esas conclusiones, revisibilidad de las decisiones u órdenes. Especialmente desde este punto de vista, a juicio de Sherwood, la Ley de 1946 importaría una vuelta al pasado y justificaría así la opinión que la misma le merece[270].

Esa opinión se halla condensada en las palabras finales de su citado artículo, en la siguiente forma: "Permítaseme recalcar que estos son sólo unos de los pocos cambios que serán impuestos a los procedimientos administrativos existentes, aquellos que están dentro de nuestras posibilidades de referencia aquí. Que ellos restringirán la discreción administrativa permitida bajo las interpretaciones judiciales de la Enmienda V, no puede ser negado como proposición legal. Ni ha sido argumentado a mi satisfacción que esta ley no causa daño irreparable al equilibrio mencionado al comienzo, entre los derechos individuales y el bienestar general, un equilibrio que puede ser mantenido solo por los refinamientos del procedimiento basados en el estudio de los órganos y de las prácticas administrativas en cada caso individual. Ciertamente los problemas de la clase tratada aquí nunca podrán ser resueltos definitivamente por una fórmula estática en una sociedad dinámica"[271].

Con particular referencia al significado de la nueva Ley frente al derecho de fuente jurisprudencial que la precedió, uno de los puntos de vista fundamentales en que se colocan los críticos de la misma para juzgar sobre su valor, quizás la opinión más certera sea la emitida por

---

[270] Sherwood, *Rev. cit.*, p. 245-246.

[271] Sherwood, *Rev. cil*, p. 246.

un comentarista anónimo que escribe en la revista de la Universidad de Yale.

Según él esta Ley parece representar una mezcla de tres propósitos en conflicto. En algunos aspectos es simplemente una *codificación* del derecho y de las prácticas existentes (ejemplo: sección 9 (a), donde se establece que los órganos administrativos actuarán dentro de la esfera de su competencia legal); en otras *prescribe un programa de cambio*, encomendado a la discreción y buena fe de los órganos administrativos (ejemplo: sección 6 (a), cuarto párrafo, donde dice que "todo órgano administrativo procederá con razonable celeridad a resolver cualquier asunto presentado ante él..."); y en otros respectos es una afirmación de un *nuevo derecho* y de *nuevas normas de procedimiento* para ser impuestas por las cortes (ejemplos: sección 5, cláusula introductoria, donde se declara aplicable el procedimiento de dicha sección "en todos los casos en que la ley exige que la adjudicación sea efectuada en un expediente luego de dar oportunidad para una audiencia en un órgano administrativo..."; sección 5 (c), tercer párrafo, cuando prohíbe a los funcionarios encargados de actividades investigatorias o acusatorias, participar en la decisión o aconsejar la decisión a adoptar, en el caso en que han intervenido o en otro relacionado de hecho con el anterior. Finalmente, en muchos secciones de la Ley es difícil discernir cuál de los tres citados propósitos es el que se pretende imponer (ejemplos: secciones 6 (c) y 7 (c), sobre emplazamientos y producción de pruebas, respectivamente)[272].

Las fuentes legislativas son contradictorias y poco ilustrativas para aclarar el punto en cuestión. Hemos podido comprobar que generalmente las opiniones del Procurador General son favorables a la interpretación de que la Ley codifica la práctica existente, mientras que

---

272 *The Federal Administrative Procedure Act. Codification or Reform?*, en "Yale Law Journal", abril de 1947, t. 56, p. 673. Más adelante, al expresar las conclusiones, se resumen así en este articulo los más importantes cambios introducidos por la Ley de 1946 en el terreno del derecho administrativo: 1) El instructor de audiencias ha sido colocado en una posición de mayor responsabilidad e independencia, por la supervisión de la Comisión del Servicio Civil sobre su nombramiento, premoción y remoción, garantizándosele considerables poderes procesales en las audiencias, y por una separación de funciones que (en algunos casos) lo libera de cualquier influencia del personal acusador o investigador; 2) Los órganos administrativos están obligados a publicar todas sus reglamentaciones generales, aun aquellas que no están destinadas a tener efecto legal, incluyendo una descripción de su organización 3 procedimiento; 3) Se requieren procedimientos públicos en la mayor parte de los casos de reglamentación sustantiva; 4) Todas las partes que intervienen en los procedimientos ante los órganos administrativos y todas las personas compelidas a comparecer ante ellos tienen garantizado el derecho de ser asistidos por un abogado; 5) Los emplazamientos deben ser emitidos igualmente para todas las partes que intervienen en el procedimiento administrativo; 6) En todas las adjudicaciones formales debe haber una decisión intermedia a la cual las partes pueden oponer excepciones; y 7) Todas las denegatorias de peticiones deben ser motivadas. V. *ibidem*, p. 703

la interpretación del diputado Walter es de que la Ley prescribe nuevas normas para ser aplicadas por las cortes. "No es sorprendente —anota agudamente a este respecto el autor del artículo citado— que aquellos que apoyan esta legislación sean partidarios de una interpretación que signifique el establecimiento de nuevas normas jurídicas; y por el contrario, que aquellos que quedan sometidos al contralor fijado por esta ley, traten de debilitar tal tipo de interpretación lo más posible"[273].

85. AREAS NO CUBIERTAS POR LAS DISPOSICIONES LEGALES. PODERES DE INVESTIGACIÓN, SUPERVISIÓN Y ACUSACIÓN; FUNCIONES CONSULTIVAS DEL PODER ADMINISTRADOR. — En una postura mucho más constructiva que los críticos que hemos citado en el párrafo anterior, cuando se ha tratado de valorar la Ley de Procedimiento Administrativo y señalar sus aciertos y debilidades, DAVIS se ha dedicado a examinar las áreas de la actividad administrativa no cubiertas por las disposiciones de la misma y a llamar la atención sobre la importancia que corresponde atribuir actualmente a algunas de ellas[274].

En primer término cabe expresar, según el mencionado autor, que la Ley de 1946 ha tratado exclusivamente del poder administrativo de investigación, vinculándolo con los procedimientos de reglamentación, adjudicación y licenciamiento[275]. Sin embargo, ese poder envuelve actualmente un campo mucho más amplio, pues la Administración no efectúa investigaciones tan solo para emitir reglamentos, órdenes o licencias (o para modificarlas, revocarlas, etc.), sino también para acusar, supervisar y dirigir, determinar la política general a seguir por uno cualquiera de sus órganos, para proyectar leyes, y para propósitos
110 más específicos que determinar si debe hacerse algo y qué debe hacerse[276]. El poder de investigación requiere, pues, ser estudiado con mayor extensión que la que resultaría de tomar exclusivamente como

---

273 *Ibidem. loc. cit.*

274 Véase lo que dijimos *ante*, n° 4, sobre el limitado enfoque dado por la Ley de Procedimiento Administrativo al problema del contralor de la actividad administrativa, atendiendo exclusivamente a evitar abusos en el ejercicio de las facultades legislativas y judiciales delegadas al Poder Administrador. El pensamiento sobre el proceso administrativo —ha dicho DAVIS, explicando este punto— enfocó primero la cuestión de la separación y delegación de poderes, luego la de la revisión judicial como remedio para la mala administración; y, por último, la de las garantías procesales formales. La primera ha sido superada, la segunda está en tren de franco apaciguamiento y la última es la que ahora ocupa el centro de la escena. Probablemente más adelante la atención se concentrará en la enorme proporción de poder administrativo discrecional que yace más allá del alcance de la revisión judicial y de las garantías procesales. DAVIS, *Administrative Powers of Supervising. Rev. cit.*, p. 193. A este última tema es al que está dedicado el párrafo del texto al que corresponde la presente nota.

275 V. *ante*, n° 63

276 DAVIS, *The Administrative Power of Investigation, Rev. cit.*, P. 1111.

punto de referencia el texto literal de las normas contenidas en la sección 6 (a) y (b) de la Ley de 1946.

La historia del desarrollo de este poder es calificada por Davis de "más bien dramática" y sintetizada como sigue: "Como la regulación se ha expandido e intensificado, la investigación administrativa de hechos y más hechos ha ganado *momentum* y se ha vuelto aparentemente una fuerza irresistible. Esta fuerza ha chocado con la que en un principio se creyeron inamovibles principios constitucionales, referentes a la esfera de lo privado (*privacy*), a investigaciones y secuestros, a la autoincriminación y a la libertad frente a la curiosidad burocrática. Los principios constitucionales permanecieron firmes por un tiempo, pero al final se debilitaron y derrumbaron. La fuerza probó ser irresistible. Los restos de los principios constitucionales todavía están en pié, pero sólo en la extensión claramente consistente que permite a los órganos administrativos obtener libremente los materiales de hecho necesarios para llevar a cabo los programas que administran"[277].

Comentando la evolución sufrida por la jurisprudencia respecto al poder que nos ocupa —jurisprudencia que permite hacer ahora libremente lo que las cortes de una generación atrás hubieran condenado como "expediciones de pesca", que ha adoptado el concepto de que los libros y documentos que una ley obliga a llevar o conservar tienen carácter "cuasi-público" y que por ello no pueden sustraerse a la investigación oficial (aunque la empresa a que pertenezcan no sea de las "afectadas a un interés público"), que no paraliza las búsquedas de los órganos reguladores federales, cuyos poderes reposan en la cláusula comercial de la Constitución, ante actividades consideradas intraestatales, etc.— el mismo Davis expresa: "Alguien verá en el abrupto cambio del derecho una alarmante ruptura de la protección constitucional contra el ejercicio abusivo del poder inquisitorial burocrático... ¿No es éste un renacimiento, en aspecto moderno, de los odiosos "mandamientos de asistencia" que ayudaron a encender el fuego de la Revolución Norteamericana. Otros mirarán los actuales desarrollos y verán sólo una inevitable consecuencia de la revolución industrial —retardada un tanto por jueces retrógrados. Cada paso sigue al otro inexorablemente. La industrialización trae la regulación. La regulación necesita poderes administrativos. Los órganos administrativos no pueden operar sin acceso a los hechos. Las ideas sobre lo privado se encuentran en el camino de los órganos administrativos que buscan la información indispensable para que una inteligente regulación puede tener lugar..."[278].

Aparte de no considerar el poder de investigación en la extensión que posee actualmente, la Ley de 1946 tampoco comprende en

---

277 Davis, *Rev. Cit.*, p. 1111

278 Davis, *Rev. cit*, p. 1154.

sus disposiciones los poderes de supervisión y de acusación que, conjuntamente con la función consultiva, son ejercidos en muchos casos por órganos pertenecientes al Poder Administrador.

El primero se ha definido como "el poder de lograr objetivos regulatorios sin acción formal". En los más efectivos órganos administrativos reguladores, quizás los nueve décimos, o aún mayor proporción de los resultados deseados, se producen a través de la ejecución del poder de supervisión, pues la ejecución por medio de la adjudicación obviamente es antieconómica v engorrosa, comparada con la anterior.

Su sistematización es dificultosa a causa de ser sumamente heterogéneo. Las áreas más importantes en que se manifiesta este poder son las siguientes: programas de radio (Comisión Federal de Comunicaciones); registro y plazo para iniciar la venta de valores por las compañías que los emiten (Comisión de Valores y Cambios); solicitudes de admisión en el registro de comerciantes como requisito para contratar (Comisión Federal de Comercio); actividades bancarias; remisión, atenuación y composición en materia de multas; etc.

La naturaleza del poder de supervisión y la forma en que se ejerce pueden apreciarse claramente en materia de programas de radio, primer ejemplo propuesto precedentemente.

Las emisoras para funcionar necesitan licencias y éstas hay que renovarlas cada tres años. Como el número de frecuencias es limitado, también lo es el de las posibles licencias. La Comisión Federal de Comunicaciones aprovecha las anteriores circunstancias para hacer efectivo su poder sobre las estaciones y lo hace no sólo por medio de reglamentaciones formales y por la emisión de órdenes por las que rehúsa renovar licencias, sino también ejerciendo su poder de supervisión a través de opiniones que formula en ocasión de renovar licencias, de cartas escritas sin formalidad alguna y que se dan a publicidad, discursos pronunciados por los miembros de la Comisión, anuncios formales sobre la política que ésta piensa seguir y opiniones formales emanadas con motivo de las investigaciones que realiza.

Un ejemplo de lo que ocurre con las opiniones que se dan a conocer al renovar una licencia, lo ilustra muy bien el caso de la radioemisora Mayflower que compitió con la Yankee por una renovación que fue adjudicada finalmente a la segunda. Esa oportunidad fué aprovechada por la Comisión para llamar la atención de la beneficiaria, expresando que no era conveniente la práctica seguida por ella de formular editoriales en apoyo de candidatos políticos. Agregó que, a su entender, "la radio sólo puede servir como instrumento de democracia cuando se destina a comunicar informaciones y a cambiar ideas leal y objetivamente presentadas. Una radio verdaderamente libre no puede servir para defender la causa de aquél de quien obtuvo la licencia". Esta afirmación tuvo un efecto práctico igual al de un reglamento emitido con las formalidades de la Ley. Las emisoras, a partir de ese momento, supieron a qué atenerse en la materia, si deseaban oportunamente renovar sus licencias.

El mismo efecto puede atribuirse a una carta remitida en cierta ocasión por el presidente de la Comisión Federal de Comunicaciones a una red que propagaba canciones de Mae West que habían sido consideradas obscenas. Aunque la carta no provenía de la Comisión, sino de su presidente, aunque aquélla no comprobó hechos, ni condujo audiencias, ni dio oportunidad para defensas orales o escritas, ni dictó reglamento alguno, la eficacia de la carta citada fue equivalente. Otro tanto puede decirse de un discurso pronunciado por el presidente de la refería Comisión en 1945, llamando la atención sobre un exceso de comercialismo. Cuando semanas más tarde, la Comisión resolvió algunas renovaciones de licencias de acuerdo con el criterio expuesto en ese discurso, la industria comprendió que la política de la Comisión estaba cambiando y que era necesario adaptarse a la misma.

Igualmente es innegable el efecto regulatorio del Libro Azul, publicado por la Comisión en 1946, panfleto de cincuenta y nueve páginas titulado "Responsabilidad en la prestación del servicio público por las emisoras que han obtenido licencias", donde se discuten prácticas aprobadas y desaprobadas y se traen ejemplos del comportamiento concreto de algunas estaciones. Indicándose especialmente los factores que se tendrán en cuenta para renovar licencias y para otorgar otras nuevas. Ya anticipamos que una corte declaró recientemente que el Libro Azul no estaba sujeto a revisión judicial (Hearts Radio Inc. v. Comisión Federal de Comunicaciones, 167 F. 2d. 225; D C. Circ. 1948[279].

En 1947 se realizó una investigación sobre los editoriales políticos de las estaciones y como resultado se publicó un informe en 1949 con la expresión de los puntos de vista de la Comisión, expuestos en veintiún párrafos. Sin ser una orden ni un reglamento, su efecto fue análogo al de uno de aquéllos, lo que significa que también por este medio, así como por los anteriormente descriptos, la Comisión Federal de Comunicaciones regula efectivamente el contenido de los programas radiales, sin reglamentar ni adjudicar.

La Ley de 1946 no cubre estas áreas, y lo que es peor, esta deficiencia suya repercute sobre las áreas cubiertas, pues muchas veces las emisoras no discuten judicialmente órdenes o reglamentaciones de la Comisión,

---

[279] Ver *ante*, n° 30.

cuya validez puede ser sumamente dudosa, para no malquistarse con la misma y arriesgar así sus renovaciones de licencias[280].

Algo parecido ocurre con el poder administrativo de acusación. Este también envuelve gran discreción y en buena medida no está sometido ni a garantías procesales ni a revisión judicial. Su enorme trascendencia se pone en claro cuando se recuerda que la protección teórica contra ese poder reside en la oportunidad de probar la inocencia en un procedimiento plegarlo. Pero la prueba de la inocencia rara vez remueve las marcas de una acusación pública y de un juicio público[281]. LANDIS, comprendiéndolo así, dijo en su famoso libro que "el cargo de arbitrariedad que se formula comúnmente contra la actividad administrativa, usualmente corresponde al poder de acusar más bien que al poder de adjudicar. Son las restricciones al ejercicio de este poder las que a mi juicio tienen una significación mucho mayor que la creación de restricciones al poder de adjudicar"[282].

También ha olvidado la Ley de Procedimiento Administrativo el poder consultivo, que es preciso diferenciar del de emitir órdenes declarativas, pues las respuestas que se formulan en ejercicio del primero carecen de efecto obligatorio y no son revisibles judicialmente.

La actividad que cumplen muchos órganos administrativos evacuando consultas suele ser a menudo muy importante. Un ejemplo adecuado lo constituye el de la Comisión de Valores y Cambios, cuya oficina regional en Nueva York contesta alrededor de 20.000 consultas por año.

Entre otros, en esta materia se presenta un problema grave, cual es el de la falta de obligatoriedad de la opinión consultiva respecto al órgano que la formula. Muchas veces alguien consulta a la Comisión de Valores y Cambios acerca de una transacción y se le contesta que es licita; luego la misma Comisión ataca ese acto, sosteniendo que la opinión de un asesor, aunque sea el suyo propio, no puede volver lícito lo que prohíben las disposiciones legales o reglamentarias pertinentes[283].

86. PROYECTOS DE REFORMA. LA UNIFORMACIÓN DEL PROCEDIMIENTO ADMINISTRATIVO. — Ya se habla de dictar disposiciones legales complementarias de la Ley de 1946. Nos hemos ocupado con anterioridad del proyecto relativo a la actuación de legos ante los órganos administrativos[284]. De este tema y de otros que podrían

280 DAVIS. *Administrative Powers of Supervising... Rev cit.*, p. 194 s.

281 DAVIS, *REV. CIT.*, P. 118 S.

282 LANDIS, *The Administrative Process, cit*, p. 110.

283 DAVIS, *Administrative Powers of Supervising ..., Rev. cit.*, P. 225 S.

284 V. *ante*, n° 62.

significar "nuevas mejoras en el procedimiento administrativo", se ocupa el senador Wiley en un artículo de fines de 1948[285].

Allí se toca un punto que ha sido objeto de seria controversia desde hace tiempo y cuya consideración se ha agudizado después de la sanción de 1946. Nos referimos a la uniformación del procedimiento que se sigue ante los distintos órganos administrativos federales.

VANDERBILT se ha hecho actualmente el campeón de esta tendencia. Un experto gubernamental le ha contestado desde las mismas columnas en que aquél puso de manifiesto su punto de vista.

Según el primero, la uniformación propuesta beneficiará simultáneamente a los particulares y al gobierno y sus agentes

La multiplicidad de órganos administrativos con facultades "legislativas y judiciales, cada uno sujeto a normas de procedimiento especificas, vuelve en la actualidad sumamente difícil el conocimiento de los métodos a seguir, en los frecuentes casos en que un particular o sus representantes letrados tienen contacto con la Administración. La Ley del Registro Federal y la sección 3 (a) de la Ley de Procedimiento Administrativo, especialmente esta última, han tenido como consecuencia el hecho de que los órganos administrativos se han puesto desde 1946 en la tarea de dar una nueva redacción, de refundir sus reglamentos de prácticas y de procedimientos. Esto ha sido una gran ayuda, pero sólo para las personas especializadas. Su diversidad todavía perjudica tanto al profesional como al ciudadano que se ve envuelto en ellos.

También el beneficio de la unificación alcanzará al Gobierno y a sus agentes. A estos últimos, porque simplificará y hará comprensibles sus operaciones a aquellos que sirven dentro del mecanismo gubernamental. Al primero, porque mejorará sus relaciones públicas, algo fundamental a juicio de VANDERBILT, desde el momento que el público —si los administradores prefieren una complejidad innecesaria— conserva sin embargo un derecho indiscutible a igual eficiencia en los servicios públicos que la que se obtiene por métodos, procedimientos y prácticas uniformes. Es sabido —agrega el citado autor— que "la falta de apoyo público es fatal a los órganos administrativos; la historia de algunos de los órganos creados recientemente con motivo de la guerra, lo prueba en forma terminante".

No obstante su entusiasmo por la idea de la uniformación, VANDERBILT comprende que tales reglas comunes deben ser adoptadas sólo en la extensión en que los estudios previos demuestren que pueden ser practicables y, en cualquier caso, permitiendo a los órganos

---

285 WILEY, A., *Further Improvements in Agency Procedure*, en "American Bar Association Journal", noviembre de 1948, t. 34, P. 877 S

administrativos complementarlas en los detalles, para darles la necesaria flexibilidad e individualidad[286],

Esta concesión final pone sin duda en evidencia el lado débil de la tesis de VANDERBILT, vigorosamente atacada poco después por George T. WASHINGTON.

Partiendo de la cita de una página de BORCHARD, donde el eminente maestro sostiene que "el procedimiento debería ser un auxiliar de la justicia, un medio para un fin... En lugar de ello, en todos los sistemas legales que han alcanzado un grado de madurez... el procedimiento tiende a volverse rígido, estereotipado y excesivamente técnico, un fin en sí mismo, aparentemente olvidado de las necesidades prácticas de aquéllos cuyos males está destinado a reparar... Los derechos sustantivos frecuentemente se vuelven incidentes en la lucha procesal" *(Declaratory Judgments,* pág. VII), WASHINGTON elogia la Ley de Procedimiento Administrativo, cuya idea general en esta materia —como lo señaló MCFARLAND durante las audiencias de la Cámara de Representantes, al tratarse el proyecto respectivo en 1945— fué tan sólo la de "armar el esqueleto, sobre el cual los órganos administrativos pueden adoptar sus propias reglas de procedimiento".

Según el mismo WASHINGTON, un agrupamiento amplio de las funciones gubernamentales, con propósitos procesales, no es práctica, porque cada órgano responde a una necesidad diversa y exige un procedimiento distinto. La uniformidad procesal, impuesta compulsoriamente, aumentará el peligro de la confusión administrativa, porque deberá ser el producto de una ley sumamente compleja y a su vez reglamentada. No se justificará así realmente el esfuerzo y el gasto que se requerirá para formular reglas uniformes que se adapten a los diversos asuntos que ocupan a los órganos administrativos; sólo los procedimientos de rutina podrán, al cabo, ser uniformados. Por último, y volviendo a la cita de BORCHARD, el autor que citamos estima que un código de procedimientos uniforme, aplicable a todos los órganos administrativos, es probable que cause una opresiva inflexibilidad de procedimiento.

Recordando el reparo final de VANDERBILT, sostiene su contradictor que el terreno en que alguna uniformidad es posible o factible, es muy escaso. De allí que una ley que quiera ser uniforme, o estará destinada a abarcar muy pocas materias y a hacerlo con suma generalidad, o deberá ser un estatuto tan complicado que prácticamente eliminará todas las ventajas que se esperan de la uniformidad, resultando más fácil guiarse por las reglas especiales vigentes para cada órgano, las

286 VANDERBILT, A. T, *Administrative Procedure: Shall Rules Before Agencies Be Uniform?*, en "American Bar Association Journal", octubre de 1948, t. 34, p. 896 s.

cuales, si bien diversas entre sí, son cada una —independientemente de las otras— fáciles de interpretar y de aplicar[287].

[287] Washington, G. T., *Administrative Agencies: Are Uniform Rules of Procedure Practicable?*, en "American Bar Association Journal", noviembre de 1948, t. 34, p. 1011-1014.

El procedimiento administrativo en los Estados Unidos de América (La Federal Administrative Procedure Act de 1946)
de Jorge Tristan Bosch se imprimió en la República Argentina
en mayo de 2026

www.ingramcontent.com/pod-product-compliance
Lightning Source LLC
LaVergne TN
LVHW060308051026
849517LV00003B/1027